ローマ皇帝群像 2

アエリウス・スパルティアヌス 他

西洋古典叢書

凡　例

一、本書は、紀元一一七年に即位したハドリアヌス帝から約一七〇年間にわたるローマ皇帝たちの生涯を綴ったラテン語の伝記集 *Historia Augusta* の全訳（四分冊）である。

二、翻訳にあたっては、E・ホールの校訂本（E. Hohl (ed.), *Scriptores Historiae Augustae*, 5. Auflage, 2 Bde., Teubner/Leipzig, 1971）を底本として用い、これと異なる読みを採用した場合は、註に記した。

三、ラテン語のカナ表記は次の原則に従った。

(1) ph, th, ch は p, t, c と同音に扱う。

(2) cc, pp, ss, tt は「ッ」で表わし、ll, rr は「ッ」を省略する。

(3) 固有名詞の母音の音引きについては、原則としてこれを省略する。ただし、「ローマ」や「カトー」など、慣例を重視して原則に従わなかったものもある。

(4) 制度や概念に関わる原語をカタカナ表記する場合も、母音の音引きは原則として省略する。例えば、「コーンスル」ではなく「コンスル」とし、「リーベルタース」ではなく「リベルタス」としている。しかし、これについても、慣例や個々の事情でこの原則に従わず、音引きを付した箇所もある。

(5) 本書がラテン語の伝記集であることを重視して、ギリシア風の人名や地名も、原則として底本に従いラテン語風の表記を行なった。ただし、「アテネ」や「プラトン」など、慣例を重んじてこの原則に従わなかったものもある。

四、訳文において（ ）は原語をカタカナで表記するためのものであり、［ ］は訳者による補足である。また、〈 〉は底本テクストの（ ）内の補いを訳出した部分を示す。

五、本文では章の番号のみ示して、節の番号は示していない。また、底本としたテクストや現在普及している他のテクストのいずれにおいても、改行はほとんどなされていないが、読者の読みやすさを考慮して、訳者の判断で適宜改行を施すことにした。

六、註記において、当該伝記に言及する際は「本伝記」と記し、本伝記集中の他の伝記に言及する際は、著者名をあげずに『〇〇〇の生涯』として記した。単に「本書」と記した場合は、この伝記集『ローマ皇帝群像』の全体を表わす。

七、註記に際しては、いわゆる研究註を付さなかったが、原典の読みや解釈の根拠を示すために、最小限依拠した研究文献に省略記号を用いて言及している。その文献や省略記号については、冒頭の「『ローマ皇帝群像2』の訳出にあたって」の「補足」に掲げた。

目次

『ローマ皇帝群像』全４冊の構成

●**第１分冊**（南川高志 訳）

五賢帝時代の諸皇帝

ハドリアヌス～アウィディウス・カッシウス

●**第２分冊**（桑山由文・井上文則・南川高志 訳）

アフリカ、シリアから来た皇帝たち

コンモドゥス～ヘリオガバルス

●**第３分冊**（井上文則・桑山由文 訳）

危機の時代の皇帝たち

アレクサンデル・セウェルス～三十人僭主

●**第４分冊**（井上文則 訳）

イリュリア人の皇帝たち

クラウディウス・ゴティクス～ヌメリアヌス

『ローマ皇帝群像２』——アフリカ、シリアから来た皇帝たち——の訳出にあたって

桑山由文

時代の流れと本分冊の内容

五賢帝の最後であるマルクス・アウレリウス・アントニヌス帝は、一八〇年、北方国境遠征中に没した。その後を継いだのが、一七七年からマルクスの共同皇帝であった実子のコンモドゥスであった。このコンモドゥス帝は政治への関心が薄く、その一方で、剣闘士に扮して自ら闘技場で戦うことに熱中するなどしたため、一般的には、暗愚の皇帝であったと否定的評価を受けている。実権を握ったのは側近の解放奴隷や近衛長官であったが、彼らもコンモドゥスの意向次第で次々と失脚していった。ついに一九二年末、失脚を恐れた近衛長官ラエトゥスが帝を暗殺し、首都長官ペルティナクスが新たな皇帝となった。しかし、彼もわずか三ヵ月で殺害されてしまい、近衛隊が帝位を競売にかけるという、元首政史上異例の事態となり、富裕な元老院議員ディディウス・ユリアヌスが帝位を競り落とした。だが、これらの首都での動きに対して、属州の総督が反旗を翻した。上部パンノニア総督セプティミウス・セウェルス、シリア総督ペスケンニウス・ニゲル、ブリタンニア総督クロディウス・アルビヌスの三人である。帝国は約一二〇年ぶりの大内乱に突入した。

彼らのうちセプティミウス・セウェルスがいち早くローマに入城し、ユリアヌスを廃して新帝となった。さらに、翌一九四年には東方へ軍を進め、ニゲルを打倒した。一方、アルビヌスは、セウェルスのもとで副帝（カエサル）とされたが、最終的には彼と争い、一九七年に敗北した。こうしてセウェルスが帝国を統一し、新王朝セウェルス朝の祖となったのである。彼は長男カラカラをマルクス・アウレリウス・アントニヌスと改名させ、アントニヌス朝の継承者であることを前面に押し出した。

セウェルスが二一一年に病死すると、カラカラ（アントニヌス）とその弟ゲタが共同統治したが、兄弟仲は悪く、カラカラがゲタを殺害し、単独帝となった。このカラカラ帝は首都ローマに巨大な公共浴場を建設したことでも有名である。二一七年、パルティア遠征中の彼を近衛長官マクリヌスが殺害し、帝位に就いた。政治支配層第一身分の元老院議員ではなく、第二身分である騎士身分の人物が、初めてローマ皇帝となったのである。なお、マクリヌスは息子のディアドゥメニアヌスをわずか八歳で副帝とし、やはりアントニヌスを名のらせた。

だが、マクリヌスの支配は短かった。パルティアと和平を結んで属州シリアへ戻った彼に対して、その地の都市エメサで太陽神の神官であったヘリオガバルス（エラガバルス）が戦いを挑み、首尾よく勝利した。帝位に就くと、彼はマルクス・アウレリウス・アントニヌスを名のった。彼の祖母ユリア・マエサは、セウェルス帝の妻ユリア・ドムナの妹であり、シリアの傍系とはいえ、ここにセウェルス朝が復活したのである。しかし、彼は自らの太陽神崇拝を首都ローマに持ち込み、また女装を好むなどその行動はローマの人々の理解を超え、反感が増したため、二二二年にマエサのもう一人の孫セウェルス・アレクサンデルに取って代わられた。

本分冊は、マルクス・アウレリウス・アントニヌス帝の実子コンモドゥスから、ヘリオガバルスに至る一人の皇帝を扱う。すなわち、マルクス帝の名が帝権の正統性の印として用いられ続けた時代、本書所収の『オピリウス・マクリヌスの生涯』第七章の表現を借りれば、アントニヌスの名が、代々のアントニヌスを経て、最低の汚らわしさにまで堕ちていった時代である。

この時代、ローマ帝国は変革の時を迎えつつあった。カラカラ帝期にはアントニヌス勅令により、帝国内の全自由人がローマ市民権を付与され、「ローマ人」となった。マクリヌスや法学者として名高いパピニアヌスのように、政治支配層では騎士身分が国政において元老院議員に並ぶほどの役割を果たし始めた。皇帝の出身地も多様となった。セプティミウス・セウェルスはアフリカ出身であり、その息子カラカラとゲタは、母ユリア・ドムナがシリア出身であったため、アフリカとシリア両方の血を引いていたことになる。後一世紀後半にはイタリア、後二世紀にはヒスパニアやガリア南部からの人々が帝位に就くようになっていたが、ついにヨーロッパ大陸外からの皇帝が現われたのである。

『ローマ皇帝群像』は、第一分冊に詳細な解説があったように、全体に歴史史料としての価値はかなり怪しいのであるが、本分冊以降、その信憑性はさらに低くなる。第一分冊同様、原文に忠実に訳出したとはいえ、現在からみるとモラルをはなはだ逸脱した表現や内容も増加してくる。もっとも、コンモドゥス、ペルティナクス、ディディウス・ユリアヌス、セウェルス、カラカラの伝記は正統帝を扱った「主伝」であり、碑文史料などとの一致点も多く、信頼の置ける記述もかなり含まれることがわかり、近年再評価されてきている。だが、ペスケンニウス・ニゲル、クロディウス・アルビヌス、ゲタ、ディアドゥメニアヌスの伝記は、僭称帝や副帝を扱った「副伝」に属し、後代の創作がほとんどを占めていると考えられているし、「主伝」でもマクリヌスとヘリオガバルスの伝記の性格は「副伝」に限りなく近い。とりわけ、皇帝たちの「手紙」や「演説」とされているものはほぼまったくのフィクションである。それゆえ、二世紀後半から三世紀初頭にかけての帝国の実情がどの程度本書に反映されているのか、大きな注意を払って読まねばならない。しかし、その点さえおさえておけば、われわれは本書を古代末期の奔放な想像力の産物として十二分に堪能することができよう。

補足

本伝記集は当初の予定では全三巻構成であったが、対象となる時代がきわめて長期にわたり、必要な註釈の量も膨大となる。そのため、各巻があまりに長大となることを避けて、全四巻構成に変更したことを付記しておく。第三分冊は井上文則、桑山由文の共訳であり、セウェルス・アレクサンデル帝から軍人皇帝時代前半の三十人僭主期まで、すなわち、帝国が内外ともに危機を迎える時代までを対象とする。第四分冊は井上氏の単独訳となり、軍人皇帝時代後半の危機克服期を扱うことになる。したがって、第三分冊に予定していた、本書に関する詳しい解題も第四分冊に移行する。諒とされたい。なお、本分冊訳出に関しても、第一分冊と同じく、疋田隆康、藤井崇の両氏から格別の協力を得た。訳者一同、おおいに感謝する。

第一分冊と同様、第二分冊で参照した校訂本と現代語訳を次に掲げておく。各文献名の最初に、註記のための略号を記した。

ホール底本　：E. Hohl (ed.), *Scriptores Historiae Augustae*, 5. Auflage, 2 Bde., Teubner/Leipzig, 1971.（本書の底本で、テクストのみ）

ホール独語訳　：E. Hohl (übers.), *Historia Augusta: Römische Heerschergestalten*, 2 Bde., Artemis, Zürich & München, 1976.（ドイツ語訳のみ）

マギー　：D. Magie (ed. and translat.), *The Scriptores Historiae Augustae*, 3 vols., Loeb Classical Library, London & Camb/Mass., 1921.（テクストと英語訳）

ビュデ版　：R. Turcan, *Histoire Auguste*, tome III, 1er partie: Vie de Macrin, Diadumenien, Heliogabale, Les Belles Lettres/Paris, 1993.（テクストとフランス語訳）

シャスタニョル　：A. Chastagnol (ed. et trad.), *Histoire Auguste: les empereurs romains des IIe et IIIe siècles*, Robert Laffont/Paris, 1994.（テクストとフランス語訳）

バーリー英語訳　：A. Birley (translat.), *Lives of the Later Caesars: the First Part of the Augustan History, with newly compiled Lives of Nerva and Trajan*, Penguin Books, Middlesex/England, 1976.（英語訳のみ）

また、第二分冊の註に言及した註釈書と研究文献、およびその省略記号は次の通りである。

バーリー（S）　: A. R. Birley, *The African Emperor: Septimius Severus*, London, 1972.

ヘール　: J. M. Heer, *Der historische Wert der Vita Commodi in der Sammlung der Scriptores Historiae Augustae*, Leipzig, 1901.

ヘクスター　: O. Hekster, *Commodus: An Emperor at the Crossroads*, Amsterdam, 2002.

キーナスト　: D. Kienast, *Römische Kaisertabelle*, Darmstadt, 1990.

コルプ　: F. Kolb, *Literarische Beziehungen zwischen Cassius Dio, Herodian und der Historia Augusta*, Bonn, 1972.

プローム（I）　: H. G. Pflaum, Les personnages nommément cités par la Vita Didi Iuliani de l' H. A., *Bonner Historia Augusta Colloquium*, 1971, p. 139-156.

プローム（P）　: H. G. Pflaum, Les personnages nommément cités par la Vita Pertinacis de l' H. A., *Bonner Historia Augusta Colloquium*, 1971, p. 113-137.

ロイシュ　: W. Reusch, *Der historische Wert der Caracallavita in den Scriptores Historiae Augustae*, Leipzig, 1931.

ローマ皇帝群像　2

桑山由文
井上文則
南川高志
訳

アエリウス・ランプリディウス

コンモドゥス・アントニヌスの生涯

南川高志　訳

一　コンモドゥス・アントニヌスの父祖については、すでにマルクス・アントニヌスの伝記の中で充分論じている。[1] さて、コンモドゥス自身は、アントニヌスという名の兄弟[2]とともに、双生児としてラヌウィウム[3]で誕生した。父マルクスと叔父がコンスルの年[4]の八月三十一日のことである。ラヌウィウムは母方の祖父[5]が生まれたといわれるところであった。彼とアントニヌスの双子を妊娠していた母ファウスティナは、夢の中で蛇を産んだ。しかし、二匹の蛇のうち、一匹がより凶暴であった。彼女はコンモドゥスとアントニヌスを出産したが、アントニヌスの方は、占星術師たちが星の動きからコンモドゥスと［寿命が］同じだと予言していたにもかかわらず、四歳で夭折してしまった。

　兄弟のアントニヌスが死んだので、［父］マルクスは［残った］コンモドゥスを自ら教育しようとし、また偉大で最も優秀な人々によって教育しようと試みた。すなわち、ギリシア文学についてはオネシクラテス[6]を師とし、ラテン文学についてはカペラ・アンティスティウス[7]を師とした。修辞学はアテイウス・サンクトゥス[8]が教えた。しかし、このように多くの学問の教師たちも、コンモドゥスには何の役にも立たなかった。それは、コンモドゥスの生まれつきの力があまりに強かったか、あるいはまた宮廷の中の教育係のもっている力が強かったからである。実際、このまだ早い少年期から、コンモドゥスは卑しくて恥知らず、残酷で好色、不自然な悪徳を犯して堕落していたのであった。(10) そのうえ、コンモドゥスは一方で、皇帝の地位には相応しくない芸に優れていた。例えば、杯を作り、踊りと歌に巧みで、口笛を上手に吹けた。道化や剣闘士となって演ずることもできた。(9)

一二歳の時、ケントゥムケラエ(11)で、将来の残酷さを予見させるようなことをした。すなわち、彼がたまたま入浴しようとした時に風呂がぬるま湯だったため、風呂場の世話役を竈《かまど》へ放り込

(1)『哲学者マルクス・アントニヌスの生涯』第一章参照。
(2)ティトゥス・アウレリウス・フルウス・アントニヌス。一六五年に死亡。
(3)イタリアのラティウム地方にある町。現ラヌーヴィオ。
(4)一六一年。この年はアントニヌス帝が世を去り、父帝マルクスが即位した年であった。ここでいう叔父とはウェルス帝のこと。父マルクスと長く義兄弟の関係にあった。
(5)アントニヌス・ピウス帝のこと。『アントニヌス・ピウスの生涯』第一章参照。
(6)この箇所だけに伝えられる人物の名前。
(7)これもこの箇所だけに伝えられる名前。
(8)バーリー英語訳やヘクスターによれば、この人物の名前は碑文からティトゥス・アイウス・サンクトゥスが正しい。
(9)直訳すれば「口は汚れて」となろうが、アウルス・ゲリウス『アッティカの夜』第一巻五の類例を参考にしてこのように訳した。
(10)同時代に生きたカッシウス・ディオは、コンモドゥスの悪しき点を生来のものとは見ず、むしろ純真で臆病であったがゆえにすぐに周囲の影響を受けがちであったとしている(『ローマ史』第七十二巻一)。
(11)エトルリアの海岸部の町。現チヴィタヴェッキア。

めと命令したのである。これを実行するよう命じられた養育役（パエダゴグス）は、立ち上る悪臭によってコンモドゥスに処罰が実行されたことを信じさせるため、雄羊の皮を代わりに焼いたのであった。

まだ子どもの時に、兄弟のウェルス[1]とともにカエサルの称号を与えられた[2]。一四歳になると、聖職者団に加えられた。

二　彼は、大人のトガを着ると[3]、……[4]ローマ騎士隊長の一人[5]に選ばれた。少年の上衣を身につけている時でさえも、人々に祝儀を配り、それをトラヤヌスの公会堂（バシリカ）[6]において主宰した。コンモドゥスは七月七日[7]、ロムルスがこの世に姿を現わさなくなったその同じ日に、［大人の］トガを着用した。ちょうどカッシウスが［コンモドゥスの父］マルクスに対して反乱を起こした頃である。コンモドゥスは、兵士たちに紹介された後、シリアとエジプトに向けて父帝とともに出発し、また［反乱鎮圧後に］父とともに首都に帰還した。この後、コンモドゥスは公職就任［年齢］の規定から例外とされて、早々とコンスルとなった[8]。さらに、ポリオとアペルがコンスルの年[9]の十一月二十七日、父とともに大将軍（インペラトル）と歓呼され、また父といっしょに凱旋式を挙行した。なぜならば、元老院議員たちがそのように決議していたからである。［その後］彼は、父とともにゲルマン人との戦いに出発した。

コンモドゥスの生活を監督するために任じられた人々のうち、より優れた人々の方をコンモドゥスは耐えることができず、最もたちの悪い者の方を側近くにとどめた。そして、そのうちの誰かが彼から遠ざけられると、病気になりそうなほど恋しがった。父［マルクス帝］の弱さのために彼らが復帰すると、パラティヌス宮殿にいつも飲食の場を設けた。コンモドゥスは、羞恥心からあるいは浪費を恐れて控えめに振る舞うということはまったくしなかった。自邸でもさいころ遊びをした。また、ことのほか容姿美しい女性たちを選りすぐって集め、買い取った［奴隷身分の］娼婦のごとくに、彼女らの貞節をもてあそぶために、女郎屋をつくった。商人のまねをして市場(10)

(1) コンモドゥスの弟マルクス・アンニウス・ウェルス。彼は一六九年に死亡している。

(2)『哲学者マルクス・アントニヌスの生涯』第十二章参照。

(3) 原文は「トガを着ると」であるが、大人のトガに着替えて元服したことと解釈する。これについては『哲学者マルクス・アントニヌスの生涯』第二十二章、および本書第1分冊一八七頁註(5)を参照。

(4) テクスト欠損。底本は tressolos を補っているが、これはローマの騎兵隊の古い名前 Trossuli から由来する。この騎兵隊が征服したエトルリアの町トロッスルムにちなむ。

(5) Princeps Iuventutis(直訳では「青年の第一人者」)については『哲学者マルクス・アントニヌスの生涯』第六章、および第1分冊一四九頁註(4)を参照。

(6) エスクイリヌス丘の南西にあったトラヤヌス広場の北西部に建っていた(バシリカ・ウルピア)。

(7) 一七五年。

(8) 選立されたのは一七六年秋で、就任が一七七年。

(9) 一七六年。

(10) 底本の insectatus をとらず、マギーやシャスタニョルと同じ imitatus の読みを採用して訳す。

から市場へと売り歩いた。自分のために戦車用の馬を購入した。本物の戦車御者の格好をして戦車を操り、剣闘士とともに生活し、売春仲介者の召使のように水を運ぶ(1)こともあった。このようであったから、運命が彼に歩ませた地位のためよりも、破廉恥な生活のために彼は生まれてきたのだと、人々は信じるほどであった。

三　コンモドゥスは、父の年輩の側近たちを退け、年老いた友臣たちも放逐した。彼は、軍隊を指揮していたサルウィウス・ユリアヌス(2)の息子を放蕩へと引きずり込もうとしたが、無駄であった。そこで、父親のユリアヌスに対して陰謀をたくらんだ。最も高貴な人々に対しても、侮辱することや明らかに相応しくない公職を与えることで、軽蔑的に扱った。彼は役者たちから［劇の中で］不浄な男と呼ばれたので、彼らを突然に追放し、舞台に上がれぬようにしてしまった。加えて、父［マルクス帝］がほとんど完成しかけていた戦争を放棄して、敵の意にかなう条件で和約を結び、首都へと帰還したのである。

ローマに戻ると、彼は堕落の伴侶であるサオテルスを戦車の後ろに載せて凱旋式を祝った(3)が、その途中たびたび振り向いてはおおっぴらにサオテルスに接吻した。劇場においてさえ同じような行為をした。夜明けまで痛飲してローマ帝国の富を浪費し、また夕暮れ時には居酒屋や売春宿をうろついてもいた。自分の悪事の仲間か、そのような連中に推薦された者たちを、属州統治に派遣した。次第に元老院に嫌われるようになると、今度は彼自身の方からこの偉大な階層を破滅させることに残忍な情熱を燃やすほどになった。さらに、［元老院議員たちから］軽蔑されたので、残酷になった。

四　コンモドゥスのこのような生活ぶりが、ついにクアドラトゥス(4)とルキラ(5)にコンモドゥス暗殺を謀る陰謀に取りかかることへと駆り立てた。これには、近衛長官のタルテニウス・パテルヌス(6)の助言もあったのである。コンモドゥスを殺害する任務は、近親であるクラウディウス・ポン

(1) 売春婦の避妊のためか。

(2) プブリウス・サルウィウス・ユリアヌスはマルクス帝治世の一七五年にコンスルとなり、その後ライン川方面の軍隊を率いていた。

(3) 一八〇年十月。

(4) ウンミディウス・クアドラトゥスはマルクス・アウレリウス・アントニヌス帝の甥（一六七年に正規コンスル）の息子。

(5) アンニア・アウレリア・ガレリア・ルキラは一四九年生まれで、コンモドゥスの一二歳ほど年上の姉。彼女は最初ウェルス帝と結婚し、彼の死後は父マルクス帝の腹心であるティベリウス・クラウディウス・ポンペイアヌスと再婚して、一男児アウレリウス・ポンペイアヌス（二〇九年の正規コンスル）を得ている。『哲学者マルクス・アントニヌスの生涯』第二十章、および第1分冊一八〇頁註（2）を参照。

(6) バーリー英語訳によれば、Tarrutenus Paternus は、最近公刊された碑文でタルティエヌス・パテルヌス（Tarrutienus Paternus）とその名は訂正される。なお、カッシウス・ディオ『ローマ史』第七十二巻五-二によれば、パテルヌスは陰謀に関与していなかった。

ペイアヌス[1]に与えられた。しかし、ポンペイアヌスはその任務を果たすべき機会を得た時、抜き身の剣を持ちコンモドゥスに歩み寄って、次のように絶叫した。「〔見よ。〕この剣は元老院があなたに送ったものだ！」この愚か者は、このようなことで自分の企てを露見させてしまい、計画を実現できなかった。この陰謀には多くの者が参加していた。陰謀が失敗した後[2]、まず〔暗殺を試みた〕ポンペイアヌス、そしてクアドラトゥスが処刑された。次いで、ノルバナとノルバヌス、そしてパラリウスが殺された[3]。パラリウスの母親とルキラは追放刑に処せられた[4]。

その後、近衛長官たちは、コンモドゥスがかくもひどく嫌われているのはすべてサオテルスのせいで、この男の力をローマの民衆は耐えがたく思っていると見て、犠牲式を口実にサオテルスを丁重に宮殿から連れ出し、彼が自邸に戻る時に、密偵[5]を送って殺害させた。しかし、この行動はコンモドゥス自身に対する陰謀以上に彼を怒らせることとなった。

〔二人の近衛長官のうちの一人である〕パテルヌスは、サオテルス殺害の張本人で、かつてコンモドゥスを暗殺せんとした陰謀にも加担していたと信じられていたが、この陰謀のためにこれ以上処罰されないように謀っていた[7]。しかし、今や〔同僚近衛長官の〕ティギディウス[6]の教唆で、幅広のトガを着る栄誉を与えるという名目でもって、近衛長官の職から追われた[8]。そして、その数日後、コンモドゥスは、パテルヌスが陰謀を図ったとして告訴したのである。パテルヌスが自分の娘をユリアヌス[9]の息子と婚約させ、ユリアヌスを皇帝にする約束をした、という理由をつけてである。この結果、パテルヌスとユリアヌス、それにパテルヌスの親密な友人で皇帝の書簡を管理していたウィトルウィウス・セクンドゥスが処刑された。また、その後、コンモドゥスはクインティリウス家の一族を皆殺しにした。というのも、コンディアヌスの息子であるセクストゥスが、(10)反乱を起こすために、死んだことにして逃亡した、といわれたからである。ウィトラシア・ファウスティナ、(11)ウェリウス・ルフス、(12)それにコンスル格元老院議員のエグナティウス・カピトも殺

(1) クラウディウス・ポンペイアヌス・クインティアヌス。バーリー英語訳によれば、この人物はルキラの第二番目の夫ポンペイアヌスの甥で、本伝記第五章でいう息子ではない。

(2) 一八二年の出来事。

(3) これらの人々についてはよく知られていない。

(4) ルキラはカプリ島に追放され、のち殺害された。ただし、彼女の夫や子どもは陰謀には巻き込まれなかったようで、息子は二〇九年にコンスルになり、カラカラ帝の治世まで生きて、同帝によって殺害されている。

(5) 密偵(フルメンタリ)については、『ハドリアヌスの生涯』第十一章、および第1分冊三七頁註(5)を参照。

(6) セクストゥス・ティギディウス・ペレンニスのこと。

(7) 元老院議員にすること。

(8) 近衛長官職は騎士身分の最高公職であるため、元老院議員になると就任できない。騎士身分ではあるが、近衛長官は皇帝のそば近くにあり、武力を保持していたから、時の政治に対しては並の元老院議員よりもはるかに強い影響力をもっていた。

(9) 本伝記第三章に登場。本分冊九頁註(2)参照。

(10) セクストゥス・クインティリウス・コンディアヌスとセクストゥス・クインティリウス・ウァレリウス・マクシムスの兄弟。カッシウス・ディオ『ローマ史』第七十二巻五-三-四によれば、その名声と富ゆえに疑われたという。

(11) マルクス・アウレリウス・アントニヌス帝の従姉(妹)の娘。

(12) 一七八年のコンスル。

害された。加えて、コンスルであったアエミリウス・ユンクスとアティリウス・セウェルスは追放された。他の大勢の人々にも、コンモドゥスはさまざまなやり方で怒りを爆発させたのである。

五 この後、コンモドゥスは容易には公の場に姿を見せなくなり、また事前に［近衛長官ティギディウス・］ペレンニスの手を経なければ、いかなることも彼に知らせることを許されなくなった。そのペレンニスは、コンモドゥスの性格を熟知していたので、どのようにしたら自分が権力を手に入れることができるか知っていた。すなわち、彼はコンモドゥスに楽しみに専念するように、統治の方は自分が専念するだろう、と説得したのである。コンモドゥスはそれを喜んで受け入れた。それで、その取り決めに従って、コンモドゥスは三〇〇人もの愛人女性たちといっしょに暮らすことになったが、その女性たちは、既婚婦人からも売春婦からも、美しい容姿をしている者が選ばれて集められたのであった。そのほかに、三〇〇人の堕落した青年たちも集められたが、彼らは民衆の中からも貴族からも等しく、ある時は力ずく、ある時は金銭で買われて、外見の美しさを基準にして仲介者によって集められた。コンモドゥスは、宮殿において、宴会の場や浴場で彼らと飲み騒いだ。

このような状況で、コンモドゥスは儀式で獣を屠殺する者の格好をして生贄《いけにえ》を殺すこともした。闘技場で訓練用の剣を持って従者に立ち混じって剣闘士たちと戦い、時々は真剣を振りかざした。

この頃までにペレンニスは全権力を確保した。すなわち、除きたいと思った者は、誰であろうと殺すことができたし、実に多くを奪い、あらゆる法を踏みにじった。そして、すべての利得を自分の懐に入れた[1]。

ところで、コンモドゥス自身は、姉ルキラをカプリ島に追放した後、これを殺害せしめた。その後、他の姉妹たちを汚してから、父の従姉（妹）[2]と情交関係を結んだりしたといわれている。加えて、母の名を愛人の一人に与えることすらした。一方、自分の妻を姦通罪で捕らえて家から追い出し、さらに追放処分にして、のち死に至らしめた[3]。自分の愛人を彼自身の前で汚すように命令していた。コンモドゥスは、若い男性たちと破廉恥な関係に陥るという不名誉からも逃れられなかった。男女両性と接することで、肉体のすべての部分と口をも汚した。

ちょうどその当時、強盗に殺されたかのように見せかけて、かのクラウディウス［・ポンペイア

（1）ここの記述と異なり、カッシウス・ディオ『ローマ史』第七十二巻一〇によれば、ペレンニスの統治は廉直で慎重であった。

（2）処刑されたウィトラシア・ファウスティナの母親であるアンニア・フンダニア・ファウスティナのこと。

（3）コンモドゥスの妻ブルッティア・クリスピナは、一七八年にコンモドゥスと結婚し、一九二年秋にカプリ島に追放され、その後まもなく殺害された。

ヌス」[1]が殺された。かつてその息子は、コンモドゥスのもとに短剣を持って現われたことがあった。ほかにも大勢の元老院議員が裁判なしに殺され、女性たちも富裕であるだけで殺害された。属州においても、その富ゆえに少なからざる人々がペレンニスに罪を着せられて告発され、財産を奪われたり殺されたりした。犯罪を捏造することができないような人物は、コンモドゥスを相続人として指名することをいやがった廉で訴えられた。

六　この頃、サルマティア[2]でローマ軍が勝利したが、その勝利は別の将軍たちの手で達成されたものであったにもかかわらず、ペレンニスは自分の息子の手柄にしていた。[3]ペレンニスの力はたいへん大きく、ブリテン島での戦いで、幾人かの元老院議員たちを罷免し、騎士身分の者を兵士たちの指揮官の地位に就かせたほどであったが、これが軍隊からの使節によって［元老院に］知らされると、彼は突然、国家の敵と宣言された。そして、兵士たちに引き渡され、八つ裂きにされた。[4]

コンモドゥスは［ペレンニスが滅んだあと］、権力の座に自分の侍従の一人、クレアンデル[5]を置いた。ペレンニスとその息子が処刑されたあと、コンモドゥスは事態を正常へと回復することを装って、自分に関わりなく実施されているということを理由に、数多くのことを取りやめにした。しかし、悪行に対する悔恨を三〇日以上続けることができなかった。コンモドゥスは、先述のペレンニスを介して行なっていた時よりも一層ゆゆしい悪事を、クレアンデルを通じてしでかすようになった。

権力の点ではクレアンデルがペレンニスを継承したが、ペレンニスの近衛長官の職はニゲルが引き継いだ。しかし、ニゲルがこの職にあったのはわずか六時間だけであったといわれている。コンモドゥスの所業はすべて、以前よりも一段とひどくなったから、実際、近衛長官はひっきりなしに交替した。マルキウス・クアルトゥスは五日間だけ近衛長官であった。近衛長官職の後任となった者は、クレアンデルの気まぐれで、職務に就いたり、あるいは処刑されたりした。解放

（1）本伝記の著者は、クラウディウス・ポンペイアヌスの父と息子（ないし甥）を混同しているようにみえる。息子（ないし甥）は殺害されているが、父の方はコンモドゥス暗殺後の一九三年に即位したペルティナクスから共治帝になるように呼びかけられている。『ヘルウィウス・ペルティナクスの生涯』第四章を参照。
（2）ここでは、ローマ帝国の東北辺境地帯、黒海北岸を指す。
（3）ヘロディアヌス『マルクス帝没後のローマ史』第一巻九によれば、イリュリア地方で軍を率いていたペレンニスの息子たちは、コンモドゥスを倒す陰謀を画策し、それが露見したことがペレンニスの失脚と死に繋がった。
（4）一八五年のこと。
（5）プリュギア出身の奴隷で、コンモドゥスの幼少時にいっしょに育てられた。マルクス・アウレリウス・アントニヌス帝によって奴隷身分から解放され、サオテルスの死後にコンモドゥスの侍従の一人になった。

奴隷すら、クレアンデルの意向で元老院議員になったりパトリキ(1)に列せられたりした。その頃、初めて一年間に二五人ものコンスルが就任した(2)。あらゆる属州総督のポストは売買された。実際、金を得ようとしてクレアンデルは何でも売った。追放より呼び戻された人々にむやみに名誉ある職を与え、また法的な決定を廃棄した。コンモドゥスの愚かさのため、クレアンデルの力はたいへん大きくなり、コンモドゥスの妹の夫であるブルス(3)を死に追いやるほどであった。ブルスはコンモドゥスにクレアンデルを非難し、生じている事態を報告したので、帝位を狙っているという疑いをかけられて処刑されたのである。コンモドゥスは、ブルスを弁護しようとした数多くの人々も同時に死に至らしめた。これらの人々のうちには、近衛長官のアエブティアヌスもいて、殺害されているが、この人物の代わりに、クレアンデルは自ら選んだ二人の人物といっしょに自身も近衛長官となった。ここに初めて、三人の近衛長官が生まれたのである。しかも、三人のうちの一人[すなわち、クレアンデル]は解放奴隷なのであり、「短剣持ち」と呼ばれた(4)。

七　しかし、ついにクレアンデルにも、彼に相応しい人生の終わりが訪れることになった。すなわち、アリウス・アントニヌス(5)は、属州アシア(6)の総督の時にアッタルスを有罪としたが、そのアッタルスのためにクレアンデルが陰謀をめぐらしたので、アリウス・アントニヌスは無実の罪をでっち上げられて、処刑されてしまった。しかし、民衆が激怒し、その憎しみに抗しきれなくなったコンモドゥスは、クレアンデルを民衆に処罰するよう引き渡した(7)。この時は、アポラウストゥス(8)や他の宮廷の解放奴隷たちも同じように処刑された。クレアンデルは、ほかにもいろいろと［堕落した振る舞いが］あった中でも、コンモドゥスの愛人たちとすら関係をもち、その女性たちから男子を得ていた。クレアンデルが滅ぶと、その子たちも母とともに死に追いやられた(9)。

(1) 本来は古ローマの血統貴族を指すが、この時代には共和政時代に遡れる貴族家系はなく、したがってパトリキといっても家系の古い上級貴族という相対的な意味となる。もっとも、パトリキであるゆえに一定の宗教職に就任し、一般の元老院議員とは異なる公職序列を歩むことが多かった。

(2) 一九〇年のことである。この時のコンスルの中に将来の皇帝セプティミウス・セウェルスが含まれていた。『セウェルスの生涯』第四章参照。

(3) ルキウス・アンティスティウス・ブルスは、コンモドゥスの妹ウィビア・アウレリア・サビナの夫で、一八一年には正規コンスルに就任している。後の皇帝ペルティナクスはこの人物が帝位を狙っているとコンモドゥスに告発したといわれている。『ヘルウィウス・ペルティナクスの生涯』第三章参照。

(4) この短剣（pugio）は近衛長官のシンボル。

(5) その名前にもかかわらず、この人物は皇帝家とはとくに親族関係はないようである。後の皇帝ペルティナクスは、この人物をもコンモドゥスに帝位を狙っていると訴えたといわれた。『ヘルウィウス・ペルティナクスの生涯』第三章参照。

(6) 現在のトルコ西部。

(7) カッシウス・ディオ『ローマ史』第七十二巻一三によれば、一八九年に生じたこの民衆の怒りの真の原因は穀物不足で、クレアンデルはその責任を問われた。

(8) この男はウェルス帝がパルティア遠征から連れ帰った人物である。『ウェルスの生涯』第八章、および第1分冊二一九頁註（5）参照。

(9) カッシウス・ディオ『ローマ史』第七十二巻一二によれば、クレアンデルはコンモドゥスの愛人の中でもダモストラティアという女性と結婚していた。

コンモドゥスはクレアンデルの跡を継ぐ者として、ユリアヌスとレギルスを任じたが、その後まもなく両名をともに処罰した。これらの人たちが処刑された後、コンモドゥスはセルウィリウスとドゥリウスの二人のシラヌス家の者たちを、彼らの親族とともに殺した。続いて、アンティウス・ルプス、そしてマメルティヌスとスラの二人のペトロニウス家の人々を殺害した。また、マメルティヌスの息子アントニヌス——その母はコンモドゥス自身の姉である——も、死に至らせた。その後も、一度に六人ものコンスル経験者を、その親族とともに死なせた。すなわち、アリウス・フスクス、カエリウス・フェリクス、ルッケイウス・トルクアトゥス、ラルキウス・エウルピアヌス、ウァレリウス・バッシアヌス、それにパクトゥメイウス・マグヌスである。アシアでは、属州総督スルピキウス・クラッススとユリウス・プロクルスがその家族とともに、コンスル格元老院議員のクラウディウス・ルカヌスが殺された。アカイアでは、コンモドゥスにとり父親の従妹に当たるアンニア・ファウスティナが殺され、ほかに無数の人々も死に追いやられた。コンモドゥスは、ローマ帝国の財力が自分の支出を維持できないので、さらに一四人を殺すことに決めていた。

八　この間、コンモドゥスは母の昔の愛人をコンスルに任命したので、元老院はそれを嘲笑して、コンモドゥスに「ピウス」の称号を贈った。また、コンモドゥスがペレンニスを処刑すると、元老院から今度は「フェリクス」(5)の称号を贈られたが、これは彼がまことに新たなスラであるがごとくに、(6)おびただしい数の市民を大量処刑している時であったからである。こうして、ピウスとフェリクスの名を得たコンモドゥスであったが、彼は多くの人々の殺害を正当化するため、自分の命を狙った陰謀の存在をでっち上げたといわれる。だが、実際は、アレクサンデル(7)が企て、後に自分自身と身内を滅ぼすことになった陰謀と、姉ルキラのなした陰謀とを別にすれば、真の謀反は存在しなかったのである。コンモドゥスは、こびへつらいをする者たちによって、ブリタンニクス(8)の称号ももらったが、(9)実際のブリタンニアの人々は、コンモドゥスに反対する皇帝を選

---

(1) このユリアヌスとは、その経歴が一碑文 (*ILS*, 1327) からよく知られるルキウス・ユリウス・ウェヒリウス・グラトゥス・ユリアヌスという人物。

(2) コンモドゥスの姉とはコルニフィキアで、一八二年に正規コンスルになったマルクス・ペトロニウス・スラ・マメルティヌスに嫁していた。

(3) マギーは『哲学者マルクス・アントニヌスの生涯』第二十九章にみえる名前から推測して、このコンスルをルキウス・トゥティリウス・ポンティアヌス・ゲンティアヌスとする（一八三年の補充コンスル就任）が、確実ではない。

(4) ここでは「親に対して敬虔な」という意味。

(5) 「幸運なる者」の意。

(6) 共和政時代末期の政治家ルキウス・コルネリウス・スラは、政敵マリウスとの争いの中で大量殺戮を行なって、一種の恐怖政治を強いた。その彼がフェリクスの称号を得ている。

(7) シリアのエメサ出身の人物。カッシウス・ディオ『ローマ史』第七十二巻一四によれば、この人物が処刑されたのは、彼が馬の背に乗って槍でライオンを殺したことが理由という。このことが、「ローマのヘルクレス」たる皇帝を刺激したのかもしれない。

(8) 「ブリテン島の征服者」の意。

(9) 一八四年のこと。

び出すことすら欲していた。

コンモドゥスは、ラヌウィウムの闘技場で野獣を殺したことで、ローマのヘルクレスと呼ばれた。事実、コンモドゥスは自邸で獣を殺すことを習慣にしていたのである。そのうえ、首都ローマ市をコロニア・コンモディアナ(1)という名で呼ばれるようにしたいという、狂気じみた考えを抱いていた。この狂ったような考えは、マルキア(2)の甘い寝物語を聞いている時に思いついたものだといわれている。コンモドゥスはまた、競走場で四頭立て戦車を走らせたいという希望ももっていた。ダルマティカ(3)を着用して公の場に現われ、このような衣装で戦車出走の合図を与えた。コンモドゥスが元老院で首都ローマ市をコンモディアナと呼ぶようにする提案をした時に、元老院は、われわれの知るかぎり嘲笑から、喜んでこの提案を受け入れたばかりでなく、元老院それ自体も「コンモディアヌス」と呼び、コンモドゥスをヘルクレスにして神と呼んだほどである(4)。

九　コンモドゥスは、旅行のための費用を集められるように、アフリカに出かけるかに見せかけ、実際に金を得ると、それを宴会やさいころ遊びの賭事に使ってしまった。彼は、近衛長官のモティレヌスを毒の入った無花果《いちじく》で殺害した。ヘルクレスの姿をした自分の像を建てることを許し、神に対して行なうようにその像に犠牲を捧げさせた。加えて、コンモドゥスは、もっと多くの人々を処刑することを目論んでいた。というのも、殺すことにしていた人の名を記した表を、

少年の召使が寝室から投げ捨てたことによって、その企てが明らかになったのである。(5)

　コンモドゥスはイシス神崇拝(6)を行ない、頭髪を剃り、アヌビス(7)の像を持ち運ぶまでになった。残酷さを求めることに熱中して、ベロナ女神(8)に奉仕する人たちに対しては、腕を本当に切り取ることを命じた。イシス神の帰依者に対しては、実際に胸を松の実で死ぬまで打つように強いた。コンモドゥスは、アヌビスの像を方々へ持ち歩いては、イシス神帰依者の頭を像の顔で強く打ったものである。女性の衣装を着、ライオンの皮をかぶっては、「ヘルクレスの持ったような」棍棒で

---

(1)「コンモドゥスの植民市」の意。この点は、カッシウス・ディオ『ローマ史』第七十二巻一五に詳しい。この名称は一九〇年頃の貨幣の銘にも現われる。
(2)後にコンモドゥス殺害の陰謀に加担することになる愛人女性。
(3)ダルマティア風のトゥニカ。ダルマティアは現在のクロアチアのアドリア海沿岸部。この地方の民族服が紀元三世紀頃に帝国で流行した。袖の広くて長いトゥニカの一種で、後にキリスト教の聖職者の衣装に繋がっていく。
(4)カッシウス・ディオ『ローマ史』第七十二巻一五には、アマゾニクス以下、彼が受けた称号が詳しく記されている。
(5)この話はヘロディアヌス『マルクス帝没後のローマ史』第一巻一七以下から受け継いだものであろう。ヘロディアヌスの創作かもしれない。
(6)エジプトの神であるイシス神は、ギリシア世界では大地母神としてデメテルと同一視され、ローマでは旅行者や船乗りの守護神ともなった。
(7)アヌビスは元来エジプトの死者の神で、ジャッカルの頭に人間の身体で表わされている。ヘレニズム世界ではヘルメス神と同一視された。
(8)戦いの女神で、その崇拝は共和政時代に小アジアからローマに持ち込まれたようである。恐ろしい形相の女性で、剣や槍、松明などを手にしていると考えられた。

ライオンだけではなく多くの人間をも殴った。(1) 足が不自由で歩行できない人々に巨人族のような衣装をつけさせ、彼らの足の膝から下を蛇のごとくに見えるよう、巻き布や布切れで包んで巻いてしまい、それから矢を放って殺した。(2) コンモドゥスは、ミトラ教(3)の儀礼を、実際に人を殺すことで汚した。ミトラ教にはある種の恐怖を起こさせるために、そのようなことを口にし、あるいは見せかけでその振りをする習わしはあったけれども。

一〇　すでに子どもの時ですらコンモドゥスは大食であり、また淫らでもあった。若者になると、彼のそばにいるあらゆる種類の人々について悪く言ったが、(4) 一方で皆からも軽蔑された。彼を嘲った者は、野獣の前へ投じられた。さらに、カリグラの伝記を含んでいる［スエトニウス・］トランクイルスの書物(5)を読んでいたある男を、コンモドゥスは野獣に投ぜよと命じた。それは、カリグラと自分が同じ誕生日であったからである。(6) もし死にたいとの希望を表明した者がおれば、実際にその者がいやがっても、死へとせき立てるように命じた。

おどけたことをする時も、彼は有害であった。というのも、［例えば］黒髪の間にあたかも虫がいるように白髪のある男を見つけると、その頭に椋鳥を置いた。虫捜しと思いこんで鳥が嘴でついばむことにより、その男の頭が膿みただれたのである。また、たいへん肥満した男の腹を、いきなり内臓が吹き出るほどに、真ん中で切り開いた。さらには、人の目の一つをくり抜き、あるいは足の一本を潰してから、彼らのことを「一つ目」とか「一本足」とか呼んでいた。

これらに加えて、コンモドゥスは数多くの人々を至るところで殺害したが、ある人々は蛮族の衣装でコンモドゥスの前に現われたという理由で殺され、またある人は高貴でたいへん美しい容姿をしているという理由で殺されたのである。コンモドゥスは、お気に入りの者たちの中に、男女両性の性器の名で呼ばれる者たちを含めた。そして、これらの者たちに好んで接吻していた。取り巻きの中には、ほとんどの獣のそれよりも大きい一物をもつ男がいて、オノス(7)と呼ばれていた。この男をコンモドゥスはおおいにかわいがった。そして、金持ちにし、地方のヘルクレスを祀る聖職者に任じた。

(1)ローマのカピトリーノ博物館にある有名なコンモドゥスの像は、ライオンの皮をかぶり、手に棍棒を持ったヘルクレスの格好をしている。
(2)ギリシア神話の巨人族(ティターン)は、オリュンポスの神々との戦い(ティーターノマキアー)で描かれる際には、足が蛇のように描かれるのが常であった。
(3)ミトラ教は小アジアから地中海世界に広がった。ローマでは軍人や商人が信仰する密儀宗教のようになっており、「雄牛を屠るミトラ神」を祀った。
(4)第三代ローマ皇帝ガイウスのこと。在位三七―四一年。
(5)『ローマ皇帝伝』として知られるものである。ユリウス・カエサルおよびドミティアヌスまでの諸皇帝の伝記を含んでいる。
(6)カリグラが誕生したのは一二年八月三十一日。コンモドゥスの誕生日も、一六一年のやはり八月三十一日である。
(7)ロバの意。

一二　コンモドゥスは、たいそう贅沢な食べ物に、人糞をしばしば混ぜ合わせ、必ずそれを試していたといわれている。それは、彼がそう考えていたように、居合わせた他の人を嘲るためだった。二人のせむし男に辛子を塗りつけ、銀製の大皿の上に載せて見世物にし、その後直ちに彼らを昇進させ、金持ちにした。コンモドゥスはまた、トガを着て部下に伴われていた近衛長官のユリアヌスを、池に突き落とした。同じこのユリアヌスに対して、愛人たちの前でシンバルを打ち鳴らし、顔をしかめさせながら裸で踊ることすら命じた。野菜料理はまれにしか宴に持ってこさせなかったが、その目的は、贅沢な料理を食べ続けるようにするためであった(1)。コンモドゥスは、日に七、八回入浴し、また入浴中に食事をする習慣があった。一方、淫蕩と人の血で汚れた身で神々の社を訪れた。医者のまねをして、死を招く恐れのある小刀を使って人の血を流させることさえした(2)。

いくつかの暦の月の名を、おべっか使いたちがコンモドゥスの栄誉のために名を改めて呼んだ(3)。すなわち、八月(アウグストゥス)はコンモドゥスに、九月(セプテンベル)はヘルクレスに、十月(オクトベル)はインウィクトゥス(4)に、十一月(ノウェンベル)はエクスペラトリウス(5)と呼び、十二月(デケンベル)はコンモドゥス自身の称号に従ってアマゾニウスと呼ばれた。彼がアマゾニウスと呼ばれていたのは、愛人のマルキアに対する情熱のためであった。コンモドゥスは、マルキアをアマゾン(6)として描かせることを好み、また彼女のために、アマゾネスの衣装を着てローマの闘技場に現われることすら欲した。コンモドゥスは、剣闘士の競技に実際に出て、剣闘士の名を、まるで凱旋将軍の肩書きを受けるのと同じように喜んで受けた。(7) コンモドゥスは常に見世物に登場しては、そのたびごとにそれを公の記録に記すように命じた。事実、七三五回、剣闘士試合に参加し戦ったといわれている。

プデンスとポリオがコンスルの年の十月十二日に、(8) カエサルの称号を受けた。この十月は、のちにヘルクレス月と改名された。(9) マクシムスとオルフィトゥスがコンスルの年のヘルクレス月の十五日に、(10) ゲルマニクスの称号も受けた。

---

(1) 前の文章からこの文章にかけて、ホール底本とマギー、そしてシャスタニョルで写本の読みがそれぞれ異なる。ここではマギーのテクストに従った訳を掲げた。

(2) 同じような執刀の話はカッシウス・ディオ『ローマ史』第七十二巻一七にも記録されている。

(3) 新しい月の名前はカッシウス・ディオ『ローマ史』第七十二巻一五-三に記録されている。それらはすべて、コンモドゥスの名前や称号にちなんでいた。

(4)「不敗の」の意。

(5)「超越した」が元々の意。

(6) 複数形がアマゾネス。古代ギリシアの伝説で、黒海北東沿岸に住むと考えられていた勇猛果敢な女戦士からなる民族。弓を引くのに邪魔な右の乳房を取り除いていたといわれている。

(7) コンモドゥスが野獣や剣闘士と戦った話は、カッシウス・ディオ『ローマ史』第七十二巻一八-二一に記録されている。

(8) 一六六年。

(9) この章の中ほどでは、十月（オクトベル）はヘルクレスではなく、インウィクトゥスに変えられたとある。

(10) 一七二年。

一二　コンモドゥスは、ピソとユリアヌスがコンスルの年の一月二十日に、すべての聖職者団に加入した。同じ年の、のちにアエリウスと改名される月の朔日の一四日前に、ゲルマニアへ遠征に出発し、また同年、大人のトガを受けた。ポリオとアペルがともに二度目のコンスルに就任した年の十一月二十八日、父とともに大将軍（インペラトル）と歓呼され、また同じ年の十二月二十三日、凱旋式を祝った。

オルフィトゥスとルフスがコンスルになった年の八月三日、コンモドゥスは再び［遠征に］出発した。プラエセンスが二度目のコンスルの年の十月二十二日、軍隊と元老院によって、のちにコンモディアナと呼ばれることになるパラティヌス宮殿で、永続的にそこに住まうべく認められた。三度目の遠征を準備していたが、彼の元老院と民衆により断念するように説得された。

フスキアヌスが二度目のコンスルの年の四月五日、彼の［安寧の］ための誓願が執り行なわれた。この間、父の治世で三六五回、彼は剣闘士競技を行ない、また、後になると、網闘士を打ち負かしたり斬り倒したりして、数多くの栄冠を手に入れたので、勝利の数は一〇〇〇にまで達するほどであったと記録されている。しかも、コンモドゥスは、自分の手で、あらゆる種類の獣、象すらも含めて、数千もの野獣を殺した。しばしばローマの民衆の見ている前で、彼はこれらのことをやった。

一三　しかし、たしかにこのようなことには活発で強かったものの、他の点ではコンモドゥスは弱くて病がちであった。そのうえ、鼠蹊部が病気のため目立って大きくなり、ローマの民衆には、絹の衣装の上からでもその腫れがわかるほどであった。このことについては、多くの詩句が書かれていて、マリウス・マクシムス(10)もその作品の中で、これらの詩を自慢げに引用している。野獣を殺す時のコンモドゥスの力はたいへんなものであった。棒で象を刺し貫き、槍でカモシカの角を砕いたし、幾千もの巨大な獣を一打で殺したほどである。一方で、まったく恥知らずであった彼は、頻繁に円形闘技場や劇場に女性の衣装を着てやって来て座し、おおっぴらに痛飲していた。

彼の治世においては、マウリ族(11)が征服されたが、コンモドゥスの生活は先述のごときものであ

(1) 一七五年。
(2) 五月十九日。
(3) 一七六年。
(4) 一七八年。
(5) 一八〇年。
(6) これは皇帝位に就いたことの公式的な表現と考えられる。
(7) 一八八年。
(8) マギーは、マルクス帝時代から流行している疫病に対するものと考えている。
(9) 重い網を使って戦うスタイルの剣闘士。
(10) 本伝記集の最も重要な素材となった史書の作者。
(11) 西北アフリカ（マウレタニア）に居住する人々の集団。

ったから、この功業はすべて、属州総督たちの手によるものであった。ダキア族[1]も征服され、パンノニア[2]でも秩序が保たれた。ブリタンニア[3]、ゲルマニア、そしてダキアでは、属州人たちが彼の統治を拒否していたが、将軍たちによってその騒動はすべて鎮圧された。

彼自身は文書に署名する時、のろまで、また無頓着でもあった。多くの文書にはたった一通りの書式に従って返答し、数多くの手紙に、彼はただ「息災に」とだけ書いたほどであった。[公的な用務]すべては他の人によってなされたが、その人たちは自分たちの財布を膨らませるために、有罪判決[による財産没収]までも利用したといわれている。

一四　また、彼の無関心のために、首都ローマで異常な食糧不足が生じてしまった[4]が、それは、本当に穀物の不足から発生したのではなく、国家を統治している者たちが、供給されるべき穀物を奪い取っていたため起こったものであった。のち、コンモドゥスはすべてを横取りしていた者たちを処刑し、彼らの財産を没収した。しかし、彼自身は黄金時代を装って、コンモディアナ[5]と称して価格の全般的引き下げを宣言した。しかし、その結果は、よりひどい物資の欠乏をもたらすこととなった。

コンモドゥスの治世では、多くの人々が、他人を処罰するにも、また自分の安全を確保するためにも金を使った。実際、彼は処罰の変更や埋葬の許可、そして悪人の処置の軽減を金で売った。

同様に、死刑を宣告された人の代わりに別人を処刑することすらした。コンモドゥスは属州［統治に関する職］や行政［職］を売ることすらし、売買を仲介した人とその上がりを分け合った。一部の者には、金で彼らの敵を殺すこともした。コンモドゥス治世下では、帝室の解放奴隷たちが法廷の判決結果すら売買した。

近衛長官パテルヌスとペレンニスを彼は長くは我慢できなかった。それどころか、彼自らが任命した近衛長官のうち、誰一人として三年間その職にとどまりえた者はなかったのである。ほとんどの者は、毒や剣でもって殺された。

一五　彼は、首都長官(6)をも同じようにごく簡単に更迭した。また、自分の侍従たちも喜々として処刑した。コンモドゥス自身はいつも、彼らの意のままにすべてを行なってきたのであったが。しかし、侍従たちの一人、エクレクトゥスは、コンモドゥスが簡単に侍従たちを殺してしまうの

（1）現在のルーマニアに相当する地域に居住した人々。ローマ帝国の属州ダキアの外側に住んでいた人々を、ここでは指している。
（2）現在のハンガリーに相当する、ドナウ川の南側の地域。
（3）底本とは異なり、Britannia の前に in を補うマギーのテクストに従って訳す。この方が、当時のブリテン島の事情にも合致する。
（4）一九〇年の出来事。
（5）「コンモドゥスの時代」の意か。
（6）最も権威のある、年長の元老院議員から選ばれた公職。

を見て、皇帝の機先を制し、コンモドゥスを殺害することになる陰謀に加わった。

コンモドゥスは、セクトル剣闘士[1]としての武具をいつも身につけ、むき出しの肩を紫衣で被っていた。しかも、マリウス・マクシムスの記述が証言しているように、すべてに下劣そして不潔で残酷、剣闘士あるいは売春の斡旋人のように振る舞ったと、首都の公報[2]に書き入れるように命じるのが彼の習慣であった。コンモドゥスはローマの民衆を「コンモディアナ[3]」と呼び、彼らの前で頻繁に剣闘士として戦った。人々はしばしば彼を神のごとくに讃えたが、彼はローマの民衆が自分を嘲笑していると信じて、闘技場において日除けを広げている艦隊の兵士[4]に、ローマの民衆を円形闘技場の中で殺すように命じた。そしてまた、自分の私的な植民市のごとくに考えて、首都を焼き払ってしまう命令をも出したが、この命令は近衛長官ラエトゥス[5]がコンモドゥスを止めなければ、実行されるところであった。たしかに、彼は多くの勝利者の称号を得たが、中でも「セクトル剣闘士たちの長[6]」を六二〇回受けた。

一六　彼の治世においては、公私両面で次のごとき予兆が生じた。すなわち、まず彗星が出現した。フォルムから出ていく神々の足跡が見つかった。「脱走兵たちの戦争[7]」の前に、天が真っ赤に染まった。一月朔日に大競走場に突然の靄が生じ暗闇となった。加えて、夜明け前に火の鳥と不吉な兆候が現われた。コンモドゥスは、パラティヌス宮殿では眠れないといって、そこからカエリウス丘上のウェクティリウス邸(8)へと移動した。双頭のヤヌスの神殿がひとりでに開き、(9)大理石製のアヌビス像が動いているのが見られた。ミヌキウスの柱廊(10)で、ヘルクレスの青銅像が数日間もの間、汗をかいた。ミミズクが、ローマとラヌウィウムの彼の寝室の上で捕らえられた。しかも、彼自身、決して軽々しくはない前兆を自分で生み出していた。というのも、すでに殺

(1)剣闘士のスタイルの一つ。セクトルはセカレ、つまり「ずたずたに斬る」から来た言葉。兜と脛当てをつけ、長い盾と剣で武装する。

(2)正式には Acta Urbis や Acta Diurna と呼ばれ、カエサルの時から公にされるようになった中央政府からの公共の知らせなどを書いたもの。

(3)「コンモドゥスの民」の意か。

(4)コロッセウムには最上部にポールが何本も立てられていて、そこに艦隊兵士によって日除けが張られた。

(5)クイントゥス・アエミリウス・ラエトゥスはコンモドゥス治世末期に近衛長官を務めた人物。コンモドゥス暗殺の首謀者になる。ペルティナクスの登位を準備したのも、セプティミウス・セウェルスの上部パンノニア総督就任を推薦したのもこの人物。のち、ディディウス・ユリアヌス帝に殺された。

(6)「長」は原文では palus primus（第一の棒）。palus（棒）は剣闘士が練習で使うもの。マギーもバーリー英語訳も、primus palus（第一の棒）という言葉は primus pilus（首席百人隊長）のアナロジーであると考える。

(7)「脱走兵たちの戦争」とは、一八六年にガリアで勃発した事件。マテルヌスという名の兵士を頭目にした兵士や、ならず者の集団が各地を略奪した。ペスケンニウス・ニゲル指揮下のローマ軍がこれを破ったが、マテルヌスはイタリアに逃げて、コンモドゥスを殺害しようと試みた。しかし、捕らえられて殺された。

(8)マギーはこれを剣闘士の練習場とみる。

(9)ヤヌスはローマの古い神で、二つの頭をもつ形で表わされる。フォルムの近くにあったその神殿は、平和な時は閉じられる習慣であった。

(10)ミヌキウスの柱廊は、カピトリヌス丘とティベル川との間の低地帯、マルケルス劇場のそばにあった。

されていた剣闘士の傷口に手を突っ込んだあと、その手を自分の頭のところで拭った。習慣に反して、トガの代わりに葬式の時に着る習わしのパエヌラを着て競技場に来るよう見物人たちに命じ[1]、自分も黒の衣装で競技会を主宰した。さらに、彼の兜がリビティナ門[2]を通って二度も運ばれていった。

民衆に祝儀を七二五デナリウスずつ分配した[3]。他のすべての人に関しては、彼はたいへんけちであった。それは、彼が贅沢をし、その大きな支出で国庫を枯渇させていたからである。数多く戦車競走を開催したが、宗教のためというよりも道楽のためであり、また競走場の党派の指導者たちを富ませるためであった[4]。

一七　これらのことに促されて、遅すぎたとはいえども、近衛長官のクイントゥス・アエミリウス・ラエトゥス[5]と［帝の］愛人マルキアが、コンモドゥス殺害の陰謀を開始した。最初に、彼らは［皇帝に］毒を飲ませた。しかし、あまり効き目がなかったので、コンモドゥスといつも体育の訓練をしていた運動競技者の手で絞殺させた[6]。

コンモドゥスは少なくとも身体的にはよく釣り合いがとれていた。表情は酔っぱらいのそれのごとく愚鈍な風であり、話は拙劣であった。髪はいつも染めていて、金色の粉をつけて輝くようにしていた。また、理容師を怖がっていたので、髪も髭も焦がしていた。

元老院とローマの民衆は、彼の遺骸を鉤で引きずり回し、ティベル川に投げ込んでしまうよう求めた。しかし、その後、［次の皇帝］ペルティナクスの命令で、ハドリアヌスの墓廟に移された。クレアンデルが建てて［コンモドゥス浴場と］名づけた浴場[7]がある以外に、コンモドゥスの建てたものは残っていない。ほかの人の建てた建築物の上に刻ませていた彼の名は、元老院が削らせた。実際、彼は父［マルクス帝］の公共事業を完成することすらしなかった。アフリカ艦隊を組織したが、それはもし万一アレクサンドリアからの穀物供給が遅延した場合に備えるためのものであった[8]。コンモドゥスはふざけて、カルタゴに、アレクサンドリア・コンモディアナ・トガタと

（1）カッシウス・ディオ『ローマ史』第七十二巻二一-三によれば、皇帝が死んだとき以外はこうした服を競技場で着ることはなかった。

（2）リビティナは葬儀を差配する女神。剣闘士競技の敗者の遺体は、通常この門を通って運ばれていった。

（3）マギーによれば、この額は異常に大きく、誇張されているにちがいない。

（4）戦車競走とそこでの党派については、『ウェルスの生涯』第四章、および第1分冊二一一頁註（4）を参照されたい。

（5）本伝記第十五章、および本分冊三一頁註（5）を参照。

（6）コンモドゥスが殺害されたのは一九二年十二月三十一日である。暗殺についてはカッシウス・ディオ『ローマ史』第七十二巻二二-四-六と、ヘロディアヌス『マルクス帝没後のローマ史』第一巻一六-一七が詳しい。

（7）テルマエ・コンモディアナエと呼ばれる浴場の正確な位置は不明。

（8）属州アフリカから穀物を首都へ運ぶためである。

いう名を与えさえし、アフリカ艦隊をコンモディアナ・ヘルクレアと名づけた。また、たしかに巨像[1]を飾り立てたけれども、すべて後に取り除かれた。さらに、彼はネロに似せた巨像の頭を取り除き、その上に自分自身の像を置いて、その下にはいつもの銘文を刻んだ。そこには、剣闘士の名や女々しい称号も略さなかった。

だが、厳格な皇帝で、その名前通りの人物であるセウェルス[2]は、元老院に対する憎しみからコンモドゥスを神格化したように思われる。そして、コンモドゥス自身が存命中に自分のために考えていたヘルクラネウス・コンモディアヌス聖職者団の設置を承認した[3]。彼の死後、三人の姉妹が残された[4]。セウェルスは、コンモドゥスの誕生日が祝われるように法で定めた。

一八　コンモドゥスの死後、元老院の怒号の声は著しく大きかった。コンモドゥスについての元老院の意見が知られるように、マリウス・マクシムスから怒号そのものを、そして元老院決議の文章を、以下の通り引用する。

「祖国の敵から栄誉を奪い取れ。あの人殺しから栄誉を奪い取れ。あの人殺しを引きずり回せ。祖国の敵、人殺し、剣闘士をスポリアリウム[5]でずたずたに引き裂いてしまえ。元老院を処刑しようとする刑吏は神々の敵。元老院を殺さんとした者は神々の敵。元老院の敵。剣闘士はスポリアリウムで「引き裂け」。元老院を殺した男は、スポリアリウムに置かれよ。元老院を殺した者を鉤で引き回せ。無実の者を処刑した奴は鉤で引き回せ。敵だ。人殺しだ。まさしく。本当だ。自分の親族も容赦しなかった奴を、鉤で引き回せ。汝を殺そうとした男を鉤で引き回せ。［ペルティナクスよ。］(6)汝は、われらとともに恐れ、われらとともに危険に身をさらしていた。最良にして最高の神ユッピテルよ、われらが安全でありますように、ペルティナクスをわれらのために守りたまえ。近衛兵たちの信義に祝福あれ。近衛隊に幸あれ。ローマ軍に祝福あれ。元老院の敬虔に幸あれ。

人殺しは引き回せ。皇帝（アウグストゥス）よ、われらは求む。人殺しを引き回せ。われらは願う。人殺しは引き回せ。皇帝（カエサル）(7)よ、聞かれよ。密告者はライオンに食わせよ。皇帝（カエサル）よ、耳を貸されよ。スペラトゥス(8)をライオンに食わせよ。ローマの民衆の勝利に祝福あ

（1）一世紀後半にネロ帝が自分に似せて作らせた巨像は、二世紀前半のハドリアヌス帝によってもとの場所からコロッセウムの北西に移動された。
（2）セウェルス（severus）とは、元来形容詞として「厳格な、苛酷な」という意味である。
（3）一九五年にコンモドゥスはセウェルス帝の手で神格化されたが、二一七年、ないし二一八年にマクリヌス帝の手で再び「記憶の抹消（damnatio memoriae）」手続きがとられた。
（4）アリア・ファディラ、コルニフィキア、そしてウィビア・アウレリア・サビナである。みなコンスル格元老院議員と結婚している。
（5）殺された剣闘士の衣服をはぎ取る場所。
（6）マギーの註記の案に従って補う。
（7）ここでは皇帝ペルティナクスのこと。
（8）密告者の名前と思われる。

れ。兵士たちの信義に幸あれ。近衛兵に祝福あれ。近衛隊に幸いあれ。

敵の像が至るところに、人殺しの像が至るところに建てられている。剣闘士の像があちこちにある。剣闘士の、人殺しの像を引き倒せ。市民を殺す者を引き回せ。市民の殺人者を引き回せ。剣闘士の像を引き倒せ。

〔ペルティナクスよ。〕汝が無事である時、われらも無事息災だ。本当に、本当に。本当にそうならば、威厳がもてるし、本当にそうならば、自由になれる。

今やわれらは安全だ。密告者たちに恐怖を。われらが安全であるように、密告者たちに恐怖を。われらが無事であるように、元老院から密告者たちを追い出せ。密告者たちに棍棒を。汝が無事であるうちに、密告者たちをライオンに投ぜよ。汝が統治しているうちに、密告者たちに棍棒を食らわせよ。

一九　人殺し、剣闘士の記憶を打ち払え。人殺し、剣闘士の像を取り壊せ。不潔な剣闘士の記憶を打ち払え。剣闘士をスポリアリウムで〔引き裂け〕。聞かれよ、皇帝陛下（カエサル）。処刑吏[1]を鉤で引き回せ。元老院の処刑吏を父祖のやり方で、鉤で引き回せ。

ドミティアヌス[2]よりも残酷で、ネロよりも卑劣な奴。あの男が他人にしたように、あの男にしてやれ。無実の者たちの記憶を残せ。われらは求む。無実の者たちの名誉を回復せよ。人殺しの男の死体を鉤で引っぱれ。剣闘士の死体を鉤で引っぱれ。剣闘士の死体をスポリアリウムで引き裂け。決議を求む。決議を求む。われらすべては、あの男が鉤で引っ張り回されることに支持票を投ずるぞ。あの男は皆を殺した。鉤で引っ張り回せ。あの男は老いも若きも、あらゆる年齢の人を殺した。鉤で引っ張り回せ。男も女も殺した奴を、鉤で引き回せ。自分の親族も容赦しなかったあの男を、鉤で引っ張り回せ。神殿を荒らした男を鉤で引き回せ。［死者の］遺言を無効にした奴を、鉤で引き回せ。生きている者から奪い取った奴を、鉤で引き回せ。われらは奴隷たちにずっと奴隷にされてきた。生命の代償［となる金］を求めたあの男を、鉤で引き回せ。生命のために金を求め、約束を守らなかったあの男を鉤で引き回せ。元老院を売ったあの男を鉤で引き回せ。息子たちから相続財産を奪い取ったあの男を、鉤で引き回せ。

元老院から告発者たちを［追い出せ］。元老院から密告者たちを［追い出せ］。奴隷たちを買収する者ら(3)を元老院から［追い出せ］。そして、汝はわれらとともに恐れた。汝はすべてを知っている。善き人も悪しき人も知っている。汝はすべてを知っている。すべてを正せよ。われらは汝のため

（1）コンモドゥスのこと。
（2）ローマ皇帝。在位八一－九六年。とくに治世後半に恐怖政治を行なったといわれる。
（3）密告の証拠は、奴隷の証言から得られることがしばしばあった。

に恐れていた。ああ、汝が統治する世になって、今われらは幸福よ。人殺しについて意見を求む。意見を求む。決議せよ。汝の臨席をわれらは求む。無実の者らの遺体が埋葬されていない。人殺しの死体を引き回せ。人殺しは、埋葬された遺体を掘り出した。人殺しの死体を引き回せ」。

二〇　ペルティナクスの命令で、皇帝家財産の管理官だったリウィウス・ラレンシス[1]がコンモドゥスの遺骸をコンスルに予定されたファビウス・キロ[2]に与えると、その夜のうちにコンモドゥスの遺骸は埋葬された。元老院はこれに対して抗議の声を挙げた。「いったい誰の意向で埋葬したのか。埋葬された人殺しの死体を掘り出し、引き回せ」。

キンギウス・セウェルス[3]は言った。「彼が埋葬されたのは不当である。神官として私はそう言うし、神官団もそれに同意するであろう。さて、非難すべきことは言い尽くしたので、次にとるべき必要な措置へと話を進めよう。私は次のように考える。すなわち、市民の破滅のために、そして自分自身の恥辱のためにだけ生きたあの男が、自分の栄誉のためにわれらに強いて決議させたものを廃棄するべきである。至るところに立っているあの男の像を破壊すべし。そして、公私にわたる記念物すべてから、あの男の名を消し去るべし。さらに、暦の月の名を、この災いが初めて国家に降りかかった時に呼ばれていた名に戻すべし」。

（1）この人物はアテナイオスの『食卓の賢人たち』第九巻三九八eに登場する。柳沼重剛訳『食卓の賢人たち3』（京都大学学術出版会、二〇〇〇年）、四二八頁参照。

（2）ルキウス・ファビウス・キロは二〇四年に二度目のコンスル（正規コンスル）になった人物で、セプティミウス・セウエルスの支持者。

（3）『セウェルスの生涯』第十三章では「キンキウス・セウェルス」として登場。

ユリウス・カピトリヌス

ヘルウィウス・ペルティナクスの生涯

井上文則　訳

一　プブリウス・ヘルウィウス・ペルティナクスの父親は解放奴隷ヘルウィウス・スッケススであった。彼は羊毛業[1]に長く従事したことにちなんで、つまりその仕事を忍耐強く[2]行なったことにちなんで、息子にペルティナクスの名前を与えたといわれている。ペルティナクスはアペニン山中にあった母の別荘で生まれた[3]。彼が生まれた時に黒い馬が屋根に登り、そこでしばらく留まってから、落ちて、息絶えた。このことに動揺し、父親はカルダエア人[4]のところに行った。カルダエア人はその子の偉大な未来を予言したが、父親は金を無駄に使ったと言っていた。

この子どもは初級の読み書きと算術を習得した後、さらにギリシア語の文法教師に、続いてスルピキウス・アポリナリウス[5]に委ねられた。その後、ペルティナクスもまた文法教師になった。しかし、その職ではあまり儲からなかったので、コンスル格の元老院議員で、父親のパトロンであったロリアヌス・アウィトゥス[6]を介して、百人隊長の職を求めた[7]。続いて、ティトゥス・アウレリウス[8]が皇帝であった時、シリアに歩兵隊長[9]として出発したが[10]、許可なく駅伝制度[11]を利用し

(1) ホール底本では原語 lanaria であるが、マギーは lignaria とり、材木業と理解する。しかし、マギーの理解は本伝記第

三章の記述と矛盾する。

（2）原語は *pertinaciter* で、Pertinax との言葉遊びになっている。ちなみに、作者不詳の『皇帝略記』一八は、ペルティナクスが、「強要され、不本意に」帝位を受けたためその名がついたと記している。

（3）ペルティナクスは一二六年八月一日に生まれた。カッシウス・ディオ『ローマ史』第七十三巻三-一によれば、ペルティナクスは北伊のリグリア地方にあったアルバ・ポンペイア市出身。作者不詳の『皇帝略記』一八は、ペルティナクスがリグリア地方にあったロリウス（ロリアヌス）・ゲンティアヌスの「荒れた所領（ager squalidus）」で生まれたと伝えている。なお、ゲンティアヌスは、本章後段に名前のあがっているロリアヌス・アウィトゥスの息子である。

（4）占星術師のこと。第1分冊一七七頁註（2）参照。

（5）カルタゴ出身の学者。『アッティカの夜』を著わしたゲリウスの師でもある。

（6）一四四年のコンスル。後に属州アフリカ総督になる。

（7）実際には、百人隊長にはなれなかったようである。なお、マギーは、単なる百人隊長ではなく、主席百人隊長と解釈している。

（8）アントニヌス・ピウス帝（在位一三八－一六一年）のこと。

（9）原語 praefectus cohortis。この職は三つの「騎士勤務（militia equestris）」の一つで、騎士身分の若者が就任した。五〇〇人程度の非ローマ市民から構成される歩兵部隊を指揮する。ほかに見習い軍団将校（tribunus militum angusticlavus）、騎兵隊長（praefectus alae）があり、以下の本伝記の記述にみられるように、ペルティナクスはこれら三つの騎士勤務に順次就いていった。このことはケルン近郊のブリュールから出土したペルティナクスの経歴を刻んだ碑文（*AE*, 1963, 52）からも確認できる。なお、カッシウス・ディオ『ローマ史』第七十三巻三-一によれば、ペルティナクスがこれらの職に就くにあたっては、本伝記第二章に登場するクラウディウス・ポンペイアヌスの引きがあった。

（10）一六〇年頃のこと。

（11）原語 cursus。アウグストゥス帝が導入した制度。高級官吏の移動にも利用された。第1分冊二五頁註（2）も参照。

たとして、徒歩でアンティオキアから駐屯地まで移動するようにシリアの総督[1]によって強要された。

二　パルティア戦争の時[2]、その努力が報いられてブリタンニアに異動になり、しばらく留まった[3]。後に、モエシアで騎兵隊[4]を指揮した。続いて、アエミリア街道で養育費の分配を監督した[5]。さらにその後、ゲルマニアの艦隊[6]を指揮した。母親はゲルマニアにまで彼について行き、その地で亡くなった。彼女の墓は今でも立っていると伝えられている。

続いて、二〇万セステルティウスの給与でダキアに移ったが[7]、ある人の策動でマルクスに疑われ[8]、解任された[9]。しかし、後に、マルクスの女婿のクラウディウス・ポンペイアヌス[10]は、自分を手助けしてくれるという理由をつけて、彼に分遣隊の指揮をさせた[11]。この職にある時に認められて元老院に入った[12]。その後、再び事をよく運んだ時、彼に対して陰謀が企てられた。皇帝マルクスは、[自らが彼になした]不正を償うために、彼をプラエトル格の元老院議員にし、第一軍団[13]の指揮を委ねた。そして、ペルティナクスは直ちにラエティア[14]とノリクムを敵から解放した[15]。その

（1）このシリア総督はアッティディウス・コルネリアヌスである。この人物については『哲学者マルクス・アントニヌスの生涯』第八章、および第1分冊一五五頁註（3）を参照。

（2）一六二－一六六年に起こったローマとパルティアとの戦争。マルクスの共治帝ウェルスの名目的指揮下で行なわれた。詳細は、『哲学者マルクス・アントニヌスの生涯』第九章、お

よび『ウェルスの生涯』第七章参照。
(3) ヨークに駐屯した第六ウィクトリクス軍団の見習い軍団将校職に就いていた。一六六年頃のこと。なお、ペルティナクスは、ブリテン島でトゥングリ族歩兵隊長職にも就いていたことが碑文史料から知られており、「しばらく留まった」という本伝記の記述は、彼がブリテン島で騎士勤務に二度就任していたことを反映しているのであろう。
(4) 三つ目の「騎士勤務」である騎兵隊長に就任。一六七年頃のこと。
(5) この制度については、第1分冊二五頁註(5)参照。なお、アエミリア街道は、アドリア海に面したリミニから始まり、ボローニャを通って、ピアチェンツァに至っていた。また、養育費分配は、イタリアをいくつかに分けた管区ごとに実施され、管区はそこを通る街道の名で呼ばれていた。
(6) ライン川の艦隊。この官職に就いていたことまでは碑文史料から確認できる。
(7) 属州ダキア(現ルーマニア)の財務を監督した。なお、前任職のゲルマニア艦隊の司令官は一〇万セステルティウスの給与の官職で、さらにその前任職の養育費分配の監督は六万セステルティウスの給与の官職であったので、ペルティナクスはきわめて順調に、それも異例の早さ(およそ三年)で騎士身分の公職経歴を歩んだことになる。
(8) 哲学者皇帝として有名なマルクス・アウレリウス・アントニヌス(在位一六一—一八〇年)のこと。
(9) バーリー(S)は、ペルティナクスが一貫してクラウディウス・ポンペイアヌスの庇護の下で出世したとみており、この策動も反ポンペイアヌス派のそれと解釈する。
(10) この人物については、『哲学者マルクス・アントニヌスの生涯』第二十章、および第1分冊一八〇頁註(2)を参照。
(11) マギーは、ポンペイアヌスが下部パンノニア総督であった一六七年のことであろうと想定している。
(12) 一七〇年頃。
(13) 第一アデュトリクス軍団。当時は、属州上部パンノニアのブリゲティオに駐屯していた。
(14) 原語ではラエティアが複数形になっているが、それは四世紀以後のことで、時代錯誤な表現。ノリクムとともにドナウ川上流域に設置されていた属州。
(15) 当時は、いわゆるマルコマンニ戦争の最中で、ドナウ川対岸のゲルマン系諸民族とローマは交戦中であった。ペルティナクスの戦闘もこの戦争の一環である。詳細は『哲学者マルクス・アントニヌスの生涯』第十二—十四章、および第1分冊一六五頁註(6)参照。

際立った精勤のゆえに、皇帝マルクスの熱心な推薦でコンスルに指名された[1]。

マリウス・マクシムス[2]［の史書］には、彼がなし、そして被ったあらゆる事柄を内容として含む［マルクスによる］賞賛演説が載せられている。ここに載せるのは長すぎるこの演説のほかにも、非常にしばしばペルティナクスは、マルクスによって軍隊の集会でも元老院でも賞賛された。マルクスは彼が元老院議員であるため、近衛長官に任命できないことを[3]公然と嘆いた。

カッシウスの反乱が鎮まると[4]、ドナウの守りにシリアから[5]移った。続いて、両モエシアの、その後にダキアの統治に当たった。これらの属州をうまく治めたので、シリア総督になった[6]。

三　シリアの総督までは、ペルティナクスは自らを清廉に保っていた。マルクスの死後[7]、金に貪欲になった。そのため民衆の噂に苦しめられた[8]。ペルティナクスは四つのコンスル格属州[9]［統治］の後、すっかり金持ちになってから[10]、ローマの元老院議事堂に入った。コンスル職にもローマ市に不在のままで就任していたので[11]、元老院議員としては以前に議事堂を見たことがなかったのである。

この後、すぐにペレンニス[12]によってリグリアの父親の屋敷に退去するように命じられた。彼の父親はリグリアで羊毛業の店を営んでいたからである。しかし、リグリアに来た後、多くの田畑を買い、父親の店を元の形は残したままで多くの建物で取り囲んだ。彼はそこに三年間おり、奴隷を介して商売をした。

（1）一七五年に補充コンスルに就任。

（2）ネルウァからヘリオガバルスまでの皇帝の伝記を書いた元老院議員。この人物については、第1分冊九頁註（10）参照。

（3）近衛長官職は騎士身分固有の官職で、元老院議員は就くことができなかった。

（4）属州シリアの総督で、一七五年にマルクス・アウレリウスに反乱を起こした。本書には『アウィディウス・カッシウスの生涯』として彼の伝が立てられている（第1分冊）。

（5）マルクスに随行して、シリアに行っていたのであろう。

（6）一八〇年。バーリー（S）は、死期を悟ったマルクスが、ポンペイアヌスの被保護者であったペルティナクスをシリア総督にすることで、東方諸属州の安定とポンペイアヌスの影響力保持、そして、究極的にはコンモドゥスの帝位継承の保障を図ったと解釈する。

（7）マルクスは一八〇年三月没。

（8）本伝記第九章と第十三章に具体的な記述がある。

（9）すなわち、上部モエシア、下部モエシア、ダキア、シリアがそれに当たる。

（10）ヘロディアヌス『マルクス帝没後のローマ史』第二巻一-四によれば、ペルティナクスは誰よりも多くの役職に就いたが、富を得ることは最も少なかったとあり、まったく逆の記述がされている。なお、ギリシア語史料であるこのヘロディアヌスとカッシウス・ディオはペルティナクスに対して全体的にきわめて好意的であり、彼をさまざまな点で賞賛するが、本伝記はペルティナクスに随所で批判的で、意図的にギリシア語史料に反論しているように見受けられる。本分冊七七頁註（7）も参照。

（11）補充コンスルに就任した一七五年には、カッシウスの反乱が起こっていたため、マルクスとともにシリアに滞在していたのであろう。

（12）コンモドゥス帝のもとで専権を振るった近衛長官。この人物については、『コンモドゥス・アントニヌスの生涯』第五－六章も参照。

ペレンニスが殺されると、[1] コンモドゥスはペルティナクスに謝罪し、書簡でブリタンニアに出発するよう求めた。ペルティナクスは、［ブリタンニアに］到着すると、兵士たちをあらゆる暴動から遠ざけた。彼らは、誰かほかの者を、とりわけペルティナクス自身を皇帝として戴くことを欲していた。[2]

その当時、ペルティナクスは悪意ある中傷を被った。すなわち、アンティスティウス・ブルス[3]とアリウス・アントニヌス[4]が帝位を狙っているとコンモドゥスに告発したといわれたのである。現に、ブリタンニアではコンモドゥスに対する暴動を彼自身が鎮圧していた。その際、ペルティナクスは、たいへんな危険に直面し、軍隊の暴動でほとんど殺されかけて、実際、殺害された者の間に取り残されたのであった。ペルティナクスはこの暴動を厳しく罰した。結局、その後、軍律維持に厳格な自分には軍団は危険であると言って、総督職からの退任を求めた。

四 後任が与えられると、養育費分配の監督が彼に委ねられた。[5] 続いて、属州アフリカ総督になった。[6] 総督職にあった時、多くの反乱を鎮圧したが、カエレスティスの神殿から発せられた神託が彼に［勝利の］確信を与えていたのだといわれている。[7]

この後、首都長官になった。[8] 厳格な人であったフスキアヌス[9]の後任として首都長官になったが、ペルティナクスはたいへん温和で人間味があり、コンモドゥス自身におおいに気に入られ、その

（１）一八五年のこと。『コンモドゥス・アントニヌスの生涯』第六章によれば、ペレンニスは属州ブリタンニアでの戦争に際して、元老院議員を解任し、騎士身分の者を代行にあてたことが原因で失脚した。

（２）カッシウス・ディオ『ローマ史』第七十二巻九-二-四には、ブリタンニア（ブリテン島）で軍団司令官のプリスクスが兵士たちによって皇帝に祭り上げられたが、彼はそれを拒んだこと、この一件でペレンニスの叱責を受けたブリテン島の軍団司令官たちは、ペレンニス殺害のために五〇〇〇人の兵をローマに送り出し、彼を殺すに至ったこと、そしてペルティナクスがこれら一連の騒動で揺れるブリテン島を抑えたことが記述されている。

（３）ブルスはコンモドゥスの妹の夫。『コンモドゥス・アントニヌスの生涯』第六章、および本分冊一七頁註（３）参照。

（４）アントニヌスについては、『コンモドゥス・アントニヌスの生涯』第七章、および本分冊一七頁註（５）参照。

（５）ペルティナクスは praefectus alimentorum という役職に就いた。以前にも養育費分配の仕事を委ねられたことがあったが（本伝記第二章）、その際はイタリアの一管区のみの監督であった。今回は全イタリアの養育費分配を監督した。

（６）一八八／八九年。

（７）この箇所は写本に欠損があり、復元により解釈は大きく分かれる。バーリー英語訳は、この箇所を「総督職にあった時、ペルティナクスは、カエレスティスの神殿から発せられたカネス（＝カエレスティス神の神官）の予言詩によって引き起こされた多くの反乱を鎮圧したといわれている」と訳する。シャスタニョルも同様の解釈をとる。マギーは、「総督職にあった間に、伝えられているところでは、ペルティナクスは多くの反乱をカエレスティスの神殿から出た予言詩の助けで鎮圧した」と訳している。ここではホール底本に従っている。なお、カエレスティス神については、本分冊一三五頁註（６）参照。

（８）一九〇－一九二年。

（９）この人物については、『哲学者マルクス・アントニヌスの生涯』第三章、および第１分冊一四三頁註（３）参照。

ため……[1]ペルティナクスは二度目のコンスルになった。[2] この時、ペルティナクスは他の人たちによってコンモドゥス暗殺の陰謀を知らされ、加担することになった。
コンモドゥスが殺されると、[3] 近衛長官のラエトゥス[4]と侍従のエクレクトゥス[5]がペルティナクスの決意を固めさせるためにやって来て、そして兵舎に導いた。そこで、彼は兵士たちに話しかけ、賜金を約束し、[6] ラエトゥスとエクレクトゥスから帝位を押しつけられたと言った。一方、コンモドゥスは病気で死んだと偽られた。[7] というのも、兵士たちも［忠誠心を］試されているのではないかと、非常に恐れたからであった。
こうして、初めは少数の者たちによってであったが、ペルティナクスは皇帝と宣言された。彼は十二月三十一日、六〇歳を越えて皇帝となったのである。[8]
夜に兵舎から元老院にやって来て、議事堂を開けるように命じたが、管理人が見つからなかったので、コンコルディア神殿[9]に席を取った。その時、マルクスの女婿クラウディウス・ポンペイアヌスが来て、コンモドゥスの死に涙を流した。ペルティナクスは皇帝になるよう彼を促したが、[10] しかし、すでに皇帝になっていたペルティナクスを見て、ポンペイアヌスは拒否した。まもなく、すべての公職者がコンスルとともに元老院議事堂に来た。そして、議事堂に入ってきたペルティナクスを、その夜、皇帝と歓呼した。

五　一方、ペルティナクス自身は、コンスルたちが彼を賞賛し、元老院の怒号の中、コンモドゥスが非難された後[11]、元老院ととくにラエトゥスに感謝した。彼の発案によってコンモドゥスは殺され、自分は皇帝になれたのであるから。

(1)この箇所にも写本に欠損がある。ホール独語訳、バーリー英語訳は「コンモドゥスが七度目のコンスルになった時」と補う。
(2)一九二年。
(3)一九二年十二月三十一日。
(4)この人物については、『コンモドゥス・アントニヌスの生涯』第十五章、および本分冊三一頁註(5)参照。
(5)この人物については、『ウェルスの生涯』第九章、および第1分冊二二一頁註(2)参照。また、『コンモドゥス・アントニヌスの生涯』第十五章も参照。
(6)カッシウス・ディオ『ローマ史』第七十三巻一-二によれば、ペルティナクスは近衛兵一人につき一万二〇〇〇セステルティウスを約束した。本伝記第十二章にも同じ額が記載されている。
(7)ヘロディアヌス『マルクス帝没後のローマ史』第二巻一-三によれば、ラエトゥスやエクレクトゥスはコンモドゥスが卒中で死んだとの噂を流した。
(8)ペルティナクスが六六歳の時の出来事。
(9)カピトリヌス丘の麓。フォロ・ロマーノの北西の角にあり、本書によれば、元老院がしばしばここで開かれた。
(10)ヘロディアヌス『マルクス帝没後のローマ史』第二巻三-三-四によれば、ペルティナクスが帝位を提示したのは、ポンペイアヌスではなく、マニウス・アキリウス・グラブリオというパトリキの元老院議員であった。ディオには帝位の提示の話は出てこないが、ペルティナクスがポンペイアヌスとグラブリオに特別の敬意を払っていたとの記述があり(『ローマ史』第七十三巻三-三-四)、コルプはヘロディアヌスと本書の著者がディオの記述を勝手に脚色して膨らましたのではないかと疑っている。
(11)『コンモドゥス・アントニヌスの生涯』第十八-十九章、カッシウス・ディオ『ローマ史』第七十三巻二に具体的な記述がある。

しかし、ペルティナクスがラエトゥスに感謝した時、コンスルのファルコ(1)が次のように言った。「今後、あなたがどのような皇帝になるのか、私たちは知っている。というのも、あなたの背後にコンモドゥスの悪い仲間であるラエトゥスとマルキアがいるのだから」。ペルティナクスが彼に答えて言った。「コンスルよ、あなたは若く、服従することの必要性を知らない。彼らは不本意ながらコンモドゥスに従ってきたのであり、機会がきたので、常に望んできたことを実現させたのである」。

ペルティナクスがアウグストゥスと歓呼された同じ日に、彼の妻であるフラウィア・ティティアナもアウグスタと歓呼された(2)。ちょうどその時、ペルティナクスはカピトリヌス神殿(3)で誓願を行なっていた。歴代皇帝の中で最初に、彼はアウグストゥスと歓呼されたその日に「国父」の名も受け取った(4)。また、同時に、プロコンスル命令権、元老院への四つの法案提案権も受け取った(5)。これらのことがペルティナクスには吉兆に思えた。

それから、ペルティナクスはパラティヌス宮殿に向かった。コンモドゥスはウェクティリウス邸(6)で殺されたので、当時、パラティヌス宮殿は空いていたのである。[宮殿に入った]初日に、ペルティナクスは[警備の]合言葉を求めた将校に、昔の怠惰さを非難するかのように「兵士たれ」との合言葉を与えた。実際には、この合言葉は将軍職にあった時代の昔からずっと彼が与えていた合言葉であった。

六　他方、兵士たちはこのような非難に耐えることができず、すぐに皇帝を代えることを考えた。同じ日、ペルティナクスは宴会に公職者と元老院の主だった者たちを招いた。これはコンモドゥスが取りやめていた習慣であった。

一月二日、コンモドゥスの像が取り去られ、同時に再び皇帝は同じ合言葉を与えたため、兵士たちは嘆いた。加えて、老いた皇帝のもとでの軍務は恐れられた。そのため、ついに一月三日、「請願の日」(7)に兵士たちは高貴な元老院議員であったトリアリウス・マテルヌス・ラスキウィウ

(1) ファルコは名門の元老院議員で、一九三年の正規コンスル。のちに（『カッシウス・ディオ』ではなく）後にペルティナクスに反乱を起こす人物（第十章に再登場）。

(2) 一方、本伝記第六章には、ペルティナクスが彼女にこの称号を与えることを拒んだとある。また、カッシウス・ディオ『ローマ史』第七十三巻七-一もペルティナクスが妻にこの称号を拒んだと記録としている。しかし、碑文やパピルスなどからは彼女がこの称号を帯びていたことが確認される。

(3) カピトリヌス神殿には、ローマ国家の守護神であるユッピテル・オプティムス・マクシムス神が祀られていた。

(4) 「国父」の称号は、即位後、一定の期間をおいてから与えられるのが慣習となっていた。『ハドリアヌスの生涯』第六章、および第1分冊二一頁註（6）参照。

(5) 『哲学者マルクス・アントニヌスの生涯』第六章、および第1分冊一四九頁註（12）（13）参照。

(6) カエリウス丘の上にあった。『コンモドゥス・アントニヌスの生涯』第十六章によれば、コンモドゥスはパラティヌス宮殿では寝つけないという理由でこの館に移っていた。

(7) コンスルと聖職者たちが皇帝の安寧を神々に祈った日。

スを皇帝にするために陣営に連れていこうとした。しかし、彼は裸で逃亡し、パラティヌス宮殿のペルティナクスのところに行き、後に首都から退去した。

恐れたペルティナクスは、コンモドゥスが兵士や退役兵に与えていたすべてのものを［今後も与えることを］やむなく認めた。また、彼は皇帝権を自ら進んで取ったのに、元老院から受け取ったと言った。(2) 大逆罪の審理を誓約を行なって完全に止め、大逆罪で追放されていた者たちを呼び戻し、殺された者の名誉を回復した。

彼の息子を元老院はカエサルと呼んだ。しかし、ペルティナクスは、妻のアウグスタの称号も受け取らず、息子についてはこう言った。「その名に値すれば」。

コンモドゥスが数多くの者を元老院に特別編入(3)することでプラエトルの地位を低下させたので、ペルティナクスは元老院決議を［元老院に］行なわせ、プラエトルの職務を行なわず特別編入でその地位を受け取った者は実際にプラエトルの職務を行なった者の下位に置かれるように命じた。しかし、このことのゆえに、多くの人が彼に対して大きな憎しみを抱いた。(4) ペルティナクスは、財産査定を再び行なうよう命じた。(5)

七 すべての告発者たちを厳しく罰するように命じた。ただし、先の皇帝たちより穏便に。また、告発者に罰を科す場合は、身分相応の罰を定めた。

古い遺言は、別の新しい遺言が完成していなくとも、無効にはならないという法を提案した。こうすることで皇帝金庫が他人の財産を相続することがないようにしたのである。(6) さらに、ペルティナクス自身は、正統な相続人や親族を差し置いて、お追従や不明瞭な訴訟によって譲られた、いかなる人の遺産も相続しないと宣言した。(7) また、元老院決議に次の言葉をつけ加えた。「元老院議員諸君、国家が貧困であることは危険や不名誉な行為を犯して富の集積に至るよりもより善

(1) この人物についてはよくわかっていないが、マルクス・アウレリウス帝治世の末年に現在のスペインで司法官 legatus iuridici に就いており、一八五年には正規コンスルになっている。プローム (P) によれば、彼はペレンニスが近衛長官として専権を振るっていた時期にコンスルになっており、ペレンニスとの関係が想定される。おそらく、近衛兵にとって充分に既知の人物であったのだろう。

(2) カッシウス・ディオ『ローマ史』第七十三巻一-四-五によれば、ペルティナクスは元老院により不本意ながら選出された。

(3) 原語は adlectio で、ここでは具体的には、騎士身分の者を元老院議員とし、プラエトル格の役職に就けることを指している。本分冊巻末の「元首政時代の元老院議員の公職階梯」を参照のこと。

(4) 本伝記の原史料になる伝記を書いたマリウス・マクシムスは、この処置の影響を被ったと考えられる。ペルティナクスに対する本伝記のネガティヴな評価の一端はここに由来するのであろう。逆に、ペルティナクスにきわめて好意的なディオは、彼によってプラエトルに任じられている。

(5) この一文、マギーのテクストでは次章の冒頭に置かれている。

(6) 遺言がない場合や、相続人がいない場合、当該個人の財産は皇帝金庫に入った。

(7) ローマではしばしば、子孫の安寧を図って遺言で皇帝に遺産が贈与された。詳細は第1分冊五九頁註(3)参照。

いことである」。

ペルティナクスは、コンモドゥスの約束していた賜金と祝儀[1]を支払った。彼は穀物は充分に考えて供給した。国庫はたいへん窮乏しており、一〇〇万セステルティウスしか残っていなかったことを公表し[2]、コンモドゥスが課していたものを約束に反して徴発せざるをえなくなった。ついに、コンスル格の元老院議員であったロリアヌス・ゲンティアヌス[3]は約束に反したことをなしたとしてペルティナクスを攻撃し、［ペルティナクスから］徴発が必要である旨の説明を受けた。

コンモドゥスの持ち物の競売を行ない、無理やりパラティヌス宮殿に連れてこられたと思われる者[4]を除いて、少年や妾をも売却するように命じた。売却されるよう命じられた者のうち多くの者は後に宮仕えに戻り、セウェルス[5]［帝］を楽しませた。ある者は他の皇帝の援助で元老院議員の身分にまで至った。ペルティナクスは非常に恥ずべき不名誉な名に耐えていた道化師たち[6]から財産を没収し、売り払った。この競売で得た膨大な金を兵士たちに賜金として与えた。

八　コンモドゥスが［あらゆるものを］売っていた時[7]に富裕になった解放奴隷たちから、彼らがその当時得た分の財産を回収した。コンモドゥスの所持品の競売は以下の物が人々の耳目を引いた。すなわち、金の縁飾りのついた絹の衣服、さらに、トゥニカ[8]、パエヌラ[9]、ラケルナ[10]、ダルマティア風の長袖のトゥニカ[11]、フリンジのついた軍用衣服、ギリシア風の紫の軍用マント、バルダエイ族[12]風のフードつきマント、宝石と金で装飾された剣闘士用のマントと武具。

ペルティナクスは以下の物も売却した。ヘルクレスの剣や剣闘士の首飾り、琥珀、金、象牙、銀、ガラスでできた壺、また、同じ材料でできた男根の形をした器[13]、人間の皮を剝いだり、毛を抜くための松脂や樹脂を暖めるサムニウム風の鉢。［競売品の中には］新しい技術で作られた乗り物もあった。それはさまざまな方向に曲ることのできる複雑な車輪をもち、また回転することで、ある時は太陽を避け、ある時は風を捉えるために入念に設計された座席がついていた。ほかにも

（1）前者は軍隊、後者は首都の民衆に配られた。

（2）カッシウス・ディオ『ローマ史』第七十三巻五-四にも同額が記録されている。

（3）テレンティウス・ロリアヌス・ゲンティアヌス。ペルティナクスの父親のパトロンであったアウィトゥス（本伝記第一章に登場）の息子。二一一年の正規コンスル。

（4）『コンモドゥス・アントニヌスの生涯』第五章参照。

（5）バーリー英語訳は、Severus（セウェルス）ではなく、senex（セネクス＝老人）と読み、ペルティナクスを指していると解釈する。この解釈の方がペルティナクスに批判的な本伝記の傾向に一致するように思われるが、ここではホール底本に従う。

（6）『コンモドゥス・アントニヌスの生涯』第十章によれば、この道化師たちは「男女両性の性器の名で」呼ばれていた。

（7）『コンモドゥス・アントニヌスの生涯』第十四章参照。

（8）ローマ人の正装であるトガの下に着る衣服。

（9）旅装用のマント。

（10）マントの一種。トガの上に羽織られる。

（11）この衣服については、『コンモドゥス・アントニヌスの生涯』第八章、および本分冊二一頁註（3）参照。

（12）イリュリア地方の民族。

（13）テクストに欠損あり。バーリー英語訳、ホール独語訳に従う。

移動の時間や距離を測る乗り物や、彼〔コンモドゥス〕の悪徳に役立つ乗り物もあった。

ペルティナクスは私人の邸宅から宮廷に連れてこられていた奴隷を主人のもとに返した。宮廷の宴会を際限のないものから限度あるものに戻した。また、コンモドゥス〔時代の〕のあらゆる出費を削減した。ペルティナクスはたいへんけちくさい生活をしていたので、皇帝の例にならってすべての人が自制し、物価が安くなった。不必要な出費を省いて、宮廷の支出を通常の半分にまで減らした。

九 兵士へ報奨金を与えた。治世の初めに彼が取り交わした借金を返した。国庫をしかるべき状態に戻した。公共建築のための出費を一定に定めた。道路の修繕に金を使った。未払いであった給料を多くの人に支払った。最終的にペルティナクスは、これらすべての出費を国庫が賄えるようにした。トラヤヌスの規定に従って借金として負っていた九年分の養育費を恥を忍んで帳消しにした(1)。

ペルティナクスは皇帝になる前に、強欲であるとの疑いをもたれていた。それというのも、彼はウァダ・サバティア市(2)では、借金で苦しんでいる土地所有者に対して、自らの地所の境域を広げていたからである。ついには、ルキリウス(3)の詩にちなんで「田畑の海鳥(4)」と呼ばれた。また、コンスル格総督として統治した属州においても、彼は金に汚かったと多くの者が伝えている。実際、軍務休暇や軍団司令官の職を売ったといわれている。結局ペルティナクスは、親の財産は少なく相続にもあずからなかったのに、すぐに金持ちになった。コンモドゥスが奪い取った所領をすべて元の持ち主に返したが、その際報酬を取った。

定例の元老院会議に常に参加し、何かを提案した。伺候して来る人やうるさく陳情に来る人に一市民のように接した。奴隷によって讒訴された者を解放し、告発した者を有罪とし、このような奴隷を十字架刑に処した。また、幾人かの死者の名誉を回復した。

一〇　ファルコが彼に対して陰謀を企んだ……元老院で不平を訴えた……皇帝になることを望んで。実際、その時、……元老院は信じ、ある奴隷がケイオニウス・コンモドゥス家のファビ

(1) この一文、解釈が難しい。ここではバーリー英語訳、ホール独語訳、シャスタニョルの解釈に従っているが、まったく同じ文章をマギーは「ペルティナクスは、真っ正直に、トラヤヌスの規定に従って借金として負っていた九年分の養育費支払いの遅れの責任を取った」と逆の意味に訳している。
(2) 北伊のリグリア地方の海岸沿いの町。
(3) 前二世紀の諷刺詩作者。
(4) 原語 agrarius mergus。人の農地を貪欲に取り上げるペルティナクスを、魚をがつがつ食べる海鳥になぞらえて皮肉っている。

ア[1]と……[2]の息子であるとして、滑稽なことにパラティヌス宮殿の所有権を主張した……嘘が明らかになると、鞭打たれたうえ、主人のもとに返されるよう命じられた。[3] ペルティナクスを憎んでいた者たちは、ファルコに対する罰に暴動の機会を見いだしたといわれている。しかし、ペルティナクスはファルコを許し、元老院に彼を処罰しないように求めた。[4] 結局、ファルコは財産を保持して安全に生き、息子を相続人にして死んだ。もっとも、多くの者は、ファルコは帝権が自分に準備されていることは知らなかったのだと言っている。[5] また他の者は、ファルコは報告を歪曲した奴隷たちの偽りの証言によって讒訴されたのだと言っている。

しかし、ペルティナクスに対する陰謀は、近衛長官ラエトゥスと、ペルティナクスの潔癖さを好まなかった者たちとによって仕組まれた。ラエトゥスは、ペルティナクスを皇帝にしたことを後悔していた。ペルティナクスは、彼が多くのことについて愚かな忠告者であったとして非難していたからである。そのうえ、兵士たちにも苦々しく思われていた。というのも、ファルコの一件の際、一人の奴隷の証言に基づいて多くの兵士を殺すように命じたからであった。[6]

一一　こうして、三〇〇人[7]の武装した兵士たちが隊列を組んで兵舎から皇帝の宮殿へ来た。同じ日に、ペルティナクスが生贄を捧げた時、生贄の獣の中に心臓が見つからなかった。彼は厄払いの儀式をしようとしたが、肝臓を見つけることができなかった。この儀式を行なっている時点では、すべての兵士が兵舎に留まっていた。一方、兵舎から皇帝の護衛のために一部の兵士が参集した。しかしペルティナクスは、その日、詩［の朗読］を聞くために準備していたアテナエウム(8)への出発を生贄を捧げた際の悪い予兆のために延期したので、護衛に来ていた者たちは兵舎に戻り始めた。

ところが、突然、あの一団が止められることも、皇帝に知らされることもなく宮殿に到着した。というのも、すべての宮廷の者たちはペルティナクスにたいへんな憎しみを抱いており(9)、兵士た

(1) ケイオニア・ファビア。ケイオニウス・コンモドゥス（＝アエリウス・カエサル）の娘。

(2) ファビアの夫の名クインティルス・プラウティウス（一五九年の正規コンスル）の名を補う説が有力である。

(3) この一文写本に欠損があり、全体の復元は難しい。

(4) カッシウス・ディオ『ローマ史』第七十三巻八-五によれば、ファルコは元老院により国家の敵と宣言されていたが、ペルティナクスが助命した。

(5) カッシウス・ディオ『ローマ史』第七十三巻八-二によれば、ファルコを後ろで操っていたのは近衛長官のラエトゥスであった。

(6) カッシウス・ディオ『ローマ史』第七十三巻九-一によれば、実際には皇帝の命令と偽ってラエトゥスが行なったことであった。

(7) カッシウス・ディオ『ローマ史』第七十三巻九-二によれば、二〇〇人。

(8) ハドリアヌス帝によって建造された公会堂。おそらく、パラティヌス丘とカピトリヌス丘の間のくぼ地に位置していた。現サンタ・マリア・アンティカ教会のあたりにあったと思われる。

(9) カッシウス・ディオ『ローマ史』第七十三巻八-一にも同様に、ペルティナクスが宮廷のカエサリアニと呼ばれた解放奴隷たちに憎まれていたとの記述がある。

ちに非行を促すほどであったからである。兵士たちはペルティナクスに、彼が宮廷の奴隷を整列させていた時に、出くわした。彼らは、パラティヌス宮殿の柱廊を通って、「シキリア」と「ユッピテルの食堂」と呼ばれているところに入ってきたのである。[1]

これに気づくと、ペルティナクスは近衛長官のラエトゥスを彼らのところに遣った。しかし、ラエトゥスは兵士たちを避けて、顔を隠して柱廊を通り、屋敷に戻ってしまった。

彼らが宮殿の奥に突入してくると、ペルティナクスは彼らの方に進み、長く重々しい演説で彼らをなだめた。しかし、トゥングリ族のタウシウス[2]という者は兵士たちを演説でもって怒りと恐れに導き、ペルティナクスの胸に槍を投げつけた。すると、ペルティナクスはユッピテル・ウルトル神[3]に祈り、トガを頭まで覆った[4]。そして、他の者たちによって刺し殺された。

エクレクトゥスは二人の兵士を刺した後、ペルティナクスとともに死んだ。そのほかの宮廷の侍従たち〈皇帝になった時すぐにペルティナクスは、自分の所有していた奴隷を家長権から解放された息子たちに与えていた[5]〉は逃げ散った。

一方で、多くの者の伝えるところでは、兵士たちは寝室に乱入し、ベッドの傍らで逃げようとするペルティナクスを殺したといわれている。

一二　ペルティナクスは、威厳のある老人で、髭は長く、髪の毛は後ろに撫でつけていた。体は太っていた。お腹はやや出ており、皇帝に相応しい背丈をしていた。弁舌は中庸、親しみやすいというよりはおべっか使いで、単純な人とは思われていなかった。

話は愛想よかったが、諸事けちくさく、吝嗇と言ってよかった。実際、私生活では、レタス半分とアーティチョークを宴会に供したほどであった。また、食べ物が贈られてこなければ、友達が何人いても、三品の料理で肉九リブラ(6)を出した。それ以上の量の食べ物が届けられてきても、ほかの日に持ち越した。常に多くの人を宴会に招いていたにもかかわらず、である。皇帝になっ

（1）これらの部屋は他の史料からは知られていない。スエトニウス『ローマ皇帝伝』「アウグストゥス」七二によれば、「この家（パラティヌス丘にあった私邸）の天井裏に『シュラクサイ』とか『小工房』と呼んでいた隔離された部屋があり、……」（国原吉之助訳）とあり、ホール独語訳の註釈は、本伝記の記述はここからヒントを得て捏造されたと指摘する。なお、スエトニウスの引用の（　）内は本伝記訳者による補いである。

（2）トゥングリ族は、現在のベルギーのあたりに居住していた部族。当時、近衛兵はイタリア出身者のみで構成されていたので、タウシウスは近衛騎兵隊（equites singularis）の兵士であったのだろう。

（3）復讐神ユッピテルの意味。

（4）スエトニウスによるカエサルの最期の叙述（『ローマ皇帝伝』「カエサル」八二）に類似している。カエサルも「死に際《ぎわ》の体面だけは保ちたいと願って」、「市民服で頭を覆い隠し、同時に左手で着物の襞《ひだ》を足の先までのばし、下半身をも包んだ」（国原吉之助訳）とある。

（5）カッシウス・ディオ『ローマ史』第七十三巻七-三によれば、ペルティナクスは即位した日に財産を売り払い、子どもたちに分け与えた。

（6）リブラはローマの重量の単位で、一リブラは三二四グラムである。

てからも、招待者がいなければ、同じやり方で食事をしていた。自分の食卓から友人に［料理を］届けようと思った時は、肉二切れと牛の胃の一部、時に鶏の足の肉を贈った。雉《キジ》(1)は、皇帝になる前には食卓には決して出さなかったし、誰かに贈り届けることもなかった。

友人と食事を共にしない場合は、自分の妻や、かつていっしょに教師をしていたウァレリアヌス(2)とともに食事をし、文学談義をしていた。

ペルティナクスは、「建都祭」の日(3)を仕事始めの日にしようと待っていたので、それまではコンモドゥスが用いていた者を誰も異動させなかった。そのため、コンモドゥスに仕えていた者たちは、浴場でペルティナクス殺害を試みたのだといわれている。

一三 皇帝権力とそれにまつわるあらゆることをたいへん恐れ、喜んでいないことを常に態度で示していた。要するに、彼は昔と違ったように見られることを望まなかったのである。元老院においては非常に恭しく振る舞い、その賛同を求め、まるで首都長官であるかのようにすべての元老院議員とともに議論に加わった。また、皇帝権を手放し、一私人の生活に戻ることを望んでいた。自分の子どもをパラティヌス宮殿で養育することを拒んだ(4)。

一方で、ペルティナクスは非常にけちで、金儲けに貪欲で、皇帝になってからも一私人であったときにそうしていたように、ウァダ・サバティア市では自分の使用人を使って商売を行なっていたほどであった。彼は、人々からそれほど愛されず、実際、自由に口をきけるすべての人がペルティナクスを悪く言っており、よく話し悪く行動する彼のことをクレストログス[5]と呼んでいた。すでに皇帝となっていた彼のところに集まった郷里の市民たちも、彼から何も得なかったので、そう呼んでいた。ペルティナクスは、金儲けへの強欲から贈り物を喜んで受け取った。

息子と娘、そしてフラウィウス・スルピキアヌス[6]の娘であった妻を後に残した。ペルティナクスは、このスルピキアヌスを自分の代わりに首都長官に任じていた。妻の不貞についてはほとんど関心をもたなかった。彼女は公然と竪琴弾きの男を愛していたのに。そのうえ、彼自身はコル

(1) 雉はたいへん美味な食材とされ、「善帝」は特別な日にしか食さなかった。『アレクサンデル・セウェルスの生涯』第三十七章、および『タキトゥスの生涯』第十一章参照。
(2) 文法学者。コルネリウス・フロントの友人でもあった。
(3) 四月二十一日。
(4) カッシウス・ディオ『ローマ史』第七十三巻七-三によれば、子どもたちは祖父のもとで養育された。
(5) ギリシア語で、口先で話す人の意味。作者不詳『皇帝略記』一八にもこのあだ名は記録されている。その理由は、彼が「親しみやすいというよりはおべっか使い (blandus magis quam beneficus)」であったからとされる。この表現は、本伝記第十二章でも用いられている。
(6) ティトゥス・フラウィウス・スルピキアヌス。コンモドゥス帝のもとで、属州アシア総督。ペルティナクスのもとで首都長官になり、その死後、ディディウス・ユリアヌスと近衛隊兵舎で、帝位を競売で争うことになる人物。『ディディウス・ユリアヌスの生涯』第二章参照。一九七年にアルビヌスを支持したとしてセウェルス帝に処刑された。

ニフィキア(1)と恥ずべき関係にあったといわれている。宮廷の解放奴隷を激しく締めつけ、そのためたいへんな憎しみを買っていた。

一四　彼の死の予兆は次のようであった。殺される三日前、剣で攻撃する人が池の中に見えたとペルティナクス自身は思った。人々の言うところでは、殺される日に、彼を見ている人には、彼の目の中にその瞳と瞳に映っているものが見えなかった。家の守神に生贄を捧げた時、いつもなら燃え上がるはずの非常に新鮮な炭が消えた。すでに述べたように(2)、生贄の獣に心臓と肝臓が見つからなかった。また、彼が死ぬ前の日に、太陽の近くの星が一日中輝いて見えた。

彼自身、ユリアヌスが後継者になることについての前兆を与えたといわれている。すなわち、ディディウス・ユリアヌスが自分の娘と婚約していた甥をペルティナクスに紹介した時、ペルティナクスは若者に叔（伯）父に敬意を払うよう強く促し、こうつけ加えて言った。「私の同僚にして後継者を敬いなさい」。というのも、ユリアヌスはかつてペルティナクスのコンスルの同僚であり、属州総督として後任になっていたから(3)。

兵士たちや宮廷の人たちは、彼を憎んでいたが、民衆は彼の死を「聞いて」激しく憤った。というのも、彼によってすべてのことが古の状態に戻されうるように見えたからである。

その首は槍につけられ、彼を殺した兵士たちが市中を通って兵舎に運んでいった。首が取り戻されると、彼の遺体は妻の祖父の墓に葬られた。

彼の後継者であったユリアヌスは、遺体がパラティヌス宮殿で発見された時、できるかぎりの栄誉で葬儀を行なった。(4) ユリアヌスは、ペルティナクスについて民衆の前でも元老院でも公に決して口にしなかった。しかし、やがてユリアヌス自身もまた兵士に見捨てられると、ペルティナクスは元老院と民衆によって神格化された。

一五　皇帝セウェルスのもとで、ペルティナクスは元老院の大いなる賞賛を受け、彼にはイマ

(1) マルクス・アウレリウス帝の娘。一九〇年以後、寡婦になっていた。本分冊一九頁註(2)も参照。
(2) 本伝記第十一章。
(3) 『ディディウス・ユリアヌスの生涯』第二章にも、同内容の記述がある。一七五年の正規コンスルがユリアヌス、補充コンスルがペルティナクスであった。また、ペルティナクスは一八八/八九年の、ユリアヌスは一八九/九〇年の属州アフリカ総督であった。
(4) カッシウス・ディオ『ローマ史』第七十三巻一三-一には、ユリアヌスがペルティナクスの遺体が宮殿に置かれたままの状態で、たらふく食事をして、さいころで遊んだとあり、本伝記とまったく異なる彼の態度を記録している。なお、『ディディウス・ユリアヌスの生涯』第三章には、ユリアヌスはペルティナクスが埋葬されるまでは、食事をとらなかったと記されている。

ゴ[1]を伴う国葬[2]が行なわれた[3]。セウェルス自身の追悼演説で讃えられた。一方、セウェルスは、よき皇帝への親愛の情のゆえに、元老院からペルティナクスの名を受け取った。

ペルティナクスの息子は父親を祀る聖職者になった。神君マルクスの神事を監督するマルクス聖職者団は、ヘルウィウス・ペルティナクスにちなんでヘルウィウス聖職者団と呼ばれた[4]。ペルティナクスが即位した日と生まれた日には戦車競走が行なわれることになった。前者は後にセウェルスによって取り除かれたが、後者は今でも続いている[5]。

ペルティナクスは、ウェルスとビブルスがコンスルであった年[6]の八月一日に生まれ、ファルコとクラルスがコンスルであった年[7]の三月二十八日に殺された。六〇歳と七ヵ月、二六日生き、二ヵ月と二五日、皇帝として統治した[8]。

民衆に祝儀として「一人につき」一〇〇デナリウス与えた。近衛兵には、「一人につき」一万二〇〇〇セステルティウス約束したが、しかし実際には六〇〇〇セステルティウス与えた[9]。軍隊に約束したものは与えなかった。というのも、死がそれを妨げたから。

マリウス・マクシムスによる彼の伝記に添えられた書簡は、彼が皇帝権力を恐れていたことを教えてくれる。この手紙は非常に長いので、私はここに挿入するのはやめておきたい。

(1) 皇帝の姿を模った蠟人形のこと。葬儀に際してはこの蠟人形が燃やされ、皇帝が昇天して神になったことが象徴的に示された。

(2)「国葬」と訳した部分は原語では、funus censorium となっており、直訳すれば、「ケンソル風の葬儀」となる。なお、ケンソルとはローマの公職の一つで、一般には監察官と訳される。共和政期にはケンソルに対して最も荘厳な葬儀が行なわれ、帝政期には皇帝の葬儀に引き継がれた。

(3) ディオは、このペルティナクスの葬儀を目撃し、記録に残している。カッシウス・ディオ『ローマ史』第七十五巻四－五。

(4) この聖職者団は、この後、セウェルス・アレクサンデル帝に至るまでの皇帝の祭祀を司った。『哲学者マルクス・アントニヌスの生涯』第十五章、および第1分冊一六九頁註(8)も参照。

(5) フィロカルスの『三五四年の暦』には、この祝日が記録されている。あわせて、第1分冊二六頁註(1)も参照。

(6) 一二六年。

(7) 一九三年。

(8) 誤り。実際には、六六歳と七ヵ月、二七日生き、治世は二ヵ月と二八日であった。

(9) カッシウス・ディオ『ローマ史』第七十三巻五－四によれば、全額支払われた。

アエリウス・スパルティアヌス

ディディウス・ユリアヌスの生涯

井上文則　訳

一　ペルティナクスの後、皇帝権力を獲得したディディウス・ユリアヌスの曾祖父は、コンスルを二度務め、首都長官になり、法学者でもあったサルウィウス・ユリアヌスであった。(1)法学者であったことがこの人物をいっそう高名にしていた。母親はクララ・アエミリア。父親はペトロニウス・ディディウス・セウェルス。(2)兄弟にはディディウス・プロクルスとヌンミウス・アルビヌス(3)がいた。(4)母方の叔（伯）父はサルウィウス・ユリアヌス。(5)父方の祖父はメディオラヌム(6)のインスブリ族(7)の出で、母方の祖父は植民市ハドルメトゥム(8)の出身であった。

ユリアヌスは、皇帝マルクスの母親ドミティア・ルキラ(9)のもとで教育された。マルクスの母親の推薦で、二十人委員(10)に選ばれた。法廷年齢(11)よりも前に、クアエストルに指名された。(12)マルクスの推薦で、アエディリスになり、同じく彼の推薦でプラエトルになった。

プラエトルの後、ゲルマニアで第二十二プリミゲニア軍団(13)を指揮した。(14)続いて、ベルギカを誠実に、長く統治した。アルバ川(15)の近くに住むゲルマン系民族のカウキ族が侵入してきた時には、

（1）一〇〇年頃に生まれたサルウィウスが、一三三年か一三七年に生まれた本伝記の主人公であるディディウスの曾祖父で

あったことはありえないが、血縁関係は否定できない。曾祖父ではなく、曾祖父の兄弟（プローム（I）説）、あるいは母方の大叔（伯）父（シャスタニョル説）であった可能性が高い。また、サルウィウスはハドリアヌスの時代の高名な法学者であるが（『ハドリアヌスの生涯』第十八章、および第1分冊五七頁註（9）参照）、コンスルには一四八年に一度しか就いておらず、また首都長官にもなっていない。同名の息子（プブリウス・サルウィウス・ユリアヌス）か、あるいは本伝記の主人公ユリアヌスの経歴と混同されているのであろう。

(2) 経歴その他不明。

(3) 経歴その他不明。

(4) ユリアヌスの一族とは姓名がまったく異なるため、プローム（I）はこの人物がディディウスの母親クララの最初の夫との間にできた子であるか、あるいはヌンミウス家に養子に出された可能性を指摘している。この人物の経歴も不明。

(5) 一七五年の正規コンスル。シャスタニョルの説に従えば、ユリアヌスの母親クララの従兄弟で、本伝記でユリアヌスの曾祖父とされるサルウィウスの息子。

(6) 現在のミラノ。

(7) ケルト系の部族。

(8) 北アフリカのチュニジアの都市。なお、ホール底本ではアドルメトゥムという読みがとられている。

(9) この人物については『哲学者マルクス・アントニヌスの生涯』第一章、および第1分冊一三五頁註（7）参照。

(10) 二十人委員のうち、訴訟裁定のための十人委員（decemvir stlitibus iudicandis）になった。二十人委員については、第1分冊七頁註（6）参照。以下のユリアヌスの経歴は、碑文史料（*ILS*, 412）によっておおむね確認される。

(11) 二五歳。

(12) 碑文史料によれば、二十人委員とクアエストルの間に、ユリアヌスはゲルマニアに駐屯していた第三十ウルピア・ウィクトリクス軍団の見習い軍団将校職に就いている。

(13) ドイツのマインツに駐屯した軍団。

(14) この軍団司令官職についての言及は碑文史料にない。一方、この役に就く前に、本伝記には欠けているが、碑文史料によれば、ユリアヌスは属州アカイア総督と属州アフリカ総督の副官（legatus）になっている。

(15) マギーはエルベ川、バーリー英語訳はセーヌ川の支流オーブ川と解釈している。シャスタニョルによれば、カウキ族は、エムス川河口とニルベ川河口の間の北海沿岸に居住していた民族。

属州から徴募された急ごしらえの補助軍でこれに対抗した。そのため、皇帝の推薦でコンスルになった(1)。また、カッティ族(2)を撃破した。続いて、ダルマティアを統治し、この属州を国境沿いに住む敵から救った。のち、属州下部ゲルマニアを統治した。その後、イタリアで養育費の分配を監督した(3)。

二　その当時、彼は、セウェルスというある海軍兵士によって、コンモドゥスに対して陰謀をサルウィウス(4)とともに企んだとして告発された(5)。しかし、コンモドゥスは、すでに、多くの高貴で有力な元老院議員を大逆罪の廉で殺害していたので、これ以上評判が悪くならないように、ディディウス［・ユリアヌス］を釈放し、告発者を死罪にした。釈放後、再び属州統治に派遣された。ビテュニアを統治したが、他の属州で得たような名声は得なかった。

ユリアヌスは、ペルティナクスとともにコンスルになり、後任として属州アフリカ総督職に就いた。ペルティナクスによって同僚にして後継者と常に呼ばれた。とりわけ、自分の娘を一族の者と婚約させたユリアヌスがペルティナクスのところに行って、そのことを伝えた日には、ペルティナクスは［婚約者の若者に］次のように言った。「しかるべき敬意を払いなさい。彼は私の同僚で後継者なのだから(6)」。実際、まもなく、ペルティナクスの殺害が起こった(7)。

ペルティナクスが殺された時、スルピキアヌス(8)は兵舎で皇帝と歓呼されることを欲し、一方、ユリアヌスは召集がかかったと聞き、義理の息子とともに元老院へ向かった。しかし、［元老院議事堂の］扉は閉ざされており、そこに二人の近衛隊将校プブリキウス・フロリアヌスとウェクティウス・アペル(9)がいるのを見つけた。将校たちは［ユリアヌスに］帝位を奪取するよう激励し始めた。ユリアヌスが彼らに対して他の者がすでに皇帝と歓呼されていると言うと、彼らはユリアヌスを掴んで、近衛隊の兵舎へ連れていった。

しかし、兵舎に来てみると、ペルティナクスの義父で首都長官でもあったスルピキアヌスが演説を行ない、自分に皇帝権力を要求しており、誰もユリアヌスを——兵舎の塀の外から大きな報酬を約束していたのに——中に入れなかったので、まず、ユリアヌスはペルティナクスの復讐を

---

(1) 一七五年。正規コンスルとして。
(2) ゲルマン系の部族。現ドイツのヘッセン州のあたりに住んでいた。
(3) この制度については、第1分冊二五頁註(5)参照。ペルティナクス帝も二度養育費分配を監督している。『ヘルウィウス・ペルティナクスの生涯』第二章および第四章参照。
(4) 第一章にユリアヌスの叔(伯)父としてその名のあがるプブリウス・サルウィウス・ユリアヌスのこと。
(5) 『コンモドゥス・アントニヌスの生涯』第四章参照。
(6) 同内容の記述が『ヘルウィウス・ペルティナクスの生涯』第十四章にみられる。なお、本分冊六七頁註(3)も参照。
(7) ペルティナクス殺害は一九三年三月二十八日。
(8) ティトゥス・フラウィウス・クラウディウス・スルピキアヌス。ペルティナクス帝の義父。ペルティナクスが皇帝になった時にその後任として首都長官になっていた。詳細は、『ヘルウィウス・ペルティナクスの生涯』第十三章、および本分冊六五頁註(6)参照。
(9) この二人の将校は他の史料からは知られていない。

する者を皇帝にしないように近衛兵に警告し、次いで、自分はコンモドゥスの記憶を回復させるであろうと書板に書いて送った。(1) こうして［近衛隊兵舎に］入ることを認められ、皇帝と歓呼された。(2) 近衛兵たちは、皇帝になろうとしたスルピキアヌスに危害を加えないよう要求した。

三　その後、ユリアヌスは、フラウィウス・ゲニアリス(3)とトゥリウス・クリスピヌス(4)を近衛兵たちの推薦で近衛長官にし、以前にはスルピキアヌスと組んでいたマウレンティウス(5)に率いられた近衛兵によってつき従われた。ユリアヌスは、兵士たちに二万五〇〇〇セステルティウスを約束していたが、実際には三〇〇〇セステルティウス与えた。(6)

兵士たちの集会を開いた後、夕方に元老院へ来て、一身を委ねた。元老院決議がなされ、皇帝と歓呼された。(7) パトリキの一族に上げられた後、(8) 護民官職権とプロコンスル命令権を得た。(9) 妻のマリア・スカンティラと彼の娘ディディア・クララはアウグスタと呼ばれた。

続いて、パラティヌス宮殿に入り、妻と娘をそこへ呼んだ。すでに間近に迫った最期を予言するかのように、彼女らは動揺し、不本意ながら宮殿に移った。(10) 義理の息子のコルネリウス・レペンティヌスを、(11) スルピキアヌスの代わりに首都長官にした。

その間、ディディウス・ユリアヌスは、民衆の怒りを買っていた。というのも、民衆は、ペルティナクスの威信で、コンモドゥス時代の矯正がなされるべきであると信じており、またユリア

（1）コンモドゥスは殺害後、公共建築物からその名が削り取られるなどの「記憶の抹消（damnatio memoriae）」を受けていた。

（2）近衛兵は、より多くの報酬を払うものを皇帝にするとして帝位を競売に掛け、ユリアヌスが近衛兵一人につき二万五〇〇〇セステルティウス（年収の五年分に当たる）支払うことで競り落としたのである。詳細は、カッシウス・ディオ『ローマ史』第七十三巻一一参照。

（3）一八五年に近衛隊将校であったことが碑文史料から知られているのみ。

（4）他の史料からは知られていない。本伝記第七、八章に再び登場する。

（5）他の史料からは知られていない。

（6）ヘロディアヌス『マルクス帝没後のローマ史』第二巻七-一によれば、ユリアヌスは約束した金をまったく支払わなかった。

（7）カッシウス・ディオ『ローマ史』第七十三巻一二によれば、ユリアヌスは多くの近衛兵で元老院議事堂を取り巻いた上で、議事堂には一人で入り、その圧力で皇帝に承認されている。この一例に典型的にみられるように、ディオはユリアヌスに対して一貫して非常に批判的であるが、本伝記の記述は、随所でディオの記述とまったく逆のことを述べている。ヘロディアヌスも同様で、そのため、コルプは、本伝記の著者がディオとヘロディアヌスを史料として利用しつつも、意図的に反論しているのだと解釈する。『ヘルウィウス・ペルティナクスの生涯』でも同様の現象がみられる。本分冊四七頁註（10）も参照。

（8）パトリキ（血統貴族）ではなく、平民系の元老院議員として初めて帝位に就いたウェスパシアヌス帝（在位六九－七九年）以後、平民系の議員は帝位に就くとパトリキの地位に上げられるようになった。パトリキについては、本分冊一七頁註（1）参照。

（9）コンスル命令権とともに皇帝権力の根幹をなす権限。詳細は、第1分冊一一頁註（8）と（9）参照。

（10）ヘロディアヌス『マルクス帝没後のローマ史』第二巻六-七によれば、ユリアヌスに帝位を取るように勧めたのはこの妻と娘の二人であった。

（11）『アントニヌス・ピウスの生涯』第八章に登場するセクストゥス・コルネリウス・レペンティヌスの息子。

ヌスの策謀でペルティナクスが殺されたかのように思っていたからである。

ユリアヌスを憎み始めた者たちは、彼が［帝位に就いた］初日にペルティナクスの［質素な］食事を軽蔑して、牡蠣や飼育された鳥や魚を盛った贅沢な宴会を準備している、との噂をまず広めた。このことが嘘であったことは確かである。(1) 実際ユリアヌスは、伝えられているところでは、たいへんけちで、誰かから贈り届けられたとしても、子豚や野ウサギを三日分に小分けして食べ、また、宗教的理由が何らあったわけでもないのに、しばしば食事では肉をとらず、野菜と豆類で満足していたのである。(2)

結局のところ、ペルティナクスが埋葬されるまでは、食事をしなかった。ペルティナクスが殺害されたことを考えて非常に陰鬱な気分で食事をとり、［皇帝となった］最初の夜は、たいへんな運命に不安になって、眠らずに過ごしたのである。

四　夜があけると、彼は、パラティヌス宮殿に来た元老院議員身分と騎士身分［の者たち］を迎え入れ、年齢に応じて各人に、兄弟、息子、父と［呼んで］非常に愛想よく話しかけた。(3) しかし、民衆は、兵士たちが与えた皇帝権力を彼が放棄することを望んで、ロストラや元老院議事堂の前で、たいへんな罵声を浴びせ、彼を苦しめた。(4) 民衆は、ユリアヌスが兵士や元老院［議員］とともに議事堂に降りてきた時には、呪いの言葉を浴びせ、彼が神意を伺っている時には吉兆が出ないように願った。また、彼らは、ユリアヌスに石を投げつけた。その時、ユリアヌスは、手振りで彼らをずっと慰めようとしていた。

元老院議事堂に入ると、ユリアヌスは、穏やかに、そして慎重に話しかけた。皇帝と認められたこと、自身と彼の妻と娘がアウグストゥス(5)の名を受け取ったことに感謝した。彼は「国父」の名も受け取ったが、銀の立像は拒否した(6)。

民衆は、元老院からカピトリヌス神殿に赴く彼に立ち塞がったが、剣で脅され、傷つけられ、また、信頼感を抱かせるためユリアヌス自身が指で示した量の金貨が約束されたことで、押しのけられ、追い払われた。

(1) カッシウス・ディオ『ローマ史』第七十三巻一三-一によれば、嘘ではない。本分冊六七頁註(4)も参照。

(2) この記述とは逆に、ヘロディアヌス『マルクス帝没後のローマ史』第二巻七-一によれば、ユリアヌスは帝位に就いてから酒色に溺れ、贅沢に耽ったとされる。

(3) フォロ・ロマーノに遺構の残る演壇。

(4) ローマの民衆のユリアヌスに対する激しい抗議については、カッシウス・ディオ『ローマ史』第七十三巻一三-二-五にも同様の記述がある。

(5) 正確には、妻と娘はアウグストゥスの女性形であるアウグスタと呼ばれた。

(6) カッシウス・ディオ『ローマ史』第七十三巻一四-二によれば、ユリアヌスは元老院に金の立像を立てることを提案されたが、それを拒み、青銅の像にするよう要求した。その理由は、先行する皇帝たちの像のうち、金や銀で造られた像は破壊されているが、青銅の像は残っているから、ということであった。

続いて、戦車競走の見物に行ったが、どの席も区別なくすべて埋まっており[1]、民衆はユリアヌスに悪口を繰り返した。すでに皇帝になっていたといわれていたペスケンニウス・ニゲル[2]に、都を守るよう呼びかけた[3]。これらすべてをユリアヌスは、穏やかに耐え、自分の治世のすべてを通して非常に寛大だった。

一方、民衆は、金のためにペルティナクスを殺した兵士たちを激しく罵った。そこで、ユリアヌスは民衆の好意を得るために、コンモドゥスが定めたが、ペルティナクスが取りやめていた多くのことを元に戻した。

ペルティナクスに対しては、良いことも悪いことも何もしなかった[4]。このことは、多くの者にとって非常にゆゆしく思えた。もっとも、ペルティナクスの名誉については、兵士たちに恐怖を覚えたユリアヌスが黙っていたことは間違いない。

五　ユリアヌスは、ブリタンニアの軍隊やイリュリクムの軍隊を恐れてはいなかったが[5]、シリアの軍隊を特別に恐れていたので、主席百人隊長[6]を送って、ニゲルを殺すように命じた。そのため、ペスケンニウス・ニゲルはイリュリクムで、セプティミウス・セウェルスはシリアで、彼らが統括した軍隊とともにユリアヌスに反乱を起こした[7]。

しかし、セウェルスが彼に反乱を起こしたと知らされた時、ユリアヌスはセウェルスのことを疑っていなかったので、動揺した。ユリアヌスは元老院へ行き、セウェルスを国家の敵と宣言するように命じた。セウェルスに従っていた兵士たちにも、期日を定めて、それ以上セウェルスとともにいる者は国家の敵とみなされるようにした。さらに、元老院からコンスル格の元老院議員で構成された使節が兵士たちのところに派遣され、セウェルスを見捨て、元老院が選んだ者が皇

(1) 劇場などにおいては、元老院議員と騎士身分、民衆のそれぞれの席は、本来別々にされていたが、その区別なくの意味。
(2) 当時、シリアで皇帝を称していた。この人物についての詳細は、本分冊所収の『ペスケンニウス・ニゲルの生涯』参照。
(3) カッシウス・ディオ『ローマ史』第七十三巻一三-五、ヘロディアヌス『マルクス帝没後のローマ史』第二巻七-五にも同様の記述がある。後者によれば、ニゲルは穏やかで、公正な人との評判があった。
(4) とはいえ、ペルティナクスの葬儀は行なったとの記述が、『ヘルウィウス・ペルティナクスの生涯』第十四章と本伝記第三章にみえる。とくに前者には、「できるかぎりの栄誉で葬儀を行なった」とある。
(5) バーリー(S)は、その理由として、それぞれの地域の軍隊を率いていたアルビヌス(ブリタンニア)とセウェルス(イリュリクム)がアフリカ出身であり、ユリアヌスも母と義理の息子を通してアフリカとの繋がりをもっていたため、同郷のよしみから彼らに安心感をもっていたと推定している。
(6) 原語 primipilarius。
(7) この記述は誤り。正しくは、ニゲルがシリアで、セウェルスがイリュリクムで皇帝となった。詳細は、本書に収められているそれぞれの伝記を参照のこと。なお、アウレリウス・ウィクトル『皇帝たちについて』一九にも、セウェルスが当時シリアの総督であったとの同様の誤りがみられる。

帝であることを納得させようとした。使節の中には、ウェスプロニウス・カンディドゥス(1)がいた。彼は老いたコンスル格の元老院議員で、軍司令官として苛烈で吝嗇であったため、以前から兵士たちに嫌われていた。

セウェルスの後任として、ウァレリウス・カトゥリヌス(2)が送られた。兵士をすでに握っているセウェルスの後任に、まるで彼がなれるかのようであった。さらに、セウェルスを殺すために、元老院議員の殺害者として名高い百人隊長のアクイリウス(3)が派遣された。

一方、ユリアヌス自身は、近衛兵を練兵場に連れ出し、［市壁の］櫓《やぐら》に防御工事を施すように命じた(4)。しかし、無気力で、首都の贅沢で堕落した、非常に嫌がる兵士たちをユリアヌスは軍事教練に連れ出したので、彼らはそれぞれに命じられた仕事の代行者を金で雇うほどであった。

六　セウェルスは攻撃準備を整えた軍勢とともに都へ進軍しつつあったが、ユリアヌスは近衛兵とともになすすべはなく、日増しに民衆は彼を憎み、あざ笑った。ユリアヌスは、ラエトゥス(5)がセウェルスの支持者ではないかと恐れ、彼のおかげでコンモドゥスの手から逃れたのに(6)、たいへん恩知らずにも殺すように命じた。また、マルキア(7)もいっしょに殺すように命じた。

しかし、ユリアヌスが以上のことをしている間に、セウェルスはラウェンナの艦隊を抑え、ユリアヌスに労を惜しまないと約束していた元老院の使節はセウェルスに寝返った。艦隊を引き出すべく、セウェルスに対して送り出された近衛長官のトゥリウス・クリスピヌスは追い返され、ローマへ戻った。ユリアヌスはこれらの事態を見ると、ウェスタの巫女やその他の聖職者が元老院［議員］とともにセウェルスの軍隊のところに行き、[8]白鉢巻を差し出して慈悲を乞うように元老院に求めた。だが、蛮兵たちに対しては無駄な……であった。[9]

他方、このようなことをしているユリアヌスに、コンスル格の卜占官であったプラウティウス

（1）ルキウス・ウェスプロニウス・カンディドゥス・サルスティウス・サビニアヌス。現イタリアのマントヴァ出身。一七六年の補充コンスル。ヌミディアの第三アウグスタ軍団司令官やダキア総督を歴任した。

（2）他の史料からは知られていない。

（3）マルクス・アクイリウス・フェリクス。ローマ市出身。セウェルスに寝返り、騎士身分の官職を順調に歴任し、ラウェンナの艦隊司令長官にまでなった。

（4）ユリアヌスのローマ防衛の準備については、カッシウス・ディオ『ローマ史』第七十三巻一六に詳しい。ディオは、ユリアヌスがパラティヌス宮殿にすら防御工事を施したとして嘲っている。

（5）コンモドゥス帝の近衛長官で、その暗殺の首謀者。詳細は、『コンモドゥス・アントニヌスの生涯』第十五章、および本分冊三一頁註（5）参照。

（6）おそらく、本伝記第二章冒頭に記述されている事件の際であろう。

（7）コンモドゥス帝の愛人。ラエトゥスとともにコンモドゥス暗殺に深く関与した。

（8）嘆願者のしるし。

（9）テクストに欠損がある。ホール独語訳は、「無駄な（企て）であった」と補う。その他の近代語訳も同様の補いをしている。

・クインティルス(1)は、敵軍に対抗できない者が皇帝であるべきではないと主張して［ユリアヌスの求めに］反対した。多くの元老院議員が彼に賛同した。そのため、ディディウス［・ユリアヌス］は怒って、兵舎から兵士たちを呼び、元老院を服従させるか、虐殺しようとした。

しかし、ユリアヌスはこの計画を良しとしなかった。というのも、元老院はユリアヌスのためにセウェルスを国家の敵と宣言したのに、同じユリアヌスが元老院の敵になるのは適当だとは思われなかったからである。そこで、より良い計画をもって元老院へ行き、皇帝権力の共有に関する元老院決議をなすように求めた。そのことは直ちに実現した(2)。

七　その時、ユリアヌスが皇帝権力を受け取った際に自らに示した前兆がすべての人々に思い出された。すなわち、予定コンスルが彼について意見を言いながら「私は、ディディウス・ユリアヌスが皇帝と歓呼されるべきであると考える」と述べた時、ユリアヌスは次のように言い添えたのである。「セウェルスも加えよ」。ユリアヌスは自分の祖父と曾祖父の名［セウェルス］を身に帯びたのである(3)。

しかしながら、ユリアヌスには元老院を虐殺するという考えはまったくなかったと言う人たちもいる。というのも、元老院は彼のために非常に多くの措置を講じていたのであるから。

元老院決議がなされた後、直ちにディディウス・ユリアヌスは近衛長官の一人であるトゥリウス・クリスピヌスを［セウェルスに］派遣した。一方で、彼自身は三人目の近衛長官としてウェトゥリウス・マクリヌス(4)を任じた。セウェルスはマクリヌスに手紙を送り、近衛長官になることを事前に認めていた。しかし、この和解が偽りであり、近衛長官のトゥリウス・クリスピヌスにはセウェルスの殺害が命じられているのではないかと民衆は噂し、セウェルスは疑っていた。結局、セウェルスは兵士たちの合意を得て、ユリアヌスの共同統治者になるよりも、ユリアヌスの敵になることをむしろ選んだ。セウェルスは、直ちにローマの多くの人に手紙を書き、公にされるべき告示を秘かに送った。

ユリアヌスは正気を失って、民衆の憎しみを静めたり、兵士の武力を抑えるなど、たいへん多

(1) マルクス・ペドゥカエウス・プラウティウス・クインティルス。ルキウス・ウェルス帝の姉(妹)ケイオニア・ファビアとプラウティウス・クインティルスの息子。マルクス・アウレリウス帝の娘ファディラの夫でもあった。この血縁関係のゆえに非常に影響力のある人物であったと思われる。一七七年の正規コンスル。後に、セウェルス帝によって処刑される。

(2) この処置は、カッシウス・ディオ『ローマ史』第七十三巻一七-二にも記録されている。

(3) 碑文史料（*ILS*, 412）からも、彼がセウェルスの名を帯びていたことは確認できる。なお、言うまでもなく、この部分は、ユリアヌスがセプティミウス・セウェルスに共同統治を求めることの前兆として書かれている。

(4) デキムス・ウェトゥリウス・マクリヌス。属州マウレタニア・ティンギタナ総督や属州エジプト総督を歴任した後、近衛長官になった。近衛長官が三人任じられるのは異例。

くのことがマギたちを通してできると考えた。[1] マギたちはローマの儀式に相応しくない生贄の獣を捧げ、不敬な歌を歌った。ユリアヌスは鏡に向かって行なうといわれている儀式を行なった。目隠しをされて頭に魔法をかけられた子どもたちが、その鏡の中に「将来起こることを」見るのだといわれている。そして、その時、子どもたちは「鏡の中に」セウェルスの到来とユリアヌスの退去を見たといわれている。[2]

八　クリスピヌスもセウェルスの先遣隊のところへ駆けていったが、ユリウス・ラエトゥス[3]が教唆したためセウェルスによって殺された。元老院決議も取り消された。ユリアヌスは元老院を招集し、何をなすべきか意見を求めたが、元老院からは確かな返答は何も得られなかった。

しかし、その後ユリアヌスは、ロリアヌス・ティティアヌス[4]を通してカプア[5]の剣闘士を武装させるよう自発的に命じ、またクラウディウス・ポンペイアヌスをタラキナ[6]から共同統治のために招いた。なぜならば、ポンペイアヌスが皇帝の義理の息子で、長く軍隊を率いていたからである。[7] しかし、彼は、自分は老人で、目が弱っていると答えて、共同統治を拒んだ。ウンブリア[8]からの兵士たちもセウェルスに寝返った。セウェルスは、ペルティナクスの殺害者を助命すると命じる内容の手紙をあらかじめ送っていた。[9]

まもなく、ユリアヌスはすべての者に見捨てられ、パラティヌス宮殿に近衛長官の一人ゲニアリスと義理の息子のレペンティヌスとともに残った。結局、元老院の意向でユリアヌスから皇帝権力が剝奪されることになった。皇帝権力がユリアヌスから剝奪されると、直ちにセウェルスが皇帝と歓呼された。一方、ユリアヌスは服毒自殺したと偽られた。しかし、実際には、元老院によって派遣された者たちが監督する中で、ユリアヌスは皇帝（カエサル）――すなわちセウェルス

(1) 本来はペルシアの神官のことであるが、当時は魔術師とほぼ同義になっていた。

(2) カッシウス・ディオ『ローマ史』第七十三巻一六-五も、ほぼ同様に、ユリアヌスが、将来の不幸をあらかじめ知り、それを避けるために多くの子どもを魔術の儀式の生贄に捧げたと伝えている。

(3) このラエトゥスは後にセウェルスのもとで、アルビヌスとの戦いなどに際して、その軍事能力をおおいに発揮し活躍するが、やがて疎まれて処刑された。

(4) 経歴その他不明であるが、バーリーはこの人物が『ヘルウィウス・ペルティナクスの生涯』第七章に現われるロリアヌス・ゲンティアヌスと同一人物であるか、あるいはその一族であると推定している。

(5) イタリア中南部の都市。著名な剣闘士養成所があった。共和政末期に反乱を起こした有名なスパルタクスもこの養成所出身であった。

(6) イタリア中部のラティウム地方の都市。

(7) ポンペイアヌスは、マルクス帝の義理の息子で、ペルティナクスの死後、隠棲していた。この人物については、『哲学者マルクス・アントニヌスの生涯』第二十章、および第1分冊一八〇頁註（2）参照。ポンペイアヌスへの帝位の提示の話は、『ヘルウィウス・ペルティナクスの生涯』第四章にも出てくるが、その信憑性は疑わしい。

(8) イタリア半島の中北部。

(9) しかし、実際には、カッシウス・ディオ『ローマ史』第七十三巻一七-三によれば、セウェルスは、近衛兵にペルティナクスの殺害者を引き渡し、平穏を保つならば、助命するとの手紙を送っており、ペルティナクスの殺害者は逮捕されている。

――の庇護を請いながら一兵士によってパラティヌス宮殿で殺されたのである。皇帝になった時、ユリアヌスは自分の娘に財産を与えて、家長権から解放していたが、その財産はアウグスタの名とともに直ちに取り上げられた。

ユリアヌスの遺体は、セウェルスによって妻のマンリア・スカンティラ(1)と娘に埋葬のために返され、ラビカナ街道(2)の五ローマ・マイル(3)のところにある曾祖父の墓に葬られた。

九 ユリアヌスに対しては、次のような非難があった。すなわち、大食漢で賭博好きであり、剣闘士の武器を練習していた、また、若い頃はこれらの悪徳にはまったく染まっていなかったのに、これらすべてのことを老人になってから行なった、と。

皇帝になってからは、非常に謙虚であったのに、傲慢であるとも非難された。実際には、逆に、宴会では非常に気さくで、請願に対してはたいへん慈悲深く、自由勝手な政治的発言に対してもきわめて寛容であった。

ユリアヌスは、五六年と四ヵ月生き、皇帝として二ヵ月と五日間統治した(4)。自分の権威で統御せねばならない人たちを、自らが進んで国家統治の要職に就けたことが、とりわけユリアヌスについては非難される。

(1)本伝記第四章では、マリアと呼ばれていた。

(2)ローマ市の南東から発し、その郊外でラティナ街道と合流する道路。

(3)一ローマ・マイルは、一・四八キロメートル。

(4)カッシウス・ディオ『ローマ史』第七十三巻一七-五によれば、ユリアヌスは六〇年と四ヵ月と四日生き、皇帝として六六日間統治した。本伝記よりも信頼できる数字とされるが、断定はできない。したがって、ユリアヌスは、一三三年一月三十日か一三七年二月二日生まれ。殺害されたのは、一九三年六月一日。

アエリウス・スパルティアヌス

セウェルスの生涯

南川高志　訳

一　ディディウス・ユリアヌスが殺害されて[1]、アフリカ[2]出身のセウェルスが帝権を手に入れた。セウェルスの出身の町はレプティス[3]で、父親はゲタ[4]であった。彼の先祖は、ローマ市民権が万人に与えられる以前から、ローマの騎士身分であった[5]。母親はフルウィア・ピア[6]であり、また父方の大叔（伯）[7]父はアペルとセウェルス[8]で、ともにコンスルとなったことのある人物である。父方[9]の祖父はマケル[10]、母方の[11]祖父はフルウィウス・ピウス[12]であった。

セウェルス自身はエルキウス・クラルス[13]が二度目の、セウェルス[14]が初めてのコンスルとなった年[15]の四月八日[16]に生まれた。まだ幼少時、後に熟達するようになるラテン文学とギリシア文学の勉

(1) ディディウス・ユリアヌス帝が殺害されたのは一九三年六月一日のことである。彼は六六日間、皇帝の地位にあった。

(2) ここでいうアフリカとは、属州アフリカ・プロコンスラリスとなっていた北アフリカのことである。なお、セウェルスの即位前の正式名はルキウス・セプティミウス・セウェルスである。

(3) レプティス（Leptis）という名称はローマ帝政時代後期の呼び名で、セウェルスの時代はレプキス・マグナ（Lepcis Magna）と呼ばれていた。

(4) 正式の名はプブリウス・セプティミウス・ゲタで、いくつかの碑文からもその名は知られる。本伝記の主人公セウェルス帝の兄弟も息子の一人もゲタという名をもつ。巻末の家系

図を参照されたい。

（5）ローマ帝国内のすべての住民にローマ市民権が与えられるのは、セウェルスの息子のカラカラの治世で、二一二年のことである。したがって、ここで「ローマ市民権が万人に与えられ」たというのは、帝国内の全自由民にローマ市民権が与えられたアントニヌス勅令のことではなく、バーリー英語訳が指示するように、レプキス・マグナの住民全部にローマ市民権が与えられたことを意味すると解されなければならない。その時期は、同じくバーリーによれば、レプキスが植民市（コロニア）の地位を得たトラヤヌス帝の治世（九八－一一七年）である。なお、騎士身分は元老院議員身分に次ぐ帝国の支配階層である。

（6）北アフリカ出土の二碑文とこの箇所からのみ、その名が知られる。

（7）「大叔（伯）父」と訳した部分はマギーやホール独語訳に従ったものである。バーリー英語訳は、註（8）に紹介するように、アペルとセウェルスを同定した上で、「伯父」と訳している。

（8）バーリー英語訳は、アペルを一五三年にコンスルとなったプブリウス・セプティミウス・アペル、セウェルスの方を一六〇年にコンスルとなった可能性のあるガイウス・セプティミウス・セウェルスと考え、訳は註（7）に記したように「伯父」とするものの、正確には父親の従弟とみている。

（9）ホール底本では「母方」となっているが誤りで、「父方」が正しい。

（10）セウェルスの父方祖父はセウェルスと同名の人物で、マケルはその父親か、あるいはもっと遠い祖先であろう。

（11）ホール底本では「父方」となっているが、「母方」の誤りであることは、セウェルスの母親の名前がフルウィア・ピアであることからも明らか。

（12）この人物については、この箇所からしか知られていない。

（13）正式名はセクストゥス・エルキウス・クラルス。

（14）正式名はグナエウス・クラウディウス・セウェルス。

（15）註（13）と（14）にあげた二人の人物がコンスルになった年は一四六年である。しかし、カッシウス・ディオ『ローマ史』第七十六巻一七-四は一四五年をセウェルス誕生の年としており、学界ではこちらの方を正しいとみている。

（16）マギーも註記するように、カッシウス・ディオ『ローマ史』第七十六巻一七-四は四月十一日をセウェルス誕生の日としており、これが他の史料からも確認できる。バーリー英語訳やバーリー（S）はこの四月十一日を採用している。

強を始める以前、セウェルスは他の子どもたちとは裁判官ごっこ(1)しかせず、その際には「コンスルの象徴である」鉞《まさかり》を包んだ束桿（ファスケス）(2)を自分の前で持たせ、まわりに他の子どもたちを並んで立たたせて、自分は座って判決を下す役をした。一八歳の時に初めて公の場で演説をした。そして、勉強を続けるべく首都ローマにやって来た。(3)彼の親族で、二度すでにコンスルになったことのあるセプティミウス・セウェルス(4)の好意により、神君マルクス(5)に乞うて元老院議員身分に列せられることとなった。

セウェルスはローマにやって来るとすぐに、ちょうどその時皇帝ハドリアヌスの伝記を読んでいる見知らぬ人(6)に偶然出会い、これを将来の幸運の前兆と受け取った。また、彼は他にも帝権を取るという前兆を得た。すなわち、皇帝主催の晩餐会に招待された時、トガを着て来なければならないところを、パリウムを着ていたので(7)、皇帝自身の正装用のトガを借り受けたのである。まさにその同じ日の夜に、セウェルスはレムスとロムルスのごとくに、雌オオカミの乳房に吸いついている夢を見たのであった。(8)さらに、彼は、宮廷吏がうっかりして置いた玉座に、そうしてはならないことを知らずに座った。また、かつて安宿(9)で眠った時、一匹の蛇が彼の頭に蜷局《とぐろ》を巻いていたが、目を覚ました仲間が大声をあげると、蛇はセウェルスに何の危害を加えることもなく去ったのであった。

二　若かった頃、セウェルスは愚劣なことをたくさんしたし、罪を犯したこともあった。姦通

（1）ローマでは、束桿（ファスケス。註（2）参照）を持つ先導吏を従えた高位の公職者は、子どもたちの憧れであり、戦争ごっこなどとともにこうした高官のまねをする遊びがはやった。プルタルコスも、カエサルのライヴァルであったかの小カトーについて、そうした遊びの記事を残している（『英雄伝』「小カトー」二）。

（2）ファスケスとは、一つの鉞《まさかり》を中心にして周りに棒を集め束ねたもの。命令権をもつ高位の公職者の権限の象徴で、帝国ローマのシンボルともいえる。二十世紀にイタリアのムッソリーニがシンボルとして採用し、そこからファシズム（全体主義）の名が生まれることとなった。

（3）マルクス・アウレリウス・アントニヌス帝治世の初期、一六二年頃のことか。

（4）バーリー英語訳によれば、一六〇年にコンスルとなった可能性のあるガイウス・セプティミウス・セウェルスのこと。

（5）マルクス・アウレリウス・アントニヌス帝は死後神格化されて、「神君（divus）」と呼ばれるようになった。

（6）ここではマギーに従って「見知らぬ人」と訳す。バーリー英語訳やホール独語訳は「宿の主人」と訳す。

（7）トガはローマ人の正装であるのに対して、パリウムは外套の一種。帝政時代に入って正装のトガは次第に着られなくなり、代わって下着のトゥニカが普段着となって充実するようになるとともに、その上に着用するさまざまな外套が発達するようになった。『ハドリアヌスの生涯』第二十二章、第1分冊六九頁註（8）および（10）も参照。

（8）ローマの神話では、捨てられた双子ロムルスとレムスが雌オオカミの乳を飲んで育てられたことになっており、ロムルスがやがてローマを建て初代の王となるのである。

（9）原語 stabulum は、蛇が出てくるような「家畜小屋」とも訳せるし、マギーやバーリー英語訳などは「居酒屋」と訳すが、ここではシャスタニョルの仏語訳と同じ解釈をした。

罪で裁判沙汰となったこともあった。しかし、セウェルスは弁護に努め、総督のユリアヌス(1)に無罪放免とされた。このユリアヌスは、セウェルスがのちに総督職を受け継ぎ、またコンスル就任時の同僚となり、さらには帝権の後継者ともなったあのユリアヌス(2)である。

セウェルスは軍務の見習い軍団将校の職(3)に就くことを略し(4)、クアエストル(5)となって、この職を勤勉に務めた。クアエストルの後、籤引きで属州バエティカ(6)勤務が当たった(7)。セウェルスは、このバエティカからアフリカに駆けつけた。父親が死んだために、家に関わる諸々の用事を片づけるためである。しかし、彼がアフリカにいるうちに、バエティカの代わりに属州サルディニア(8)が割り当てられた(9)。というのも、マウリ族がバエティカを荒らしたからである(10)。それで、サルディニアにおいてクアエストル職を務め、その後属州アフリカ総督の副官として働くことを引き受けた(11)。この職に就いていた時のこと。セウェルスが束桿(ファスケス)を持つ先導吏を従えていた時に、彼の故郷の町レプキスの庶民の男が、セウェルスを古い仲間として抱きしめた。セウェルスは、この男を棍棒で打ちすえて、次のような文句をふれ役を使って広く伝えさせた。「庶民の者は、軽々しくローマ人民の副官(12)を抱擁してはならぬ」。この出来事のために、以前は徒歩であちこちと歩き回っていた副官は、その後は車で運ばれるようになった。

ちょうどこの頃に、アフリカのとある町で、セウェルスは将来のことを考えて不安に駆られ、占星術師に相談した。占星術師がセウェルスの星占いをし、それが並はずれたものであることを

(1) バーリー英語訳は、この総督のユリアヌスを一六八―一六九年の属州アフリカ総督プブリウス・サルウィウス・ユリアヌス(一四八年に正規コンスルとなった人物)と見ている。セウェルスの先帝であるディディウス・ユリアヌスも属州アフリカの総督となっているが、それは一九〇年頃のことである。

(2) この部分のユリアヌスとは、セウェルスの先帝ディディウス・ユリアヌスを指している。したがって、註(1)に記したことに照らして、この伝記の著者は誤って混同してしまっていることになる。

(3) 元老院議員の経歴を歩むローマ人の若者は、クアエストル職に就任して正式に元老院議員となる以前に、「二十人委員」という下位の公職と正規軍団における見習い将校の職務を経験することが多かった。巻末の「元首政時代の元老院議員の公職階梯」を参照されたい。

(4) セウェルスを三世紀に特徴的な軍人皇帝の先駆として捉える解釈が学界で長らくみられたが、セウェルスが若い日に軍務見習いを省略し、文官経歴を歩んでいる点は、こうした解釈に異議を唱える証左となる。ただし、エウトロピウスは軍務見習いの経験を伝える(『建国以来の歴史概略』一八)。

(5) これは首都ローマ市で勤務するクアエストルである。

(6) 属州バエティカは現在のスペイン南部地方に当たる。

(7) 二度目のクアエストル職で、今度は属州総督付の財務官としての勤務である。

(8) 現在のサルディニア島に相当する。皇帝管轄属州であったが、属州バエティカとの交換で、元老院管轄属州となった。

(9) 続いて本文で述べられるマウリ族の侵攻のために、属州バエティカは元老院管轄の属州から皇帝管轄属州へと管轄換えがなされた。そのため、元老院から派遣された属州総督に従うクアエストルのセウェルスは、他の元老院管轄属州へと配置換えされたわけである。

(10) マウリ族の侵攻は一七一年頃に生じた。『哲学者マルクス・アントニヌスの生涯』第二十一章、および第1分冊一八一頁の註(4)と(5)を参照されたい。

(11) セウェルスの故郷レプキス・マグナから出土した一碑文が、一七四年に属州総督ガイウス・セプティミウス・セウェルスのもとで副官(legatus)として勤務したことを確認している。

(12) 「ローマ人民の副官」というのは奇妙な表現であるが、共和政以来の方式で選ばれて派遣される属州総督の副官ゆえか。

見てとると、次のように言った。「あなた自身の誕生時のホロスコープを私に言ってください。他の人のそれではなく」。セウェルスがこれは本当に自分のものだと誓って言うと、占星術師は彼に、後に実際に起こることになるすべてを話してみせたのである。

三　セウェルスはマルクス帝の決定により護民官職を得、これを大いなる厳格さと活力でもってやり遂げた[1]。その頃、セウェルスはマルキア[2]と結婚したが、彼女については、セウェルス自身、自伝[3]の中でも何も述べていない。後に、皇帝になってから、セウェルスは彼女のために像を建てた。

次いで、セウェルスは三二歳の時に、マルクス帝によってプラエトルに選任された[4]。しかし、皇帝の推薦候補の一人ではなく、一群の競争者の一人としてであった[5]。その後、ヒスパニアに派遣された時[6]、最初に、当時うち捨てられた状態にあったタラコのアウグストゥス神殿[7]を再興するべしと言われている夢を見た。続いて、たいへん高い山の頂から全世界と首都ローマを見、諸属州がリュラ[8]や笛の伴奏に合わせて歌っている夢をも見た。［ヒスパニアに出発して首都を］留守にしている時も、セウェルスは［首都の人々のために］見世物を催した[9]。その後、マッシリア[10]近くに駐屯する第四スキュティカ軍団の指揮を執った。この職の後、彼はアテネに勉強と宗教上の理由で[11]、そして公共建築物と古代の記念物を見物するために出かけた。アテネ滞在中に、彼の地の人々にさまざまなやり方で立腹させられることがあったので、その結果、セウェルスはアテネの人々を敵視するようになり、皇帝になってから、その特権を減じるなどの復讐をするに至った。

---

(1) 一七四年に護民官に就任したと考えられる。共和政時代の護民官職はきわめて重要な意義をもっていたが、帝政期には皇帝が護民官の権限を常時保持しており、護民官職自体は下級公職の一つにすぎず、さしたる重要性はなかった。

(2) ホール底本はマルキア（Marcia）とあるが、ホール自身も註記するように、北アフリカ出土の碑文（*CIL*, VIII, 19494）から知られるパッキア・マルキアナ（Paccia Marciana）が正しい。

(3) マギーは、内乱の終了後にセウェルスが政敵を批判し、自身の苛烈を極めた措置に対する非難を払拭する目的で自伝を書いたとする。自伝の存在は、本伝記第十八章、『クロディウス・アルビヌスの生涯』第八章、カッシウス・ディオ『ローマ史』第七十五巻七-三、ヘロディアヌス『マルクス帝没後のローマ史』第二巻九などに言及されている。詳細はバーリー（S）の Appendix I を参照。

(4) 一七七年のこと。就任は翌一七八年。

(5) 元首政時代には、皇帝は公職立候補者を審査したり、好ましい候補者を推薦した。皇帝の推薦を受けた一部の公職立候補者はカンディダトゥス・カエサリスと呼ばれて、選挙で優位に立った。

(6) 一七八－一八一年の間のこと。

(7) タラコは現在のスペインのタラゴナに当たり、ローマの植民市。この神殿はハドリアヌスが修復している。『ハドリアヌスの生涯』第十二章、および第1分冊三九頁の註（7）を参照。

(8) リュラは古代ギリシア以来の楽器で、竪琴の一種。

(9) 帝政期には、剣闘士競技会などの見世物の提供はプラエトルの重要な任務であった。

(10) マッシリア（Massilia）とは現在の南フランスのマルセイユのことである。ホール底本の基礎である写本はこのように伝えるが、マギーやホール底本、そして独語訳もこれを疑い、今日ではR・トムゼンの修正に従ってシリアのマッシア（Massia）と解するのが通説である。

(11) エレウシスの秘儀への入信か。

セウェルスはその次に、属州ルグドゥネンシスの総督に任ぜられた。[1] セウェルスは最初の妻を失ったので、再婚を望んだ。そのために、彼自身占星術に長けていたので、花嫁になりうる女性を占いで探そうとした。そして、ホロスコープに王と結婚すると予言されたシリア在住の女性がいると聞いたので、セウェルスは彼女を妻に求めた。もちろん彼女がユリアである。[2] セウェルスは友人たちの仲介で彼女と結婚した。そして、彼はユリアからすぐに［子を得て］父親となった。[3]

四 セウェルスはその厳格さ、誉れある振る舞い、慎み深さのために、他のいかなる人よりもガリア人たちに慕われた。[4] 次に、上下両パンノニア属州を、プロコンスル命令権をもつ総督として統治した。[5] このポストに続いて、籤で元老院管轄属州のシキリアを引き当てた。[6] 首都ローマで二番目の男児を得た。[7]

シキリアで、予言者やカルダエア人[8]に帝位について伺いを立てた廉で、セウェルスは裁判にかけられた。当時コンモドゥス帝はすでに憎まれるようになっていたので、[9] この裁判を開くように命じられた近衛長官は、セウェルスを放免した。そのために、讒訴した者は十字架刑に処せられた。初めてのコンスル職はアプレイウス・ルフィヌス[10]を同僚として務めたが、コンモドゥスがその年に任じたたくさんの数のコンスルの一人にすぎなかった。[11] コンスル職の後、ほとんど一年間は公職に就かずに過ごした。

やがて、ラエトゥスの推薦[12]で、ゲルマニアで軍の指揮を執ることになった。[13]ゲルマニア軍の指

(1)現在のフランスの中部と西部に当たる地域。一八六―一八九年までセウェルスは総督としてこの地を治めた。
(2)ユリア・ドムナのこと。彼女はシリアのエメサにあるヘリオガバルス神の神官ユリウス・バッシアヌスの娘であった。
(3)一八八年(ないしは一八六年)の四月四日に、セウェルスの長男であるバッシアヌス(のちのカラカラ)がルグドゥヌム(現リヨン)で生まれたことを指している。本伝記の第二十章や『アントニヌス・カラカルスの生涯』第十章などでは、ユリアがカラカラの継母(カラカラはセウェルスの最初の婚姻で生まれた子)として記述されていて、矛盾を生じている。後出第二十章、および本分冊一三三頁註(8)を参照。
(4)この時統治した属州ガリア・ルグドゥネンシスの住民を指しているのであろう。
(5)パンノニアは現在のハンガリーに相当する地域に置かれたローマの属州で、上下に分けられ、それぞれ皇帝の代理である総督が統治していた。プロコンスル命令権は属州を統治する法的権限。ただし、ここの記述は誤りで、セウェルスが属州パンノニアを統治したのはコンスル就任後である。
(6)一八九/九〇年のこと。属州シキリアとはシチリア島のこと。
(7)次男のゲタは、一八九年のおそらく三月七日(バーリー英語訳による。ホール独語訳は『アントニヌス・ゲタの生涯』第三章と同じく五月二十七日とする)に誕生した。
(8)占星術師のこと。第1分冊一七七頁註(2)を参照。
(9)一八五年に近衛長官ペレンニスが失脚してクレアンデルに交代したあたりから、こうした状況がいっそうはっきりしてきた。『コンモドゥス・アントニヌスの生涯』第六―七章を参照。
(10)『アントニヌス・ゲタの生涯』第三章では、ウィテリウスという人物がセウェルスの同僚コンスルとなっている。
(11)一九〇年のこと。この年、コンモドゥス帝は一年間に実に二五人をコンスルに就任させた。
(12)本分冊三一頁註(5)参照。
(13)上部パンノニアの軍隊の誤り。セウェルスが一九一年に属州上部パンノニアの総督となったことを指す。

揮のために出発する際に、セウェルスは広い庭を購入した。というのも、セウェルスはそれまで、首都ローマのほんの小さな家とウェネティア[1]にある一所領しかもっていなかったからである。セウェルスはこの庭で地面の上に横になって息子たちといっしょに質素な夕食をとったが[2]、この当時五歳になる長男[3]が、出された果物を気前よく遊び仲間の友達に分けてあげた。父親であるセウェルスは、長男を叱りつけて言った。「もっと少しずつ大事に分けなさい。お前は王侯の富をもっているわけではないのだから」。それに対しこの五歳の子どもは答えた。「でも、僕はそれをもつようになる」。

セウェルスは、ゲルマニアに出発してからは、すでに名高くなってはいた名声がより高まるように、総督として振る舞った。

五　この時点までが、即位前のセウェルスの軍事経歴である。その後、コンモドゥスが殺され、しかもユリアヌスが万人に憎まれる中で帝権を手にしたということが知らされると、セウェルスはゲルマニア諸軍団の手で[4]、カルヌントゥム[5]において、八月十三日[6]に皇帝と歓呼された。セウェルスは多くの人々にそれを迫られ、いくらか抵抗したが、受け入れたのである。彼は、……セステルティウス[7]を兵士たちに与えたが、それは以前のいかなる皇帝たちも与えたことのない額であった。

次いで、セウェルスは後顧の憂いのないように属州を固めたのち、首都ローマに向けて進軍した。イリュリクムとガリアの軍団が、その将軍たちに迫られてすでにセウェルスへの支持を誓っていたので、セウェルスが進むところで、すべての者が彼の下に従った。というのも、セウェルスはすべての者からペルティナクスの復讐者として受けとめられていたからである。同時に、ユリアヌスの扇動によって、セプティミウス・セウェルスは元老院により国家の敵と宣言され、元老院のメッセージをもった使者が軍隊に発せられ、兵士たちには、元老院の指示で、セウェルス

(1) ホール底本やホール独語訳、そしてマギーもこのままウェネティアと理解するが、バーリー英語訳は、Venetia という読みをとらず、メイソン・ハモンド以来の修正に従って Veii と解している。バーリーによれば、セウェルスの祖父はローマに近いウェイイに土地をもっていた。シャスタニョルもバーリーと同じ解釈をとる。

(2) 上層ローマ市民が夕食をとるときは、通常は食堂に置かれた臥台に横になって食事をした。

(3) のちのカラカラ帝のこと。

(4) これは誤り。皇帝推戴はゲルマニア属州の軍団によったのではなく、属州総督としてセウェルスが率いた属州上部パンノニア駐屯の軍団によりなされた。

(5) 現在のウィーンの東方にあったローマ軍の根拠地で、属州上部パンノニアの行政基地でもあった。

(6) ディディウス・ユリアヌス帝はすでに六月一日に殺害されているから、この日付は誤り。セウェルスの皇帝推戴は六月一日以前である。マギーは四月十三日であろうというが、バーリー英語訳などによれば、別の史料 (Feriale Duranum) に従って四月九日と考えられる。

(7) 写本が欠損しているため、数字は不明。

(8) ドナウ川流域のローマ諸属州を指す。

を見捨てるよう命じられた[1]。セウェルスは元老院が決議しその権威で使節が送られたことを聞いたときは最初恐れたが、後になって、使者を賄賂で抱き込んで軍隊の前で自分のためになるように話させ、軍が味方になるようにした。

これを聞いたユリアヌスは、セウェルスと自分が共同統治することについての元老院決議を通させた。ユリアヌスがこれを本気で考えたのか、罠をかけようとしたのかは明らかではない。というのも、ユリアヌスはすでに、将軍の暗殺で知られた者たちを、セウェルスを殺害すべくこれ以前に派遣していたのであるから。同じように、ユリアヌスはシリアの軍隊の策動により彼に反対して帝権を宣していたペスケンニウス・ニゲルにも、刺客を放っていた[2]。しかし、セウェルスは、ユリアヌスが放った刺客の手を逃れて、近衛兵たちに書簡を送り、ユリアヌスを見捨てるか彼を殺害するかせよと命令した。その命令は直ちに実行された。というのも、ユリアヌスがパラティヌス宮殿で殺され、セウェルスは首都ローマに招かれたのである。こうしてセウェルスは、これまでいかなる者も決してなしえなかったことだが、ただうなずくだけで勝者となった。そして、武装のままで首都ローマへ急いだのである。

六　ユリアヌスの殺害後も、セウェルスはあたかも敵の領地を行軍しているかのように、なお陣営の天幕の下に留まっていた。元老院は一〇〇人の元老院議員より成る使節を、セウェルスを祝し、また［公敵扱いした］許しを請うために彼のもとに送った。そして、この人々がインテラムナ[3]でセウェルスに面会した時、彼らは刀剣を隠し持っていないか衣服を振って調べられ、武装した者たちに周りを囲まれながら、武具をつけているセウェルスに挨拶した。その後、すべての宮廷吏が到着した時に、セウェルスは使節の元老院議員各人に七二〇アウレウスを贈り、彼らを先んじて［首都ローマへ］遣り、また留まってセウェルスとともにローマに戻ることを欲する者には[4]そうすることを認めた。また、遅れることなく、セウェルスはフラウィウス・ユウェナリスを近衛長官に任じた。この人物は、ユリアヌスが第三番目の近衛長官としていた者である。[5]

ちょうどその頃、首都ローマでは、兵士と市民がたいへんな恐慌状態に陥っていた。というのも、国家の敵と宣言した彼らに対して、セウェルスが武装したまま復讐しに来ると考えたためである。これに加えて、ペスケンニウス・ニゲルがシリアの軍団に皇帝と歓呼されたことをセウェルスは知った。ローマの民衆や元老院に宛てたニゲルの告示や書簡が、派遣された伝令を通じて

(1) このあたりの状況については、『ディディウス・ユリアヌスの生涯』第五―六章をも参照。
(2)『ペスケンニウス・ニゲルの生涯』第二章参照。
(3) ローマ市の北方、ウンブリア地方の現テルニ。
(4)『ディディウス・ユリアヌスの生涯』第八章に書かれている近衛長官トゥリウス・クリスピヌスの殺害後に任じられた者であろう。
(5)『ディディウス・ユリアヌスの生涯』第七章では、第三番目の近衛長官はウェトゥリウス・マクリヌスと記されている。

民衆の前で公にされたり、元老院議事堂で読み上げられたりすることがないように、セウェルスは途中でそれらを奪い取った。同時に、セウェルスはコンモドゥスによってすでに副帝（カエサル）の権力を与えられたとみられていたクロディウス・アルビヌスのために、彼を自分の代理人とすることも考えていた。しかし、これらの人々について正しく判断していたセウェルスは、彼らを恐れて、ヘラクリトゥスを属州ブリタンニアの統制に派遣し、またプラウティアヌスをニゲルの子どもたちを捕らえるために遣った。

セウェルスはローマ市に到着した時、近衛兵たちに武具をつけない服装で自分に会うことを命じた。それから、周囲をすべて武装した者たちによって固めさせて、彼らを裁判に回した。

七　その後、セウェルスは軍装のまま、かつ武装した兵士たちに伴われて首都ローマに入ると、カピトリヌス丘へ登った。そこから、同じ軍装でパラティヌス丘へと進んだが、その時には近衛兵たちから奪い取った軍の徽章を、彼の前で、高く掲げずに、下に向けて垂らしながら運ばせた。その後、兵士たちは首都において、神殿や柱廊、パラティヌス宮殿やあらゆるところを宿屋のごとくに使って駐屯した。セウェルスの首都入城は憎しみと恐怖を呼び起こした。というのも、兵士たちは金を払わずに物を奪い取り、街を略奪しそうであったからである。

翌日、単に兵士だけでなく、武装した友臣（アミキ）にも取り巻かれながら、セウェルスは元老院に姿を現わした。セウェルスは元老院議事堂において、帝権を握るに至った顛末を語り、ユリアヌスが将軍の暗殺で知られる者たちを、自分を殺すために派遣したという口実を述べた。セウェルスはまた、元老院の同意がなければ元老院議員を殺害することは皇帝にも許されないという元老院決議を、しいて行なわせた。[5] しかし、セウェルスが元老院にいる間、兵士たちは反乱状態

(1)『クロディウス・アルビヌスの生涯』第六章を参照。
(2)『ペスケンニウス・ニゲルの生涯』第五章には、ヘラクリトゥスが属州ビテュニアへ派遣されたとある。当時属州ブリタンニアはアルビヌスが統治しており、もしこの箇所をビテュニアではなくブリタンニアと読むのであれば、セウェルスはニゲルとの戦いの間、アルビヌスにカエサルの地位を与えて自身の側に繋ぎ止めていたため、ヘラクリトゥス派遣はこのための所用と考えることはできよう。
(3)ガイウス・フルウィウス・プラウティアヌスはセウェルスと同郷の北アフリカ出身者で、やがて近衛長官として大きな権力をもち、娘プラウティアをカラカラに嫁がせ、二〇三年にはコンスルとなったが、後に謀反の廉で処刑された。
(4)セウェルスはペルティナクス殺害とユリアヌス擁立の張本人である首都の近衛隊を解散し、自分がドナウ地方の属州から連れてきた兵士でもって近衛隊を再編成した。カッシウス・ディオ『ローマ史』第七十五巻一-一、ヘロディアヌス『マルクス帝没後のローマ史』第二巻一三などに言及されている。当時、首都の近衛隊は帝国各地の部隊の指揮を執るエリートの養成の場ともなっていたため、研究史上では、セウェルスのこの改革によって帝国の軍隊が「野蛮化」したと解釈されたこともある。
(5)この「元老院の同意なしには元老院議員を殺害しない」という五賢帝時代に慣例的になされた決議については、セウェルス治下で元老院議員を務めたカッシウス・ディオがその史書で強調している。ディオは、セウェルスがこの約束をしながら、たちどころに反古にしたとしている。『ローマ史』第七十五巻二-一-二を参照。

になっており、アウグストゥス・オクタウィアヌスを首都ローマに導き入れた人々の先例に基づいて、兵士一人につき一万セステルティウスを支払うように元老院に要求した。(1) そして、実際にこのような莫大な額を彼らは受け取ったのである。セウェルスは彼らを抑えることを欲したが、しかしそうすることができず、結果的には彼らに気前よく追加の賜金を与えてなだめ、追い払った。

その後、セウェルスはイマゴ(2)を使ってペルティナクスの国葬を執り行ない、彼を神格化して国家神の列に加えた。(3) そして、ヘルウィウス聖職者団を与えたが、それは以前マルクス聖職者団という呼び名であった。(4) さらに、セウェルスは自らがペルティナクスと呼ばれるように命じたが、後になるとその名が前兆となることを恐れて、取り消すことを望んだ。それから、友人たち(5)の負債を支払ってやった。

八　娘たちがそれぞれプロブスとアエティウスと結婚するに際して、それぞれ嫁資を贈った。(6) セウェルスは女婿のプロブスに首都長官の職を提案したが、長官職よりも皇帝（プリンケプス）の女婿であることの方がより価値があると言って、プロブスは申し出を辞退した。セウェルスは二人の婿のそれぞれをすぐにコンスルとし、また彼ら二人を富ませた。

別の日にセウェルスは元老院に来て、告訴されたユリアヌスの友人たちの裁判を執り行ない、有罪として財産を没収したり、処刑したりした。セウェルスは実に多くの訴訟事件の裁判を聞いた。属州の人々によって訴えられている総督たちを、その罪が明らかに証明されたときは、たいへん厳しく処罰した。穀物供給にもその頃衰え気味であるのを見つけて意を用いたので、セウェルスが死んだ時、ローマの民衆に七年分の需要をまかなえる穀物の余裕を残したほどであった。

セウェルスは、東方の状況を確固たるものにすべく出発したが、この段階では公にニゲルについてまだ何も語ることはなかった。にもかかわらず、ニゲルがリビア(7)とエジプトを通ってアフリカ(8)を占領し、首都への穀物供給を止めてローマの民衆を苦しめることがないように、セウェルスは軍団をアフリカに派遣した。彼は、首都長官として、バッススの代わりにドミティウス・デクステルを首都に残し、ローマに到着して三〇日以内に再び出発したのであった(9)。首都からサクサ

(1) カッシウス・ディオ『ローマ史』第四十六巻四六をみられたい。
(2) 似像。本分冊六九頁註(1)参照。
(3) この葬儀についてはカッシウス・ディオ『ローマ史』第七十五巻四―五に詳しく書かれている。実際の遺体以外に蠟人形を用いて二度目の葬儀を儀礼的に行なう、いわゆる二重葬で、二世紀後半より皇帝の葬儀でみられるようになった。
(4) これについては、『ヘルウィウス・ペルティナクスの生涯』第十五章、および本分冊六九頁の註(4)を参照。
(5) ペルティナクスの友人か、セウェルス自身の友人か不明。
(6) これは伝記著者の創作で、セウェルスに娘がいたという言及や証拠はほかにない。
(7) 属州キュレナイカのこと。現在のリビア東半に相当。
(8) 属州アフリカ・プロコンスラリス。帝国有数の穀倉地域で、首都の穀物供給は多くをこの地域に負っていた。
(9) 一九三年七月初め頃か。

・ルブラ(1)へと移動したが、陣営を置く場所の選定のために生じた軍隊の深刻な騒擾に出くわした。兄(弟)のゲタ(2)がすぐに面会にやってきたが、ゲタは他［の任地］を希望していたものの、任されていた属州を統治するように指示された(3)。セウェルスは自分のもとに連れてこられたニゲルの子どもたちを、まるでわが子のように丁重に扱った。

セウェルスは実際、ニゲルがギリシアとトラキア(4)を占領せぬように先んじて確保するため、軍隊を送った。しかし、ニゲルはすでにビザンティウム(5)を手に入れていた。ニゲルはペリントゥス(6)も確保しようと欲して、この町の軍隊の多くの人々を殺した。それゆえに、ニゲルはアエミリアヌス(7)とともに国家の敵と宣言された(8)。ニゲルはセウェルスに共同統治を呼びかけたが、軽蔑されただけで終わった。たしかにセウェルスは、欲するならば安全な配所を用意しようとニゲルに約束したが、アエミリアヌスを許しはしなかった。その後、アエミリアヌスはヘレスポントゥス(9)でセウェルスの将軍たちに敗れた。彼は最初にキュジクス(10)に逃れ、次いで他の町にも逃げたが、セウェルスの将軍たちの命令で殺害された。ニゲル自身の軍隊も同じセウェルスの将軍たちに敗走させられた(11)。

九　この知らせを聞いて、セウェルスはあたかも万事が済んでしまったかのように元老院へ書簡を送った。次いで、彼はニゲルと戦い、キュジクス近郊で彼を殺して(12)、その首を槍の先に刺し、さらしものにした。この出来事の後、セウェルスは自分の子と同じように大切に扱っていたニゲルの子どもたちを、その母親とともに流刑の配所に送った(13)。

(1) 首都ローマの北方九キロほどのところ、フラミニウス街道沿いにある。現グロッタ・ロッソ。

(2) プブリウス・セプティミウス・ゲタ。この当時、彼は属州下部モエシアを総督として統治していた。生涯に二度コンスルとなった。

(3) 一碑文(*CIL*, III, 905)によれば、ゲタは一九五年には属州ダキアを統治していた。

(4) ギリシアの東北方向にある地域で、ローマの属州。

(5) ギリシア人の植民によってできた都市で、のちのコンスタンティノープル、そして現在のイスタンブルとなった都市。

(6) マルマラ海に面したトラキアの町でビザンティウムの西方に位置し、ビザンティウムと本文後出のヘレスポントゥスの中間にある。

(7) アセリウス・アエミリアヌスのこと。一九二—一九三年に属州アシアの総督。ニゲルの軍隊の司令官だった。

(8) 『ペスケンニウス・ニゲルの生涯』第五章参照。

(9) マルマラ海からエーゲ海に出る海峡部。ダーダネルス海峡。

(10) 小アジア北岸、マルマラ海に面した町。

(11) 『ペスケンニウス・ニゲルの生涯』第五章にも同じことが書かれているが、正確ではない。ニゲル軍はキュジクス、ニカイア、そしてイッススで敗北した。カッシウス・ディオ『ローマ史』第七十五巻七やヘロディアヌス『マルクス帝没後のローマ史』第三巻四によれば、ニゲルが最終的に敗北したのは小アジア東端、キリキアのイッスス付近である。同じ誤りはアウレリウス・ウィクトルの『皇帝たちについて』二〇-八やエウトロピウスの『建国以来の歴史概略』八-一八にもみられる。カッシウス・ディオ『ローマ史』第七十五巻八などによれば、ニゲルはシリア方面に逃げてアンティオキアで捕らえられ、斬首された。

(12) この記述は正確ではない。実際の経過は前註(11)で説明した通りである。

(13) 次の第十章冒頭や『ペスケンニウス・ニゲルの生涯』第六章に、セウェルスはのちに彼らを殺害したと記されている。

セウェルスは勝利に関する書簡を元老院に送付した。そして、一人を除いて、ニゲルの側についた元老院議員を処刑することはなかった。アンティオキアの人々に対して、セウェルスはもっと怒っていた。というのも、東方の統治を行なった際に彼らに嘲笑されたことや、ニゲルが敗れた時ですら、この町の人々が彼を支えようとしたことがあったからである。結局、セウェルスは彼らから多く［の特権］を取り上げた。加えて、パレスティナのネアポリス[1]の人々が、ニゲルのために長い間武装していたために、彼らから市民権を剥奪した。元老院議員を除いて、ニゲルに従ってきた数多くの人々を残酷に罰した。ニゲルの党派に与《くみ》した数多くの都市についても、過酷な状態においたり罰金でもって処罰した[2]。ニゲルの軍で将軍[3]や幕僚といった名を帯びて軍務に服していたような元老院議員は処刑した。

次にセウェルスは、アラビア地域[4]で多くのことを行ない、パルティア人を［ローマの］支配下に戻し、アディアベネ[5]の人々もそのようにした。これらの人々はすべて、ペスケンニウス［・ニゲル］の側についていたのであった。このゆえに、首都ローマに戻ると凱旋式を行なうことが提案され、アラビクス[6]、アディアベニクス[7]、そしてパルティクス[8]の称号が与えられた。しかし、［同じローマ］市民の間での戦争の勝利を祝っていると受け取られないように凱旋式は拒否し、パルティア人を刺激しないようにパルティクスの名も辞退した。

一〇　ニゲルとの内乱が終わった後で、セウェルスがちょうどローマに戻ろうとしていた時、クロディウス・アルビヌスがガリアで反乱を起こし、(9)もう一つの内乱が始まったことを知らされた。そのために、この後ニゲルの息子たちがその母親とともに処刑された。また、このためにセウェルスは、アルビヌスをすぐに国家の敵と宣言し、クロディウス・アルビヌスに対し、好意ある手紙を送ったり、返信をした者たちをも同じように国家の敵とした。

アルビヌスに向かってセウェルスが進軍しているとき、ウィミナキウムで、(10)アウレリウス・アントニヌスの名を与えていた長子バッシアヌスを、(11)カエサルの称号で呼ばれるようにした。(12)これ

(1) ナブルスのこと。
(2) 例えば、ビザンティウムは長い攻囲のあとに、セウェルス軍によって占領された。
(3) 原語は dux であり、正式な職名としては、この伝記集が書かれた後期ローマ帝国時代のものである。
(4) 現在のシナイ半島地方のこと。しかし、実際作戦が展開したのはメソポタミアである。
(5) メソポタミアの北部地方の現ハラブ。
(6)「アラビアの征服者」の意。これらの称号は碑文や貨幣に刻まれているので確かである。
(7)「アディアベネの征服者」の意。
(8)「パルティアの征服者」の意。
(9) セウェルスがニゲルと争っている間、アルビヌスはセウェルスによって「カエサル」に任じられていたが、反旗を翻してセウェルスと同じアウグストゥスを称することになった。
(10) ビザンティウムからの帰途の町であろう。現在のベオグラード（ローマ時代のシンギドゥヌム）の東方、現コストラクに相当する。
(11) カラカラのこと。
(12) このため、バッシアヌス、すなわちカラカラの正式名称はマルクス・アウレリウス・アントニヌス・カエサルとなった。

によって、セウェルス自身の兄（弟）のゲタ(1)が抱いていた帝位に就く希望を退けた。セウェルスが息子にアントニヌスの名を与えたのは、「アントニヌス」を自分の後継者とすることを夢見ていたからである。それで、ある人は［次男の］ゲタも帝位を継承することができるようにアントニヌスと呼ばれたと考えている(2)。しかし、他の人たちは、セウェルス自身がマルクス［帝］の家族に加わることを望んでいたゆえ、バッシアヌスにアントニヌスの名を与えたと考えている(3)。

最初、セウェルスの将軍たちはアルビヌスの将軍たちに打ち破られた。それで、セウェルスは心配になって、パンノニア人の占い師に相談したが、その占い師からセウェルスは、勝利者となることを確知する一方、彼の敵の方は敗北してセウェルスの手に落ちることも逃げることもなく、水の近くで死ぬだろうと知った。まもなく、アルビヌスの友人たちの多くが彼を見捨て、セウェルスの方に来た。アルビヌスの将軍たちが大勢捕らえられたが、セウェルスは彼らを厳しく処罰した。

一一　そうこうしているうちに、ガリアで多くの出来事がさまざまに起こった後で、セウェルスは、ティヌルティウム(4)で初めて、アルビヌスに対したいへん幸運に戦った(5)。彼が馬から落ちてきわめて危険な状態になったのはこの時のことである。鉛玉のために死んだものと信じられ、軍隊はいまにも別の人物を新しい皇帝（インペラトル）に選立しようとするほどであった(6)。

その頃、セウェルスは元老院の議事録に、ハドルメトゥムの人でアルビヌスの近親であるクロディウス・ケルシヌス(7)について賞賛する決議が通過したのを読んだ。セウェルスは、元老院がこの行為でアルビヌスを承認したかのように、元老院に対して激しく怒った。そのために、セウェルスは、あたかもこのようなやり方で元老院に復讐できると言うかのように、コンモドゥスを神格化された皇帝たちのうちに入れるように命令した。(8)最初に、兵士たちの前でコンモドゥスの神格化を発表し、その次に、元老院へ書簡を送って、その中で、勝利を伝える演説に添えてこのこ

(1)セウェルスの次男のゲタではない。
(2)セウェルスの次男ゲタの正式名称はプブリウス・セプティミウス・ゲタである。
(3)セウェルス自身、一九五年には「神君マルクスの息子」と称している。
(4)おそらく、フランス中東部、マコンの北方にある、ソーヌ川沿いのトゥルニュのことと思われる。
(5)最終的な戦いはガリアのルグドゥヌム(現リヨン)で行なわれた。このことは『クロディウス・アルビヌスの生涯』第十二章に書かれている。アルビヌスはこの戦いの後、殺害された。
(6)ヘロディアヌス『マルクス帝没後のローマ史』第三巻七-四によれば、ユリウス・ラエトゥスが選ばれかけたという。
(7)『クロディウス・アルビヌスの生涯』第九章と第十二章に述べられているアルビヌスの兄弟と同一人物の可能性があるが、この記述自体も疑わしい。ハドルメトゥムとは北アフリカ、カルタゴの南方にある海港町。現在のスース。なお、ホール底本では「アドルメトゥム」という読みをとる。
(8)セウェルスがコンモドゥスを神格化しようとしたことは、元老院に激しい衝撃を与えた。カッシウス・ディオ『ローマ史』第七十五巻七によれば、セウェルスの目的は、アントニヌス家との繋がりを得たいという彼の政策によるものと、今日一般には考えられている。

とを知らせた。続いて、戦争で殺された元老院議員たちの遺体をバラバラに切断するよう命じた。さらに、アルビヌスの身体は、まだ半ば生きているような状態でセウェルスのもとに持ってこられたが、セウェルスはその首を斬って首都ローマに送るよう命じ、手紙を添えてこれを送った。アルビヌスは二月十九日に敗れた。

セウェルスはアルビヌスの残った遺体を彼自身の家の前にさらし、長い間そこに放置するよう命じた。これに加えて、彼は自分自身で馬に乗ってアルビヌスの遺体の上に乗りかかり、馬がおびえるとこれを叱咤して、激しく遺体を踏むように手綱を緩めさえした。別の者は、セウェルスがアルビヌスの遺体をロダヌス川(1)に投げ入れさせ、彼の妻と子どももそうするように命じたと言っている。

一二　アルビヌスの党派についた無数の人々が殺された。(2)その中には、国家の指導的な人物多数や高貴な婦人たちも大勢含まれていた。彼らの財産はすべて没収されて、国庫を増大せしめた。最後に、ヒスパニア人とガリア人の貴族もたくさん、[アルビヌスに味方した廉で]この時殺害された。最後に、セウェルスはこれまでいかなる皇帝(プリンケプス)もそうしたことがないほどの額の金を兵士たちに支払った。また、ガリア、ヒスパニア、そしてイタリアで徴収した金の大部分を皇帝財産としたので、これまでのいかなる皇帝たち(インペラトル)もなしえなかったような大きい額を、この没収による収益から自分の息子たちに遺産として残した。皇帝私有財産[3]を管轄するプロクラトル職を創設したのはこの時である。[4]もちろん、アルビヌスに忠誠を誓っていた数多くの者たちは、アルビヌスの死後も戦ったが、セウェルスに敗れた。しかもこの時、アラビアの軍団がアルビヌスへと寝返ったと報告された。

そのために、アルビヌス派の背反に対して、たいへん多くの人々を死に追いやり、その一族も殺害することで厳しい復讐を行なった後、彼は首都ローマに来たが、民衆と元老院にひどく腹を立てていた。セウェルスは元老院や市民の集会でコンモドゥスを賞賛し、彼を神（デウス）と呼んで、[5]コンモドゥスの人気がなかったのは恥ずべき人たちの間だけだと言った。セウェルスが怒り狂っていたのは明らかであった。この後で、セウェルスは非常に残酷で、以下に掲げるような元

(1) ローヌ川のこと。

(2) この処刑はガリアで戦後まもなく生じたもので、後に生じた首都ローマでの処刑とは区別されよう。

(3) res privata を皇帝金庫（フィスクス）と区別して、こう訳した。

(4) これは誤りで、皇帝私有財産（レス・プリウァタ）は少なくともこれより二〇年以上前に存在していた。『コンモドゥス・アントニヌスの生涯』第一章に現われるアイウス・サンクティスがその任についている。バーリー英語訳は、セウェルスの時に明らかにその機能に拡大がみられたのであり、その点を伝記の作者は誤解したと指摘している。

(5) 伝記の著者は、神格化された皇帝を表わす「神君（ディウス）」を用いず、神一般を指す「デウス」を用いていることに注意。

老院議員たちを殺害したのに、自分の寛容さについて長々と述べたのである。(1)

一三　さて彼は、弁明を聞くこともせずに、次のような高貴な人たちを殺害した。(2)ムンミウス・セクンディヌス、アセリウス・クラウディウス・ルフス、ウィタリウス・ウィクトル、パピウス・ファウストゥス、アエリウス・ケルスス、ユリウス・ルフス、ロリウス・プロフェッスス、アウルンクレイウス・コルネリアヌス、アントニウス・バルブス、ポストゥミウス・セウェルス、セルギウス・ルストラリス、ファビウス・パウリヌス、ノニウス・グラックス、マスティキウス・ファビアヌス、カスペリウス・アグリッピヌス、ケイオニウス・アルビヌス、クラウディウス・スルピキアヌス、メンミウス・ルフィヌス、カスペリウス・アエミリアヌス、コッケイウス・ウェルス、エルキウス・クラルス、ルキウス・スティロ、(3)クロディウス・ルフィヌス、エグナトゥレイウス・ホノラトゥス、ペトロニウス・ユニオル、ペスケンニウス一族（フェストゥス、ウェラティアヌス、アウレリアヌス、マテリアヌス、ユリアヌス、そしてアルビヌス）、ケレリウス一族（マクリヌス、ファウスティニアヌス、そしてユリアヌス）、ヘレンニウス・ネポス、スルピキウス・カヌス、ウァレリウス・カトゥリヌス、ノウィウス・ルフス、クラウディウス・アラビアヌス、マルクス・アセリオ。(4)

これらの人々、本当にたくさんの、そして高貴なる人々――というのも、彼らのうちには、たくさんのコンスル格の人物やプラエトル格の人物がおり、そして実際彼ら全員が最上の人物であった――を殺害した者［セウェルス］を、アフリカの人たちは神（デウス）とみなしていたのである。セウェルスは、毒を使って命を奪おうとしたという偽りの罪でキンキウス・セウェルス[5]を告訴し、死に至らしめた。

一四　それからセウェルスは、コンモドゥスを絞め殺したナルキッススをライオンに投じた[6]。加えて、戦争で殺害された者は言うまでもないが、地位の低い人々も数多く死に至らしめた。

---

(1) カッシウス・ディオ『ローマ史』第七十五巻八によれば、セウェルスは共和政時代のマリウスやスラの厳格さや残酷さを賞賛したという。

(2) カッシウス・ディオ『ローマ史』第七十五巻八-一によれば、セウェルスは二九人を処刑し、三五人を許したという。本文以下でのリストには、ニゲルの党派の人物や著者の創作も含まれていると思われる。しかし、A・バーリーやG・アルフェルディなどのプロソポグラフィッシュな研究は、かなり実在の人物が含まれていることを明らかにしている。

(3) バーリー英語訳はユリウス・ソロンと判断する。

(4) バーリー英語訳はマルキウス・アセリオと判断する。

(5) 別写本ではキンギウスとある。

(6)『コンモドゥス・アントニヌスの生涯』第十七章参照。カッシウス・ディオ『ローマ史』第七十四巻一六-五に拠りつつ、ナルキッススを殺害したのは、セウェルスではなく、ディディウス・ユリアヌスであったとマギーは註記するが、テクストはラエトゥスとマルキアをユリアヌスが処刑し、ナルキッススを処刑したのはセウェルスであると伝えるのみで、マギーの指摘は誤りと考えられる。なお、マギーはこの一文を前の章に含めている。

この後、セウェルスは人々に気に入られたかったので、駅伝制度[1]を私人の負担から皇帝金庫の財政に基づくものへと移した。さらに、息子のバッシアヌス・アントニヌス[2]を元老院によってカエサルと呼ぶようにさせ、彼に皇帝の徽章を承認させた[3]。その頃、パルティア戦争が起こるという噂が広まった[4]。

彼は自分の出費で、父親と母親、それに祖父や最初の妻の像を建てた。プラウティアヌス[5]はたいへん親密な友であったけれども、彼がとっている生活ぶり[6]を知ってひどくこれを憎み、ついに国家の敵と呼んで、世界中にある彼の像をうち倒し、処罰の過酷さで彼を有名にしたほどである。セウェルスは、プラウティアヌスがセウェルスの近親者や姻戚関係にある人たちの立像の間に自分の像を置いたことをとくに怒った。一方、ニゲルのためを思って尽力したパレスティナ人たちに対する処罰を軽減した。後になって、プラウティアヌスとは再び和解し、セウェルスは彼を伴って、あたかも凱旋式のごとき喝采の中を首都に入って、カピトリヌス丘に急いだ。しかし、セウェルスはプラウティアヌスをのちに結局は殺害した[7]。セウェルスは次男のゲタに大人のトガを与え[8]、長男［のカラカラ］とプラウティアヌスの娘とを結婚させた[9]。プラウティアヌスを国家の敵とした人々は追放された。こうして、あたかも自然の法によるかのように、万《よろず》の事は常に移り変わるものである。それからまもなくして、セウェルスは二人の息子たちをコンスルに選立した[10]。そして、兄（弟）のゲタが死んだので、丁重に埋葬した[11]。

その後、剣闘士競技の見世物と民衆への賜金を与えた後、パルティア戦争に出陣した。この間に、多くの人々を本当であれ、偽りであれ、罪に問うて処刑した。また、たいへん数多くの人々を、ある者は冗談を言ったから、またある者は沈黙したために、そしてある者は「その名に相応しい皇帝を見よ。真の意味のペルティナクス、真のセウェルス！」[12]というような遠まわしのあて

(1) これについては『ハドリアヌスの生涯』第七章、および第1分冊二五頁の註(1)(2)を参照されたい。
(2) カラカラのことである。
(3) カラカラは、本伝記第十章にあるように、すでにカエサルの称号をこれ以前(一九六年頃)に与えられている。この文章は、元老院によって公式にそれが認められたことを示しているとマギーは見ている。
(4) この文章末尾の単語について、マギーのテクストは excitus と読むだけでなく、次の文章に繋がっているように再構成しているが、ここでは exitit と読み、この後にピリオドを置くホール底本やシャスタニョルのテクストと仏語訳、そしてバーリー英語訳などに従う。
(5) 本分冊一〇七頁註(3)を参照。
(6) マギーは「本当の性格」と解するが、ここではシャスタニョルやバーリー英語訳に倣う。
(7) 二〇五年のこと。なお、このあたりの文章は年代的に順序が混乱している。
(8) ローマ市民の子どもは、成人となる際に、子ども用のトガから大人用のトガに着替えた。
(9) キーナストによれば、結婚は二〇二年四月のこと。この娘、プブリア・フルウィア・プラウティラは、二〇五年の父プラウティアヌスの殺害後に追放され、二一一年には殺された。
(10) カラカラがコンスルに最初に選立されたのは二〇一年のこと(就任は翌二〇二年)で、弟ゲタは二〇五年に最初のコンスル職に就任した。
(11) カッシウス・ディオ『ローマ史』第七十六巻二-四によれば、フォルムに像の建立がなされた。
(12) 二つの人名は、形容詞としては「ペルティナクス」が「忍耐強い」、「セウェルス」は「厳格な」という意味がある。

こすりの文句をたくさん作ったがゆえに、殺害した。

一五　たしかに民衆の間でいわれているところでは、セプティミウス・セウェルスがパルティア戦争に臨んだのは栄光を求めたためであって、何らかの必要に迫られたのではない。ともかく、ブルンディシウム[1]から軍隊を［乗船させて東方へ］渡し、休むことなく旅をしてシリアにやって来た。そして、パルティア人を退却させたのである。しかし、この後シリアに戻った。それは、準備を整え、パルティア人に攻撃を加えるためであった。

こうした中で、プラウティアヌスにそそのかされて、ペスケンニウス［・ニゲル］に従った者たちの残党狩りを行ない、セウェルス自身の友人たちの中からも若干の者たちを、彼の命を狙う陰謀を企てたかのような嫌疑をかけて攻めたほどであった。彼はまた、カルダエア人や予言者に、彼の寿命を尋ねたとの科《とが》で、多くの人々を殺害した。とくに彼は、帝位に就くに相応しいとみられる者を疑った。というのも、息子たちがまだ幼かったし、このことが、皇帝の地位を得ることを予言されている人々によって言われていると、セウェルスが信じたり聞いたりしたからである。ついには、少なからざる人を殺害したが、その時セウェルスは自己弁護をし[2]、彼らの死後、実行されたことは自分が命じたのではないと否定した。マリウス・マクシムスが言うところによれば、ラエトゥス[3]の場合について、これはとくに当てはまる。

彼のもとに、［北アフリカの］レプティスから妹が訪ねてきたが、彼女はほとんどラテン語が話せなかったので、皇帝［セウェルス］はおおいに恥ずかしい思いをし、彼女の息子に［元老院議員の身分を表わす］幅広の縞模様［のトガ］を、彼女自身にも数多くの贈り物を与えて、息子といっしょに郷里の町に帰るように言った。この息子は程なく没した。

一六　かくて、夏がすでに終わりつつある頃(4)、セウェルスはパルティアに侵攻し(5)、王を打ち破ってクテシフォン(6)に到達した。そして、冬が始まる頃にこの都市を占領した。というのも、この地方では、戦争を遂行するのは冬の間の方が望ましいのである。ただし、兵士たちは草の根を食べて生き延びねばならず、そのためにさまざまな病気に罹るのではあるけれども。実際、パルティア軍が行く手を阻んでいたし、ローマ軍兵士たちが慣れない食べ物のために下痢に苦しんでい

(1) イタリア南端、アドリア海に面した海港。現ブリンディジ。

(2) この伝記集の最大の情報源である歴史家。

(3) 本伝記第四章の近衛長官アエミリウス・ラエトゥスではなく、ユリウス・ラエトゥスのこと。バーリー（S）によれば、この人物はセウェルスのガリアでの勝利やメソポタミアでの作戦に功があったが、軍隊に人気があって、セウェルスに憎まれた。

(4) 一九七年のこと。

(5) いわゆる第二次パルティア戦争と呼ばれるもので、一九八年初めまで続いた。

(6) パルティア人たちの首都の一つ。バグダッドの南方三五キロの地点にあった。

たので、セウェルスはさらに進軍することができなかった。しかし、彼は一歩も退却せず、町を陥れ、王を追い出し、実に大勢の人々を殺戮したのである。そして、パルティクスの称号を得た。同様に、この功績によって、兵士たちは彼の息子バッシアヌス・アントニヌス(1)をセウェルスの共同統治者とした。(2)バッシアヌスはすでにカエサルの名を与えられており、年齢はこの時一三歳であった。(3)兵士たちによって次男のゲタにもカエサルの名が与えられたが、(4)幾人かがその書物の中で言及しているように、ゲタもアントニヌスの名で呼ばれた。(5)これらの称号が授与されたことのために、セウェルスは莫大な賜金を兵士たちに与えただけでなく、兵士たちが要求していたパルティアの町［クテシフォン］のすべての戦利品を与えることも認めた。(6)

その後、セウェルスはシリアに勝利者として、パルティクスとして帰還した。(7)しかし、元老院議員たちが［パルティア遠征勝利の］凱旋式を提案したとき、彼はそれを拒絶した。なぜなら、関節の痛みのために、凱旋式の戦車に立つことができなかったからである。それにもかかわらず、彼は息子には凱旋式を祝うことを許した。(8)というのも、元老院はセウェルスがシリアにおいて成し遂げた成果のゆえに、ユダヤ人に対する勝利の凱旋式を行なうことを息子のために決議していたからである。(9)次いで、アンティオキアに到着すると、セウェルスは長男に大人のトガを与えて、自分のコンスル就任時の同僚として選立した。(10)そしてすぐに、［セウェルスとカラカラの］二人は、まだシリアにいるうちにコンスル職に就いた。(11)この後、兵士の賃金を上げたのち、彼はアレクサ

ンドリアに向けて出発した。(12)

一七　この旅の途上で、彼はパレスティナ人のために数多くの法を定めた。(13)厳しい罰則でもってユダヤ教に改宗することを禁止した。同じ罰則をキリスト教徒の場合についても定めた。(14)それから、アレクサンドリアの人々に都市参事会をもつ権利を与えた。というのも、この時まで、彼

(1)カラカラのこと。
(2)この時カラカラは、兵士たちからアウグストゥスと宣言され、父親のセウェルスより護民官の職権を与えられたと考えられる。一九七年秋のことか。
(3)カラカラは一八六年四月の生まれであるため、これは一九九年のこととなるが、実際の皇帝宣言は一九七年秋のことと他の史料より推定されており、したがってカラカラの当時の年齢は一一歳ということになる。
(4)碑文では、ゲタを「最も高貴なカエサル」とする表現が一九八年以降に現われる。
(5)本伝記の第十章にも同じ記述が出てくる。
(6)ローマ軍によるクテシフォン市略奪はカッシウス・ディオ『ローマ史』第七十五巻九-四に言及されている。
(7)一九八年末から一九九年初めまでにはシリアに帰還したと考えられる。
(8)カラカラの当時の年齢は一二歳ほどで、個人的に凱旋式を挙行できるような年齢ではなかった。
(9)著者の創作であろう。他の史料にこのような言及はない。
(10)カラカラの最初のコンスル選立は二〇二年のことである。
(11)二〇二年のこと。
(12)この最後の一文は、マギーでは次章に含まれている。
(13)本伝記第十四章でも、パレスティナに対する処置に言及されている。
(14)バーリー英語訳は、これらのセウェルスの行為に関する記述を疑わしいとしている。

らは公の協議組織をもたず、ちょうど王の統治下[1]にあるように、［ユリウス・］カエサルが与えたほんの一人の司法公職者[2]で満足して生活していたのであるから。これと並んで、セウェルスは彼らについての数多くの法律を改変した。この旅行は、セウェルスにとって、後に自身がいつもそのように述べたように、たいへん楽しいものであった。というのも、彼はこの時、サラピス神[3]の崇拝儀礼にあずかり、史跡を訪れ、見慣れない動物を見、珍しい場所を訪ねることができたからである。メンピス[4]やメムノン[5]、ピラミッドや迷宮[6]を訪れて、慎重にそれらを調べたからでもある。

しかし、些細なことを詳しく書くのは退屈であろうから、彼の偉大な事績を述べるとすれば以下のようであろう[7]。すなわち、ユリアヌスが敗れて殺害されたあと、セウェルスは近衛隊を解散した。兵士たちの希望に反して、彼はペルティナクスを神格化した。そして、サルウィウス・ユリアヌスの決定を取り消すように命じた[8]。しかし、これはうまくいかなかった。それから、彼はペルティナクスの添え名を帯びたが、それは彼自身の希望からではなく、彼の倹約家の性格からであるように思われる[9]。

さて、彼の行状はたいへん残酷とみなされていた。数えられないほど多くの人を処刑したからである。そして、次のようなこともあった。敵の一人が彼の前に現われて、嘆願しながら、「［もしあなたが自分の立場にあられたら］あなたはどうされたか」と言った[10]。こんな筋の通った言葉にも彼は態度を柔らげず、この人物を処刑するように命じたのである[11]。加えて、セウェルスは反対する者を根絶やしにすることに非常に熱心であった。そして、敵と遭遇して彼が勝利者とならずに退くことはほとんどなかった。

(1) ローマによる征服以前のプトレマイオス朝のことを指すと思われる。

(2) iuridicus Alexandriae という名の公職。アレクサンドリアが都市参事会をもつことは、アウグストゥスによって禁じられていた。

(3) プトレマイオス朝期のエジプトで創出された神。

(4) エジプトの現在のカイロに近い古代の都市。

(5) テーベのナイル西岸にあるアメノピス三世の二つの巨像。

(6) ヘロドトス『歴史』第二巻一四八に詳細に紹介されている。ヘロドトスは、自分はその目でこの迷宮を見たが、それはまことに言語に絶するものだったと書いている。

(7) バーリー英語訳によれば、以下の「ユリアヌスの敗北」から第十九章の「コンモドゥスの神格化」までは、アウレリウス・ウィクトル『皇帝たちについて』二〇にたいへんよく似ており、そこから借用したと考えられる、とする。バーリーによれば、この伝記の著者はアウレリウス・ウィクトルが皇帝ディディウス・ユリアヌスと法学者ユリアヌスを混同した誤りを避けながら、しかし本章にみえるように、「サルウィウス・ユリアヌスの」云々と言及する間違いを犯している。

(8) 前註でも記したが、この文章は誤っている。ハドリアヌス帝代の偉大な法学者のサルウィウス・ユリアヌス（『ハドリアヌスの生涯』第十八章、および第1分冊五七頁註（9）を参照）の「永久告示録」と皇帝ディディウス・ユリアヌスの法的決定を混同しているとみられる。「永久告示録」はその後も有効であった。

(9) セウェルスはペルティナクスを、その政治的立場から擁護した（本伝記第五章と第七章参照）。なお、ペルティナクスはけちで有名であった（『ヘルウィウス・ペルティナクスの生涯』第八章、第十二章参照）。

(10) この部分は、ホール底本、マギー、シャスタニョルで読みが異なる。ここでは文脈の関係でシャスタニョルの読みをとり、その仏語訳に従って訳した。

(11) この話は、アウレリウス・ウィクトル『皇帝たちについて』二〇の記述を模したものである。

一八　彼は、ペルシア人の王アブガルス(1)を服従させた。また、アラビア人を支配下に受け入れた。アディアベネ人たちに貢納を強いた(2)。ブリタンニアを、島を横切って走り、両端が大洋の際まで達している壁を構築して、護りを強化した(3)。これこそ彼の帝権の最大の偉業であった。このために、彼はブリタンニクス(4)の称号を受けたのである。出身地であるトリポリス(5)を、好戦的な部族を打ち倒して、たいへん安全なところに変えた。そして、ローマ市民に永続的に、日々のオリーヴ油を無料で気前よく与えた(6)。

セウェルスは、過失に対しては仮借ない厳しさがある人であったけれども、一方でよく働く人に励ましを与える点では類をみない賢明さを見せた。彼は哲学と弁論に充分な関心をもち、学問一般にも並々ならぬ熱心さを見せた。至るところで山賊に厳しい処置をとった(7)。私生活と公的な活動の両方を記述した信頼できる自伝を執筆したが、そこで自身の残酷さのもつ欠点だけを弁明している。彼があまりに残酷であり、同時に国家にとってたいへん有益な人物であると思われたので、元老院は、セウェルスは生まれてくるべきではなかったか、あるいは死すべきではないか、いずれかであると評価した。しかし、家庭について彼はあまり意を用いておらず、姦通で有名で、彼に対する陰謀を企んだ疑いもある妻ユリアをそのままにしていた(8)。

ある時、彼が病で足を悪くし、戦いに出るのにぐずぐずした時、兵士たちは心配して、いっしょにいた息子バッシアヌスを皇帝（アウグストゥス）とした(9)。しかし、セウェルスは自分を持ち上げさせ、法廷へと運ぶように命じた。先の行動に責任あるすべての将校、百人隊長、将軍[10]、歩兵隊をそこへ召集した。そして、皇帝の名を受けた息子に起立するように命じ、この行動の首謀者を、息子を除いて全員処罰するよう命じた。彼らすべてが法廷でひれ伏し、容赦を請うた時、セウェルスは手で頭をさわり、言った。「やっとお前らは、統治するのが『頭』であって『足』でないことがわかったか」。

幸運が、彼を卑しい身分から学問と軍事職により、多くの段階を経て帝権へと導いた時、彼は

---

(1) シリアの東方、メソポタミアの北方に当たるオスロエネ王国の王アブガル九世のことと考えられている。オスロエネはローマの属州となった。

(2) 本伝記第九章参照。

(3) 新しい防壁の構築ではなく、ハドリアヌスの長城（『ハドリアヌスの生涯』第十一章、および第1分冊三七頁註（2）参照）の修復を実際は意味している。

(4) 「ブリテン島の征服者」の意で、この称号は、二〇九年末から二一〇年、セウェルス治世の晩年に碑文や貨幣上に見られるようになる。

(5) この地方に彼の出身地レプキス・マグナがある。

(6) この時までは、オリーヴ油は政府によって安い価格ではあったが売られていた。

(7) この当時、ブラ・フェリクスという名の有名な盗賊団がイタリアを恐怖に陥れていた（カッシウス・ディオ『ローマ史』第七十六巻一〇を参照）。

(8) 同時代史料でより信頼できるカッシウス・ディオ『ローマ史』には、ユリアに関するこのような指摘はなされていない。

(9) ここで描かれている出来事は、アウレリウス・ウィクトル『皇帝たちについて』二〇-二五―二六に描かれているものとほぼ同じである。カッシウス・ディオ『ローマ史』第七十六巻一四に書かれた、ブリテン島でのカラカラによる父セウェルスへの反抗を反映しているかもしれない。

(10) 本伝記第九章、および一一三頁註（3）を参照。

次のように言った。「自分はすべてを経験してきたが、何も得たものはなかった」。

一九　治世一八年目の年、今や老人になったセウェルスは、深刻な病に冒され、ブリタンニアにおいて、属州に敵対しそうに思われる諸部族を服従させたあと、エボラクムで死んだ。[1]

彼は二人の息子を後に残した。アントニヌス・バッシアヌスとゲタである。両人とも、［哲学者皇帝の］マルクス［・アントニヌス］の名誉にあずかって、アントニヌスの名を与えられていた。[2] セウェルスは、マルクス・アントニヌスの墓所に葬られた。[3] セウェルスは、すべての皇帝たちの中でもマルクスをおおいに崇拝していたので、［その子である］コンモドゥスを神格化し、すべて［の将来の皇帝たち］は、「アントニヌス」の名前を「アウグストゥス」のごとくに加えるべきだと考えたほどである。セウェルス自身も元老院によって国家神（ディウス）のうちに列せられたが、それは彼の息子たちが働きかけたのであり、彼らは父セウェルスのために華美な葬儀を執り行なったのである。[4]

セウェルスの建てた傑出した公共建築物のうち現存するものは、セプティゾニウム[5]とセウェルス浴場[6]、そして、ティベル川を渡った地区の、彼の名がつけられた門[7]のとなりの扉である。しかしその扉は、その後すぐに形が崩れて、公の使用にははばかられた。[8]

死後の彼に対する皆の評価は格別高かった。というのも、その治世に続く長い期間、［統治者となった」彼の息子たちは国家に益するところが何もなかったし、その後もたくさんの簒奪者が現われ、ローマ国家は略奪者の餌食になったからでもある。

　この皇帝は、たいへん簡素な衣装を身につけており、実際、トゥニカ[9]ですらほとんど紫色をとどめていなかったし、粗末な毛の外套で肩を覆っているほどであった。質素な食事をとり、出身

（1）セウェルスの死は、二一一年のことである。エボラクムとはイングランド北部の現ヨーク市で、セウェルス朝の時期にはローマの植民市（コロニア）の地位を得た都市でもあった。

（2）本伝記第十章、および一一三頁註（12）を参照。

（3）今日サンタンジェロ城と呼ばれているローマ市のハドリアヌスの墓廟であり、マルクス・アウレリウス・アントニヌスの一族もここに葬られていた。

（4）セウェルスの華美な二度目の葬儀（いわゆる「二重葬」については本伝記第七章、および一〇九頁註（3）を参照）については、ヘロディアヌス『マルクス帝没後のローマ史』第四巻二に詳しく書かれている。

（5）パラティヌス丘の南東角にあった三層からなる装飾の施された柱廊。二〇三年に建てられたといわれる。

（6）市の南部にあったらしいが、今日痕跡はなく、はっきりわからない。いわゆるカラカラの浴場に吸収されたとも考えられている。

（7）マギーによれば、この門（ポルタ・セプティミアナ）はアウレリアヌスの城壁に沿った現在の Via della Lungara の場所に当たる。

（8）この一文の訳は底本に従ったが、マギーのテクストでは「扉（ianuae）」ではなく「セプティミウスの（Septimianae）」と解している。マギーによれば、セプティミウス大浴場（Thermae Septimianae）はこの近くにあったようで、名称は Via della Lungara の南端が il Settignano と呼ばれていることに残されているという。

（9）正装トガの下に着た衣装。この時代では普段着になっていた。

地でとれた野菜[1]をたいへん好み、また時折ブドウ酒を所望し、しばしば肉を食べることを控えた。[2]彼自身は美男で、体格も立派であった。[3]長い髭を生やし、頭髪は白く、巻き毛であった。尊敬を呼び起こすような顔立ちであったし、声もよく響いた。しかし、老年になってもアフリカなまりのアクセントが消えなかった。死後、彼への憎しみや残酷さへの恐怖は消えて、人々にたいそう愛された。

二〇　私は、ハドリアヌスの「解放奴隷であった」プレゴン[4]の解放奴隷アエリウス・マウルス[5]の著書の中で、セプティミウス・セウェルスがその死に際して、たいへん喜んだと書かれているのを読んだことを思い出す。それは、養子縁組で息子となったウェルスとマルクス・アントニヌスの二人に国家を残したピウスの例に倣って、帝国統治の同じ権力を有する二人のアントニヌス[6]「という名の息子たち」に、国家を残してゆきつつあったからである。[7]セウェルスは「ピウスより」もっとうまくいっていた。というのも、ピウスは養子の息子たちに国家を残したけれども、セウェルスは実子にローマ国家の支配権を与えつつあったからである。

アントニヌス、すなわちバッシアヌスは確かにセウェルスの最初の結婚で生まれた子であった。[8]ゲタはユリアから得た子であった。しかし、セウェルスの希望は著しく裏切られた。なぜなら、弟殺しで一人が、自分の行状でもう一人が、国家に憎々しいものと見られるようになってしまったからである。[9]［アントニヌスの］神聖な名も、長く残ることはなかった。

ディオクレティアヌス皇帝陛下よ。私自身考えますに、立派で有能な息子を残した偉人というのは誰もいないということが充分に明らかなのです。要するに、偉大な人々のほとんどは自分の

（1）マギーは「豆」と訳しているが、バーリー英語訳は、それがコメントなしにそのように解されていることに異議を唱え、他の野菜の可能性を示唆した上で、結局この部分は伝記著者の創作であると結論した師ロナルド・サイムの研究を引用している。

（2）こうしたセウェルスの質素さについては、カッシウス・ディオも証言している（『ローマ史』第七十六巻一七）。

（3）セウェルスを個人的によく知っていたディオは、セウェルスは小柄だったが身体は強壮であったと記している（カッシウス・ディオ『ローマ史』第七十六巻一六-一）。

（4）『ハドリアヌスの生涯』第十六章、および第1分冊五一頁註（3）を参照。プレゴンは学識のある人物であった。

（5）この人物は著者の創作であろう。以下の内容についても、バーリー英語訳は埋め草であると指摘している。

（6）バッシアヌス、すなわちカラカラはアントニヌスを名のっていたが、弟ゲタの方はそうではなかったことについては本伝記第十章を参照。

（7）弟ゲタも、セウェルスによって二〇九年秋に兄カラカラと同じ「アウグストゥス」とされている。

（8）この伝記の著者は、バッシアヌス、すなわちカラカラをこのように記しているが、もちろんカラカラの母親はユリアで、ゲタと同じである。こうした誤った記述は『アントニヌス・カラカルスの生涯』第十章や『アントニヌス・ゲタの生涯』第七章、そしてアウレリウス・ヴィクトル『皇帝たちについて』二一-二―三やエウトロピウス『建国以来の歴史概略』八-二〇、作者不詳の『皇帝略記』二一-五、オロシウス『異教徒に反論する歴史』七-一八-二など古代末期の記述に広く見られるが、『ローマ皇帝群像』本書そのものとしては、ユリアがカラカラを生んだことを前提とする本伝記第三章や第四章の記述と矛盾を生じている。

（9）ゲタは父セウェルス死後の二一一年十二月に殺害された。

子どもを残さず死んだか、あるいはたいてい、もし子孫を残さずに世を去ったら人類のためにより良かっただろうというような種類の子どもをもったか、そのいずれかであります。

二　ロムルス[1]から始めよう。彼は子どもを残さず、ヌマ・ポンピリウス[2]も国家に有用でありうるような者を残さなかった。カミルス[3]はどうか。いったい彼は彼自身に似たような子をもっただろうか？　スキピオ[4]は？　たいへん偉大であったカトーたち[5]はどうか？　さらに、確かにホメロスやデモステネス、ウェルギリウス、クリスプス[6]、そしてテレンティウス、プラウトゥス[7]等々について、私は何が言えようか？　カエサルについては？　トゥリウス［・キケロ］は？　トゥリウス［・キケロ］にとって、子どもをもたなかったらもっと良かったのではなかったか？[8]　アウグストゥスについては？[9]　彼はあらゆる人から選ぶ権力をもっていたが、養子で良い息子を得ることはできなかった。[10]　トラヤヌスでさえ、同郷人で甥である者[11]を選んで失敗した。

しかし、われわれは国家の守護神であるアントニヌス・ピウスとマルクス・アントニヌスに出会わないように養子は取り上げないことにし、実子を扱うことにしよう。もしコンモドゥスを後継者として残すことをしなかったら、それよりももっと幸運なことがマルクスに何かあったであろうか？　［同じように］もしセウェルス・セプティミウスがバッシアヌスの父親になっていなかったら、それ以上にどんな幸運が彼にあっただろうか？　バッシアヌスは直ちに、弟［ゲタ］が自分を殺害せんとする陰謀をたくらんだと偽りの罪をでっち上げ、死に追いやった。そして、自分の継母——否、継母ではなく、実の母親なのだ——を自分の妻としたのである。それどころか、

（1）伝説上のローマの初代の王。
（2）伝説上のローマの第二代の王。
（3）マルクス・フリウス・カミルス。前五世紀末に最初のケンソル職に就任し、前四世紀に入ってからも独裁官などの要職を幾度も経験した共和政時代の政治家。ウェイイ攻略などで活躍した。
（4）前二〇二年にザマの戦いでハンニバルを破った大スキピオ（プブリウス・コルネリウス・スキピオ・アエミリアヌス・アフリカヌス・ヌマンティヌス）のことを指しているのであろう。
（5）共和政中期の英雄大カトーと、その子孫でカエサルのライヴァルであった小カトーのことを指していると思われる。
（6）本章に後で登場するサルスティウスのこと（前八六—三五年）。ガイウス・サルスティウス・クリスプスというのが、この政治家で歴史家であった人物のフルネームであるが、この伝記の著者がクリスプスと本文後出のサルスティウスを同一人物と理解していたかどうかは不明。本分冊一三七頁の註（2）も参照されたい。
（7）プブリウス・テレンティウス・アフェル。前二世紀に活躍したローマの（喜）劇作家。カルタゴの生まれ。
（8）ティトゥス・マッキウス・プラウトゥス。前三世紀から二世紀にかけて活躍したローマの喜劇作家。中部イタリアのサルシナ生まれ。二一編の作品が残る。
（9）キケロの息子マルクスはギリシアに遊学したりしたが、親の期待のようには育たなかった。
（10）アウグストゥスは男子の実子がいなかったため、相続人については孫に期待し、その死後は娘の夫を物色することになった。結局、妻リウィアと前の夫との間にできた子で、すでに壮年のティベリウスを晩年養子とし、娘ユリアの夫として、これに政権を委譲した。ここでの伝記の書き方は、第二代皇帝ティベリウスへの当時の評価の低さを示している。
（11）ハドリアヌスのこと。ハドリアヌスに対するこうした低い評価は、彼の元老院との関係から出てきたものであるが、古代末期には定着していたらしい。

彼女が息子ゲタを抱擁しているときに［その腕の中で］ゲタを殺した。バッシアヌスは、弟殺しを犯したことを弁護するのを拒否したパピニアヌス(1)を殺した。パピニアヌスは、法の聖域、法学の宝物殿と言ってよい人で、近衛長官の地位に昇っていたが、彼は自身の努力と学識でその地位に欠けるところはまったくなかった。

　とにかく、要するに、セウェルスが万事について厳格で、否、残酷でさえもあったが、廉潔な人とみなされ、神として崇拝する価値があると思われたのは、まさにこの［息子バッシアヌスの］行状［と比較して］の結果であると私は考える。サルスティウス(2)に記されている、ミキプサ(3)が彼の息子たちを平和へと促した神聖な演説を、かつてセウェルスは病気で苦しんでいるときに、長男［バッシアヌス］に送ったといわれている。しかし、無駄だった。……そして、たいへん偉大な人物は病気の状態で……(4)結局、アントニヌス［バッシアヌス］はその後長い間、人々に憎まれて生きた。そして、たとえ彼が人々に衣服を与え——そこから彼はカラカルスと呼ばれたが(5)——、たいへん立派な公共浴場(6)を作っても、尊い名前［アントニヌス］は長らくあまり愛されることはなかった。ローマ市にはセウェルスの事績を描いた柱廊(7)がある。多くの人々が言っているように、彼の息子によってそれは作られた。

二三　セウェルスの死は、以下のような出来事で予示された。すなわち、彼自身が夢を見たが、その中で彼は、四羽の鷲に引かれ宝石で飾られた車で天に引き上げられてゆくのである。はっきりとはわからぬが、何か人に似た形の巨大なものがその前を飛んでいった。天に引かれてゆくときに、彼は数を八九まで数え上げた。そして、この数以上に彼は一年とて多く生きることはなかった(8)。というのも、帝位に就いたときに彼はもう老年に達していたからである(9)。その後、空中で巨大な輪の中に置かれた。彼は長い間そこでただ独りぼっちで立っていた。そして、まっさかさまに落ちるのではないかと恐れたとき、彼はユッピテルに呼ばれ、アントニヌス家の人々の間に加えられているのに気がついた。

---

(1) アエミリウス・パピニアヌス（一四六頃―二一二年）はローマ帝政期の最も重要な法律家の一人。プラウティアヌス殺害後、二〇五年にセウェルス帝の近衛長官となったが、二一二年にカラカラ帝に殺害された。『ローマ法大全』中の「ディゲスタ（学説類集）」にもその学説が多数収録されている。

(2) カエサルに近い政治家として活躍したが、前四五年に政治から退いて歴史書の執筆に励み、『ユグルタ戦記』と『カティリナの陰謀』の二作品が現存している。ヌミディアの王であるミキプサが登場するのは『ユグルタ戦記』で、その第十章六をみられたい。本分冊一三五頁註（6）も参照。

(3) 北アフリカのヌミディア王で、マシニッサの息子。

(4) テクスト欠損。

(5) これについては『アントニヌス・カラカルスの生涯』第九章を参照されたい。

(6) 今日ローマ市に遺跡が残るいわゆるカラカラ浴場のこと。

(7) 今日この柱廊の存在については知られていない。

(8) これは誤り。セウェルスは一四五年四月十一日に生まれ、二一一年二月四日に死んだと考えられる。したがって、八九歳ではなく、六五歳で死んだことになる。

(9) セウェルスがカルヌントゥムの陣営で皇帝に宣言されたのは一九三年四月九日であるから、四八歳になる直前であった。

見世物の開かれた日のこと。勝利の女神の三つの石膏像がいつものようにしつらえられた。その像は手にシュロ[1]の枝を持っていた。真ん中の像が、セウェルスの名を刻んだ球を持っていたが、一陣の風で貴賓席[2]からまっすぐ立った形で下に落ちた。そして、地面にその姿勢で立ったのであった。ゲタの名前が彫り込まれた像も飛んで、こちらは粉みじんに壊れた。バッシアヌスの名を刻んだ像はシュロをなくしたが、このような風の渦巻きでもかろうじて残ってその場に立っていた。

［また別の日の出来事。］セウェルスは、ブリタンニアの長城[3]において防壁の視察を終え[4]、最も近い宿営地に戻ろうとしていた。彼は勝利を収めただけではなく、恒久的な講和を締結するところであったので、どんな前兆が起こるだろうかと心の中で考えていた。彼が出会ったのは軍団の分遣隊から来た［黒人の］[5]エティオピア人であった。その男は道化師たちの間で有名で、その冗談がよくもてはやされていたが、［セウェルスに出会った時］糸杉[6]で作られた輪を持っていた。そして、セウェルスがその男の色や不吉な輪の色の前兆に困惑して、怒って目の前から去るように命じると、冗談でそのエティオピア人は次のように言ったとされている。「あなたはすべてを屈服させた。あなたはすべてを征服した。ああ、征服者よ。やがて神たれ」。

そして、彼が町に着いて神事を行なおうとしたとき、最初に田舎の占い師の過誤で、彼はベロナの神殿[7]に案内された。次に、彼に黒い色の生贄の犠牲獣が用意された。さらに、彼がそれを拒んで宮殿に戻ろうとしたとき、(8)宮廷吏の不注意から、黒い色の犠牲獣が皇帝の後を追って、宮殿の入り口までついてきたのである。

二三　多くの町々に、彼の建てた目を引く建築物がある。しかし、彼の偉大さを表わすものの中でも一番それを示すのが、(9)時の流れとともに荒廃していたローマ市内にあるすべての公の建物神殿を修復したことであろう。こうした修復に彼は自分の名前をほとんどどこにも刻ませず、それらを建てた人たちの名前を維持した。死に際して、一日七万五〇〇〇モディウスと見積もって(10)も七年間の供給ができる穀物を残した。同じようにオリーヴ油もたくさん残した。こちらは、ロ

(1)シュロは、ローマの幸運の女神の原型たるギリシアの勝利の女神ニケの象徴である。
(2)貴賓席と訳した podium は、円形闘技場にある皇帝家の人々が席を占める特別の場所である。
(3)この「長城（vallum）」はハドリアヌスの長城のことと思われる。
(4)この部分はテクストの異同があって、底本に基づくホール独語訳とマギー、そしてバーリー英語訳はそれぞれ異なった訳をしている。ここでは底本にそのまま従って訳出した。
(5)バーリー英語訳に従って補う。
(6)糸杉は棺桶を作る材料で、喪の象徴である。
(7)ベロナはローマの戦の女神。恐ろしい形相の女性と考えられている。講和を考えているセウェルスには、まったくそぐわない神である。
(8)この場合、出征地の属州ブリタンニアにある皇帝滞在所である。
(9)テクストに異同あり。マギーは異なる読みをとっている。
(10)一モディウスは約九リットル。

ーマ市のために使うだけでなく、オリーヴ油を必要とするイタリア全土のためにも五年間は足りるほどたくさん残した。

彼の最後の言葉は次のようであったといわれている。「私が国家を受け取ったとき、それは至るところで混乱していた。その国家を、ブリテン島の民にさえも、平和にして残してゆく。今私は年老いて、足も不自由になったので、安定した帝国を私の二人のアントニヌス(1)に譲る。もし彼らが優れておれば帝国は強く、彼らが良くなければ帝国は弱くなる」。これを述べた後で、［当番の］将校に合言葉「勤勉たれ」を与えるよう命じた。ペルティナクスが帝権を取ったとき、「兵士たれ(2)」という合言葉を与えて［殺されて］しまったからである。

それからセウェルスは、皇帝（プリンケプス）に伴うもので、その寝室に置かれるのが習わしである幸運の女神像(3)の写しを作るよう命じた。この最も神聖な像を、二人の息子たちに残すためであった。しかし、後になって、死の時が訪れたと悟ったとき、彼は幸運の女神の像は、共同皇帝たる二人の息子たちの部屋に一日交代で置くようにとの命令を出したといわれている。この命令を、バッシアヌスは弟殺しを行なうよりも前に無視した。

二四　彼の遺骸は、途中至るところで属州の人々から大いなる崇敬を受けながら、ブリテン島からローマ市まで運ばれた。しかし、幾人かの人々が言うように、セウェルスの遺灰を入れた金の骨壺だけが運ばれ、これがアントニヌス家の墓に安置されたのであって、セプティミウス自身は死んだ所で荼毘に付されたのである。

セプティゾディウム(4)を建てたとき、セウェルスはアフリカから［ローマ市に］出てきた人に彼の建てた建物が目に入ること以外は考えなかった(5)。彼は、パラティヌス丘の邸宅、つまり皇帝の邸の玄関広間への入り口をセプティゾディウム側に作ることを望んだといわれている。もし、首都長官がセウェルス不在の折に彼の像をその中心に置くことがなかったなら、セウェルスはきっとそのようにしていたであろう。後になって、アレクサンデル帝はこの計画を実行しようとしたが、占い師に止めさせられたといわれている。尋ねたところ、吉兆が得られなかったからである。

(1) バッシアヌス（つまりカラカラ）とゲタのこと。

(2) 『ヘルウィウス・ペルティナクスの生涯』第五章参照。

(3) 幸運の女神像を皇帝位継承時に移す話は、『アントニヌス・ピウスの生涯』第十二章に、アントニヌス・ピウスの最期の様子を描いた場面で登場している。

(4) 本伝記第十九章にはセプティゾニウムとある。

(5) セウェルス自身がアフリカから首都ローマに出てきた人間であるから、要するに同郷人に見せるために建てたということである。

アエリウス・スパルティアヌス

ペスケンニウス・ニゲルの生涯

桑山由文　訳

一　他の人が勝利したために帝位僭称者とされてしまった人のことを、しっかりと記録として伝えることはまれであり、また難しい。そして同様に、こうした人物に関する諸々の事実が記念物と年代記に充分に残っていることはほとんどない。というのも、第一に、彼らの名誉になるような偉大な事績は著作家たちによって歪められ、第二に、その他のことは秘密にされるからである。さらに、彼らの家系と生涯に関しても大した正確さは要求されない。彼らの厚かましさと、彼らが倒された戦いと、彼らの受けた罰に言及することで充分なのである。

さて、ペスケンニウス・ニゲルは、他の人々が記すところでは取るに足りない身分の親から、また別の人によれば高貴な親から、生まれたといわれている。父はアンニウス・フスクスで、母はランプリディア、祖父はアクイヌム(1)の都市監督官で、その都市から彼の家系は発していた(2)。しかし、このことは今では疑わしいとされている。この都市で、彼は文芸の教育を人並みに受けたが気性は残忍であり、また、財産はおおいにあったが生活ぶりはつつましく、あらゆる種類の欲望に関して抑えがたい情熱を燃やしていた。長きにわたって百人隊長を務め、多くの将軍職を経て、コンモドゥスの命によってシリアの軍隊を指揮するほどまでに昇進した。これは、当時は何事につけてもそうだったのだが、ある運動競技者の推薦によってであった。この運動競技者が後にコンモドゥスを絞め殺すこととなった。(3)

二　コンモドゥスが殺されてユリアヌスが皇帝(インペラトル)と歓呼されたものの、セウェルスと元老院の命令で殺され、一方で、アルビヌスがガリアで皇帝の称号を得た(4)と知った後、ニゲル(5)は、指揮していたシリアの軍隊によって皇帝と歓呼された。これは、ある者が言うところでは、セウェルスへの嫉妬からというよりも、ユリアヌスへの嫌悪からであった。(6)ユリアヌスが帝位に就いた最初の日々から、彼への悪感情ゆえにこのニゲルは首都ローマで支持され、セウェルスをも嫌っていた元老院議員から高い評価を得ていた。(7)そこで、あらゆる人々が［ユリアヌスへ］石と

(1)アクイヌムはイタリア中部、ラティウム平野の都市。
(2)彼の家系に関するこの記述は本伝記著者の創作と考えられている。以下、本伝記の内容はほとんどが事実に基づかない。
(3)コンモドゥスのお気に入りの運動競技者ナルキッススで、近衛長官ラエトゥスによるコンモドゥス殺害の下手人となった。『コンモドゥス・アントニヌスの生涯』第十七章参照。なお、ニゲルのシリア総督任命がナルキッススの推薦によるという逸話は他の史料からは確認できない。
(4)実際は、ニゲルがセウェルスに敗北した後である。
(5)以降、ペスケンニウス・ニゲルはニゲル、もしくはペスケンニウスとテクストでは表記される。訳出にあたっては原文テクストに従った。
(6)『ディディウス・ユリアヌスの生涯』第四―五章参照。
(7)カッシウス・ディオ『ローマ史』第七十三巻一三―五参照。

罵詈雑言を投げかけている最中にも、[1]ニゲルに対して健勝が祈念され、また、民衆が「天上の神々よ、彼を元首（プリンケプス）とし、皇帝（アウグストゥス）としてください」と叫ぶほどでもあった。なお、民衆がユリアヌスを嫌っていたのは、兵士たちがペルティナクスを殺害し、民衆の意に反して、彼を皇帝（インペラトル）と歓呼していたからである。

その後、このために大きな反乱が起こった。[2]そこで、ニゲルを殺そうと、ユリアヌスは首席百人隊長を差し向けたが、[3]おろかにも、軍隊を握っていて自分の身を守ることができる人に対して［差し向けたわけ］である。まるで、どんな皇帝（インペラトル）をも、首席百人隊長が殺すことができるかのように。しかも、同様の愚かさから、ユリアヌスはすでに元首となっていたセウェルスにも後継総督を送り込んでいたのである。ついには、将軍殺しで名高い百人隊長アクイリウスを送り込むことさえした。まるで、かくも偉大な皇帝すら百人隊長によって殺されてしまいうるかのように。さらにまた、同じ愚かさゆえに、ユリアヌスは、自分が法的には元首の地位に先んじて就いていたと考えてよいからといって、帝権［を取ること］を禁止する［法令を出す］ことでセウェルスに対処しようとしたともいわれている。

三　さて、ペスケンニウス・ニゲルについての民衆の評価は、以下のことから明らかである。首都ローマにおいてユリアヌスが戦車競走を提供した時、大競走場の座席が、身分で区別できないほどに［人々で］あふれかえり、大きな憤懣に人々が支配された。[4]その時に、私がすでに述べたように、ユリアヌスへの嫌悪と殺されたペルティナクスへの愛情から、全員一致で、ペスケンニウス・ニゲルが首都を守護できる者として切に望まれたのである。[5]たしかにその時、ユリアヌスが次のように言ったといわれている。長きにわたる帝国統治を運命づけられているのは自分でもペスケンニウス［・ニゲル］でもなく、元老院議員、兵士、属州人、民衆によっておおいに嫌われているセウェルスなのだ、と。事態の推移がこのことを証明した。

実際、セウェルスが属州ルグドゥネンシスを統治していた時、[6]彼にとってペスケンニウス［・ニゲル］は最も親しい人物であった。ニゲル自身は、当時ガリアを荒らしていた多数の脱走兵を捕らえるために[7]派遣されていたのである。その職務を彼が立派に果たしたため、セプティミウス・セウェルスはおおいに喜び、コンモドゥスへ彼のことを伝え、彼が国家に必要な男であると主

（1）『ディディウス・ユリアヌスの生涯』第四章参照。
（2）『ディディウス・ユリアヌスの生涯』第八章参照。
（3）ユリアヌスが放った刺客については、『ディディウス・ユリアヌスの生涯』第五章、『セウェルスの生涯』第五章参照。
（4）大競走場は首都ローマにあった。座るべき席は身分によって定められていた。
（5）『ディディウス・ユリアヌスの生涯』第四章参照。
（6）『セウェルスの生涯』第三章参照。
（7）ゲルマニア駐留軍団の脱走兵マテルヌスが一八六年に起こした反乱。詳細は『コンモドゥス・アントニヌスの生涯』第十六章、ヘロディアヌス『マルクス帝没後のローマ史』第一巻一〇参照。

張したのであった。

たしかに、彼は軍務に関して精力的であった。彼の指揮下では兵士は属州人から決して木材、油、労働力を強制徴発しなかった。彼自身は兵士から何も受け取らなかったし、将校として勤務していた時には、[兵士が]何かを受け取ることも許さなかった。また、皇帝になってからも、不当な利益を受け取っていた[(1)]と判明した二人の将校を、補助軍兵士が石で打つよう命じた。ガリアを統治していたラゴニウス・ケルススへセウェルスが宛てた手紙が残っている。

「われわれが、倒したニゲル軍の規律をまねられないのは不幸なことである。あなたの兵士はあたりを徘徊し、将校は昼から入浴し、居酒屋が食堂代わりで、売春宿が寝室代わり。彼らは踊り、飲み、歌い、さらには際限なく飲むことを宴会の限界と呼んでいる。もし父祖の規律の何がしかの痕跡が残っているのなら、こんなことになるだろうか。そこで、まずは将校、次いで兵士を正すのだ。彼らが恐怖を抱いているかぎり、それだけ長くあなたは彼らを抑えられるだろう。しかし、兵士は、もし彼らの将校と将軍が完璧でないならば、恐怖を抱くことができないのだということを、あなたはニゲルから学ばねばならない」。

四 以上のことをペスケンニウス[・ニゲル]についてセウェルス帝は[言った]。加えて、まだ一般兵士であった時のこの人について、マルクス・アントニヌスは、コルネリウス・バルブスに

[次のように言っていた]。

「あなたはペスケンニウス[・ニゲル]のことを私に賞賛しています。私もわかっています。なぜならば、あなたの前任者が、彼を行動においては精力的、生活ぶりはまじめであり、すでに当時、一般兵士以上の人物だと言っていたからです。そこで私は閲兵中に読み上げられるべき書簡を送りました。その書簡によって、三〇〇人のアルメニア人、一〇〇人のサルマタエ族[2]、および一〇〇〇人のわれらが兵士の指揮を執るよう彼に命じました。あなたのすべきことは、この人が、われらの気質と相容れない猟官運動によってではなく、美徳によって、わが祖父ハドリアヌスや曾祖父トラヤヌスが最も確かな人間でなければ与えなかったような地位へ到達したと示すことなのです」。

この同じニゲルについてコンモドゥスは[次のように言った]。「ペスケンニウス[・ニゲル]が精強な男だと私は知っている。そして、私は彼に二つの将校職をすでに与えた。アエリウス・コルドゥエヌスが老齢ゆえに国家[の職]から退く時に、直ちに、私は将軍職をペスケンニウス[・ニゲル]に与えるつもりだ」。

(1) 当時は法律で禁止されていたが、後には認められた。『ユスティニアヌス法典』第十二巻三八‐一二参照。

(2) アルメニア人はローマの東方に、サルマタエ族はドナウ川北方に住む人々。

あらゆる人の彼に対する評価はこのようであった。しかも、セウェルスでさえ、しばしば、もしペスケンニウス［・ニゲル］が［帝権に］固執しないならば、自分は彼を赦すだろうと言っていたのである。(1)

ついには、ペスケンニウス［・ニゲル］は、コンモドゥスからコンスルと宣言されて、セウェルスに先んじることとなった。そこで、セウェルスは激怒した。なぜならば、首席百人隊長の推薦で、ニゲルがコンスル職を得たからである。セウェルスは、自伝において次のように言っていた。(2) 息子たちが帝国を統治できる年齢になるまで心配であるのは、万一何かが自分に起こった場合、自分のたいへん強力な敵であるニゲル・ペスケンニウスとクロディウス・アルビヌスがその後を襲うであろうということなのだ、と。そこから、セウェルスがペスケンニウス［・ニゲル］に関して抱いていた考えは明らかである。

五 もしわれわれがセウェルスの言っていることを信じるならば、ニゲルは栄誉を熱望し、生活態度は偽りが多く、性格は醜くかった。そして、帝権に達した時にはかなりの高齢であり、〈それをもって、〉セウェルスはあたかも自分の方がずっと若くして帝権へ達したかのように〈彼の野心を非難している〉。だが、セウェルスは、一八年統治して八九歳で死んだのにもかかわらず、(3) 自分の年齢を若く詐称していたのである。

さて、セウェルスは、ビテュニアを占領すべくヘラクリトゥスを、一方、ニゲルの成人している子どもを捕らえるべくフルウィウス［・プラウティアヌス］を派遣した。[4] その時すでにセウェルスはニゲルの帝権［僭称］について聞いていたにもかかわらず、元老院においてはニゲルについて何も語らなかった。しかし、彼自身は東方の状況を解決すべく出発した。[5] さらに、出発するにあたって、ペスケンニウス［・ニゲル］がアフリカを占領してローマの民衆を飢えで苦しめることがないように、軍団をその地へ派遣するようにした。アフリカに隣接しているリビアとエジプトを通って、ニゲルがアフリカを占領することが可能であると考えられていたのである。もっとも、実際は陸路でも海路でも［占領は］難しかったのであるが。

セウェルスが東方へ迫ってくる間、ペスケンニウス［・ニゲル］は、ギリシア、トラキア、マケドニアを、多くの名士を殺して確保しつつあったが、彼に対して帝国共同統治を呼びかけた。そ

(1) 本伝記第五章、『セウェルスの生涯』第八章で記述されていることと同じ内容か。
(2) セウェルスの自伝については『セウェルスの生涯』第三章などでも言及がある。
(3)『セウェルスの生涯』第二十二章、および本分冊一三七頁註(8)参照。セウェルスは実際には六五歳で死んだ。
(4)『セウェルスの生涯』第六章参照。
(5) 以下の、ニゲルとセウェルスの争いについては、『セウェルスの生涯』第八章参照。

れに対して、セウェルスは、ニゲルが殺した人々のことを口実として、彼をアエミリアヌス(1)とともに［国家の］敵と宣言した。その後、ニゲルは、アエミリアヌスの指揮でセウェルスの将軍たちと戦い、打ち破られた。セウェルスは、ニゲルに、軍隊を放棄するという条件で安全な配所を約束したが、ニゲルは固執して再び戦い、敗北した。ついにはキュジクス近郊にて、沼沢地へ逃げたところで傷を負わされ、セウェルスのところへ連れていかれて、直ちに殺されたのである。

六　この人の頭は、槍に突き刺されてさらし回されてからローマへ送られた。息子たちは殺され妻も処刑され、さらに財産も没収されて、家全体が廃されたのであった(2)。しかし、これらすべてをセウェルスは、アルビヌスの反乱について知った後に行なったのであった。実のところ、セウェルスは、最初はニゲルの息子たちと母を追放刑に処していたのであるが、二番目の、いやむしろ三番目の内乱に激怒し(3)、より苛酷［な性格］になったのである。その時、彼は多くの元老院議員を殺し(4)、ある者からはフェニキア人のスラ、またある者からはフェニキア人のマリウスという名を受けた(5)。

ニゲルは背が高く、容姿端麗で、髪は上に向かって優雅に巻いていた。声は〈しわがれていたが〉朗々たるもので、野原でしゃべると、向かい風でなければ一〇〇〇ローマ・マイル(6)にわたって聴こえるほどであった。顔つきには威厳がありいつも血色は良かったが、首はたいへん黒くて、多くの人が言っているように、そのことからニゲルの名を受けたほどであった(7)。身体の他の部分は白く、非常にふくよかであった。ブドウ酒には目がなく、食べ物には関心が薄く、男女の関係については子作りのためを除けばまったく関心がなかった(8)。それゆえに、彼はガリアである神聖な儀式を受けもした。その儀式は、最も貞潔な人々に与えられ、公衆の同意によって祝われるものであった。この人が、コンモドゥス庭園の、彫刻が施された柱廊にあるモザイクに、コンモドゥスの最も親しい人々に混じって、イシスの聖なる祭具を持って描かれているのをわれわれは見ることができる。コンモドゥスはこれらの儀式におおいに帰依していたので、頭髪を剃り、アヌビスの像を持ち運び、祭列をしかるべき所すべてで止めて祈りを捧げるほどであった(9)。

以上のように、ニゲルは、最高の兵士、ずばぬけた将校、卓越した将軍、最も厳しい軍団司令官、優れたコンスルだったのであり、内政、外政を問わず非凡な人物であった。だが、皇帝とし

---

(1)『セウェルスの生涯』第八章、および本分冊一一一頁註(7)参照。

(2)『セウェルスの生涯』第十章参照。

(3)二番目の内乱とは対ペスケンニウス・ニゲル戦、三番目とは対クロディウス・アルビヌス戦を指す。

(4)『セウェルスの生涯』第十三章参照。

(5)スラとマリウスは共和政期後期の政治家で、両者の争いが共和政末の内乱の激化を招いた。両者ともに政敵を厳しく弾圧した。カッシウス・ディオ『ローマ史』第七十五巻八‐一によると、セウェルスは両者を賞賛していた。

(6)一ローマ・マイルは一四八〇メートル。

(7)ニゲル(niger)とは、元来形容詞として「黒い」という意味である。

(8)本伝記第一章の記述と矛盾している。

(9)『コンモドゥス・アントニヌスの生涯』第九章と類似点が多い。

ては不運であった。それゆえ、もし彼がセウェルスの側につくことを望んだなら、厳格な人物であるセウェルスのもとで、国家に役立つことができたろう。

七　しかし、ニゲルは、アウレリアヌス(1)の有害な助言によってだまされてしまった。アウレリアヌスは、自分の娘たちを彼の息子たちと婚約させており、彼を帝権に執着させ続けたのである。この人［ニゲル］はたいへん大きな権威をもっていたので、統治者の安易な交代によって属州が混乱していると見てとった時に、最初はマルクスに、次いでコンモドゥスに対して書簡を書いて、［次のように主張するほどであった。］第一に、これまで属州統治者は統治の方法を知るよりも早くに総督職から去ってしまっていたので、五年［の任期］以内には、皇帝管轄属州の総督であれ元老院管轄属州の総督であれ、属州のいかなる統治者も交代することのないように(2)、と説いた。第二に、経験のない者が軍務を除いては国家統治に参画しないよう、総督補佐(3)が、務めていた属州において［次の］総督となることを主張した。このやり方をその後セウェルス［帝］が、そして続く多くの皇帝が維持した。こうしたことは、パウルスとウルピアヌスの近衛長官職が証明している。というのも、彼らは最初は［近衛長官］パピニアヌスの顧問会に属していたが、その後、一人は記録担当官として、もう一人は請願担当官として勤務し、そして［それらの職から］直接、近衛長官とされたのである(4)。

以下のこともまた、この人［ニゲル］の考えであった。すなわち、誰であれ出身属州にて総督補佐とならないように、また、首都生まれのローマ人がローマ市を統治する場合を除いて、誰も出身属州の総督とならないように[5]、ということである。加えて、彼は、補佐役に給料を出すこともした。それは、彼らが自分たちの補佐している人々にとって重荷とならないようにであり、裁判官は［給料を］与えるべきでも受け取るべきでもないと言っていた。

この人は、兵士たちに対してはたいへん厳しく、エジプトにおいて、国境駐屯の兵士が彼にブドウ酒を要求したときには「お前たちはナイルをもっているのに、そのうえブドウ酒まで求めるのか」と答えた。その川はたいへん甘い味がして近隣の住民はブドウ酒を求めないほどであった

(1) この人物については、他では知られていない。
(2) これが史実であったかどうかは疑わしい。
(3) 総督補佐（assessor）は、コンシリアリウスとも呼ばれ、行政や裁判などで総督に助言を与えた。
(4) パピニアヌスは著名な法学者であり、セウェルスおよびカラカラ両帝の近衛長官でもあった。ウルピアヌスはアレクサンデル・セウェルス帝の近衛長官である。一方、パウルスについては、古くは近衛長官と考えられることもあったが、近年ほぼ完全に否定されている。また、パウルスとウルピアヌスは法学者として著名であるが、彼らが記録担当官（ad memoriam）や請願担当官（ad libellos）に就任していたかどうかは定かではない。
(5) 解釈が分かれる箇所である。訳者はシャスタニョルと同様の解釈をとる。だが、バーリー英語訳のように「ローマ市生まれのローマ人以外は属州統治をできない」とも解釈できる。

からである。[1] サラケニ人[2]に敗北した兵士たちが騒ぎ立て、「ブドウ酒をもらえないなら、戦うことができない」と言っていると、ニゲルは、「恥を知れ。お前たちを負かした人々は水を飲んでいるのだぞ」と言った。同じ彼は、パレスティナ人が、税がたいへん重いので軽減するように請願すると、次のように答えた。「お前たちは自分の土地の税が減らされるよう求めているが、私は、お前たちの空にさえ税を課そうと望んでいるのだぞ」。

八　さて、国家がおおいに乱れて、セプティミウス・セウェルス、ペスケンニウス・ニゲル、クロディウス・アルビヌスの三人が皇帝となったことが知れわたった。その時に、誰が国家を統治するのが良いかと尋ねられて、デルポイのアポロン神の予言者が次のようなギリシア語の詩を生み出したといわれている。[3]

最良であるのは黒き人、良いのはアフリカの人、最悪なのは白き人。

ここから、予言によって黒き人と呼ばれているのはニゲルであり、セウェルスがアフリカ人、アルビヌスが白き人と言われているのだと理解された。さらなる好奇心から、誰が国家を獲得するのかという質問が出た。それに対して、予言者は次のような詩で答えた。

白き人と黒き人の血が生きながらにして撒き散らされ、世界の支配権はフェニキアの都より来た

者が取るであろう。(4)

また、誰がその人を継ぐのかと尋ねられると、同様にギリシア語の詩で答えがあったといわれている。

天上の神々が敬虔なる者（ピウス）の名をもつことを許す者に。

これについては、バッシアヌスが、(5)敬虔なる者（ピウス）の真のしるしであるアントニヌスの名を受け取る時まではまったく意味がわからなかった。(6)どれほど長く統治するのかと再び問われると、ギリシア語で次のように答えたといわれている。

その者は二〇隻の船を率いてイタリアの海に乗り出す、(7)
もし一隻の船でも海を渡ることができるなら。

（1）ナイル川の水が甘いという話はヘリオドルス『エティオピア物語』など当時の小説にも出てくる。
（2）アラビア半島に居住していた人々。
（3）以下の三つの詩のテクスト原文はギリシア語でなくラテン語である。
（4）この箇所はウェルギリウス『アエネーイス』第一歌三四〇行の変形である。岡道男・高橋宏幸訳（京都大学学術出版会、二〇〇一年）を参考にしつつ、独自に訳出した。
（5）バッシアヌスとは、セプティミウス・セウェルス帝の長男で、本書に伝記が立てられているカラカラ帝のこと。
（6）『セウェルスの生涯』第十章参照。
（7）この箇所はウェルギリウス『アエネーイス』第一歌三八一行の変形である。前註（4）同様、独自に訳出した。

ここから、セウェルスが二〇年［の治世］を全うするだろうということが理解された。

九　皇帝の中で最も偉大なるディオクレティアヌス陛下、これらがペスケンニウス［・ニゲル］に関して多くの書物からわれわれが引き出したことです。実際、この書の序文において述べたように、国家において元首ではなかったり、元老院によって皇帝と呼ばれなかったり、あるいは、すぐに殺されて名声を得られなかった人については、その生涯を書物で伝えることは容易にはできないのです。それゆえに、ウィンデックス(1)については秘密にされ、ピソ(2)は知られなかったのです。また、単に［皇帝の］養子とされただけの者や、ドミティアヌス治世のアントニウス(3)のように兵士によって皇帝と歓呼された者や、すぐに殺されて帝位簒奪とともに人生を終えたりした者もすべて知られていないのです。

さて、今度は続けて、クロディウス・アルビヌスについて述べることとしましょう。(4)彼はまるでこの人［ニゲル］の同盟者のようでありました。彼らはセウェルスに対して同様に反乱し、同じ人［セウェルス］によって倒され、殺されたからです。この人［クロディウス・アルビヌス］自身については充分に明らかなことは残っておりません。なぜならば、彼の運命はペスケンニウス［・ニゲル］のそれと同じだからです。もっとも、彼の人生はニゲルとは充分異なってはおりましたが。

それはともかく、ペスケンニウス［・ニゲル］に関することを見過ごしてしまっていると思われないように、他の作品から知ることはできるとはいえ［、次のことにも言及する］。すなわち、占い師がこのニゲルについてセプティミウス・セウェルスに言っていたところでは、ニゲルは生きてでも死んででもセウェルスの手のうちに落ちはしないだろうが、水の近くで死ぬだろうということであった。ある者が言うところでは、セウェルス自身が、得意としていた占星術によって、この内容を語っていた。［占い師の］答えには真実がまったくないわけではなかった。というのもニゲルは沼地にて半死半生で発見されたからである。

一〇　ニゲルはたいへん厳しい性格であったので、遠征の時にある兵士が銀の杯から飲んでいるのを見ると、あらゆる銀器を遠征では使わないよう命じ、さらに、木の容器を使うようにとつ

(1) ガイウス・ユリウス・ウィンデックス。ガリア・ルグドゥネンシス総督で、六八年ネロ帝に対して反乱を起こし、ゲルマニア駐留軍団と戦って敗死した。彼の反乱はヒスパニア総督ガルバの決起に繋がり、ネロ帝の死の遠因となった。

(2) ルキウス・カルプルニウス・ピソ・フルギ・リキニアヌス。六九年一月十日にガルバ帝の養子となったが、五日後には殺害された。

(3) ルキウス・アントニウス・サトゥルニヌス。上部ゲルマニア総督で八九年ドミティアヌス帝に対して反乱を起こしたが、部下の手で殺害された。

(4) しかし、『クロディウス・アルビヌスの生涯』の作者はユリウス・カピトリヌスであり、本伝記の作者とは異なることになっている。

け加えた。このことが彼に対する兵士の反感を呼び起こした。「兵士の荷物が敵の手に渡ることはありうるだろうが、銀器以外のものは敵にとってあまり名誉に値するとは思われないので、蛮族がわれらの銀器を自慢することはない」と彼が言っていたからである。また彼は、同様に、遠征中には誰もブドウ酒を飲まず、代わりに全員が酢(1)で満足するように命じた。同じく彼はパン焼き職人が遠征に随行することを禁じ、兵士は全員、乾パンで満足するようにと命じた。

また彼は、ある兵士がたった一羽の鶏を盗んだことのために、「その犯人の属す」中隊(2)の同僚兵士一〇人を、盗んだものを共に食べたという理由から、斧で切り殺すよう命じた。もし兵士全員によって、ほとんど反乱の恐れが出るほどまでに懇請されることがなかったなら、その処置を実行していただろう。結局ニゲルは実行することはあきらめたけれども、盗んだものでいっしょに宴会をした一〇人が、一〇羽分の鶏の値段を属州民に返却するようにと命じた。そして遠征中には彼らにできたての料理ではなくパンと冷水をとらせるために、中隊仲間の内では誰も竈《かまど》を使ってはいけないとつけ加え、それを監視する目付役を配置した。

そのうえ、このニゲルは、戦争へ出陣する兵士がベルトの中に金貨や銀貨を入れて持っていかないで、軍団金庫(3)に預けるように、また、彼らが渡したものは戦いの後に返却されるように、と命じた。さらに、万一不幸が生じたなら、兵士の遺産が、相続人であるその子どもと妻に確実に返されるべしとつけ加えた。この措置により、敵はいかなる略奪品も手に入れられなくなった。

しかし、これらすべては、コンモドゥスの時の退廃のために、同じ彼［ニゲル］に対して不利に働いた。つまるところ、その時代に彼よりも厳しい将軍とみられる者は誰もいなかったけれども、そのことは、彼に……よりも損害を……。[4] 彼が死ぬと、妬みと嫌悪は棚上げされ、このような例が価値をもつようになった。

一一 このニゲルは、あらゆる遠征において、皆の前で、自分の天幕を背にして軍事用食料を食し、日射しや雨に対しても、もし兵士がさえぎるものを持たなければ、決して自分にもそうした覆いを求めはしなかった。さらに、戦いに際しては、兵士に道理を示すべく、たとえ彼自身の奴隷が補給物資を負担していたとしても、兵士が耐えているのと同じだけのものを自らと自分の奴隷、幕僚に課した。その理由は、奴隷が気楽に行軍する一方で、自分たちは重荷を背負って行軍していると兵士が慨嘆しないようにするためである。同様に、遠征しているかぎりは、眼前にマリウスや彼のような将軍がいる場合の一兵卒と同じように振る舞ってきたし、今後もそうする

（1）酢と水を混ぜた飲み物であるポスカのようなものを指すのかもしれない。
（2）中隊については、『ハドリアヌスの生涯』第十章、および第1分冊二三頁註（3）参照。
（3）原文は publice だが、バーリー英語訳とマギーは「役人」と訳す。本伝記では、シャスタニョルとホール独語訳に従って「軍団金庫」と訳出した。
（4）テクストに欠損がある。

であろうと、彼は集会にて誓っていた。また、ハンニバルや他のそうした人物以外を話題とすることはなかった。しかも、皇帝になってからは、誰かが賞賛演説を行なうことを望んでも、次のように言っていた。「マリウスや、ハンニバルや、すでに生を全うしていて最良とあなたが考える将軍について、賞賛の演説を書け。そして、われわれが模倣できるように、その人の行為について語るのだ。なんとなれば、生者を賞賛することは嘲笑すべきことだからだ。とりわけ、皇帝という、時には希望を与えたり、恐れられたり、時には公に昇進させることも、殺すことも、財産を没収することも可能な者についてはなおさらである」。一方で彼は、自分は生きている間は賛同され、死んでからは賞賛されることを望む、とも言っていた。

一二　彼は、元首たちの中で、アウグストゥス、ウェスパシアヌス、ティトゥス、トラヤヌス、ピウス、マルクスに親しみをもっており、他の者たちを卑しいとか有害だと言っていた。一方、歴史上では、とりわけ、マリウスとカミルス[1]とクインクティウス[2]とマルキウス・コリオラヌス[3]を高く評価していた。だが、スキピオたちについてはどう思うかと尋ねられると、ニゲルは、彼らは強かったというよりも運がよかったのだと答え、さらに、そのことは、彼らの家での生活ぶり、および、自分の家の中で傑出してはいなかった青年時代から明らかだと言っていたともいわれている。

あらゆる人は以下の点で一致している。すなわち、ニゲルは、もし帝国を得ることができていたならば、セウェルスができなかったり望まなかった改革を実行したであろうし、実のところ、残虐にでなく、それどころか、穏やかに[行なった]であろう。だが、その穏やかさは兵士のそれであり、弛緩したものでも、不適切なものでも、あるいは冷笑すべきものでもなかったであろう。彼の邸は今日、ローマのユッピテルの原で見ることができ、ペスケンニアナと呼ばれている。(4) その中の食堂には、一年後に彼の像が置かれたのである。その像はテーベの大理石(5)からできていて、ニゲルは彼自身に似せて作られたものをテーベの王から受け取ったのである。ギリシア語の銘が残っており、ラテン語では次のような意味である。

(1) マルクス・フリウス・カミルス。『セウェルスの生涯』第二十一章、および一三五頁註(3)参照。
(2) ルキウス・クインクティウス・キンキナトゥス。共和政初期、前四五八年の独裁官。ローマ市近隣のアエクイ族を破った。
(3) 共和政初期の人物で、都市国家ローマと激しく争っていたウォルスキ人を破った。が、ローマから追放された後、逆に彼らと手を組んでローマを攻めた。
(4) ユッピテルの原がどこにあったのかは不明である。なお「ペスケンニアナ」は「ペスケンニウス邸」の意である。
(5) テーベの「大理石」とは黒玄武岩のこと。上エジプトからローマへ輸入された。

エジプトの兵士の恐怖である偉大なニゲルがここに立つ。
彼はテーベ人の同盟者であり、黄金時代(1)を望んでいる。
彼を諸王、諸民族、そして黄金のローマが愛している。
彼をアントニヌスたちと帝国がいとおしんでいる。
彼は黒を名前としてもち、われらは黒を刻む。
石よ、彼の外見がお前と一致するように。

このような内容にもかかわらず、セウェルスはこの詩を削除しようとはしなかった。近衛長官たちと行政長官(2)たちが削除するように助言しても、次のように言っていた。「もし彼がこのような［すばらしい］人であったなら、われわれがどんな人を倒せたのか皆が知るべきだ。もしこのような人でなかったならば、そういう人だからわれわれが倒したのだと皆が考えるべきである。結局、彼がどのような人であれ、そのままでよいのだ」。

（1）黄金時代（saecula aurea）とは、アントニヌス朝のことを指すとシャスタニョルは解し、一方ホール独語訳は、アルフェルディの研究に従い、ニゲル治世という新世紀と解する。
（2）行政長官（officiorum magistri）はこの時代にはまだ存在しない職務である。したがって、ここでは、皇帝のもとで秘書業務を担当する書簡担当官や請願担当官を指すのであろう。『アントニヌス・ヘリオガバルスの生涯』第二十章、および三一七頁註（5）参照。

ユリウス・カピトリヌス

クロディウス・アルビヌスの生涯

桑山由文　訳

一　ペルティナクス［帝］がアルビヌスの主導で殺害されると、その後、ほぼ同じ時にユリアヌスがローマで元老院によって、セプティミウス・セウェルスがシリアで軍隊によって、ペスケンニウス・ニゲルが東部で、クロディウス・アルビヌスがガリアにて、皇帝と歓呼された。(1) また、ヘロディアヌスが言うところでは、クロディウス［・アルビヌス］はセウェルスの副帝（カエサル）でもあった。(2) しかし、彼らはお互いに他の者が帝国を統治するには相応しくないと考えており、また、ガリア人と属州ゲルマニア駐留軍も、(3) 自分たちが独自の元首（プリンケプス）をもっていないことに耐えられなかったため、あらゆるところであらゆることが混乱した。

さて、クロディウス・アルビヌスは高貴な家柄に属してはいたものの、(4) アフリカのハドルメトゥムの人であった。(5) それゆえに、『ペスケンニウス［・ニゲル］の生涯』で私が述べた、セウェルス賞賛の予言を(6) アルビヌスは自分に当てはめており、セウェルスを讃えてペスケンニウス・ニゲルを是認した同じ詩に含まれている、「最悪の白き人」の方だと自分がみなされないよう願っていた。それはともかく、彼の生涯や死について論じる前に、何が彼を高名としたのかについてもまた語らねばならない。

二　実は、コンモドゥス［帝］は、アルビヌスを後継者とし、彼に書簡を送って副帝となるよう定めていたのである。(7)その引用を示す。

「皇帝コンモドゥスからクロディウス・アルビヌスに。

前に、あなたに対して公に、あなたの継承と地位についての書簡を送ったが、今回の私的な親書は、見ての通り、すべて自筆で記した。必要とあらばあなたが兵士のところへ赴いて、自身のために副帝の地位を主張できる権限を、私はこの書簡によってあなたに与えよう。なぜならば、私は、セプティミウス・セウェルスとノニウス・ムルクスが、皇帝（アウグストゥス）の地位に就こうとしているかのように、兵士たちのところで私を非難しているのを聞いているからである。

（1）『ディディウス・ユリアヌスの生涯』第五章にも類似した記述がある。実際は、セウェルスが上部パンノニア、ペスケンニウス・ニゲルがシリア、クロディウス・アルビヌスがブリタンニアにおいてであった。ただし、アルビヌスが皇帝となったのは一九六年のことである。以下、本伝記の内容は多くが誤りであり、また事実に基づかない。

（2）ヘロディアヌス『マルクス帝没後のローマ史』第二巻一五-二。

（3）現実にはゲルマニア駐留軍はアルビヌスに味方してはいない。彼らはセウェルスに忠実で、アルビヌスと戦った。

（4）ヘロディアヌス『マルクス帝没後のローマ史』第二巻一五-一は、彼を元老院議員身分のパトリキ家系の出身とする。

（5）本分冊一一五頁註（7）参照。

（6）『ペスケンニウス・ニゲルの生涯』第八章参照。だが、『ペスケンニウス・ニゲルの生涯』の作者はアエリウス・スパルティアヌスということになっている。本伝記集が実際はただ一人の手によるものであることを示唆する箇所である。

（7）『セウェルスの生涯』第六章参照。

加えて、あなたは、そのように振る舞う場合、三アウレウスまでの賜金を与える自由裁量をもつだろう。私は、そのために、自分のプロクラトル(1)へ書簡を送ったのだ。アマゾニウス(2)の印璽《いんじ》で署名したその書簡を、あなた自身も受け取るだろう。さすれば、国庫についてあなたが命令したい時に会計担当官があなたの言うことを聞くように、必要とあらば彼らに対してその書簡を示すことができよう。

そのうえ、皇帝の大権に関する徴をあなたは受け取るように。あなたは、私がいるところで、もしくは、私のところへやってきて私とともにいる時に、緋色のパリウム(3)を用いる権限と、金の[飾りの]入っていない紫の衣を着る権限を得るだろう(4)。なんとなれば、私の曾祖父ウェルスは――彼は少年の時に亡くなったのだが――自分を養子としたハドリアヌスからそうした権限を受け取ったのだから(5)」。

三　この書簡を受け取ったが、アルビヌスは、コンモドゥスが命じていたことをやりたがらなかった。彼は、コンモドゥスが、国家を荒廃させ、自らを辱めているその気質ゆえに、いつか殺されるだろうと考えており、そうなれば、自分も同様に殺されるのではないかと恐れたからである。

実際、アルビヌスの演説が現存している。アルビヌスは、後に帝権を引き受けた時に――この帝権は、ある人の言うところでは、セウェルスの意向で確固たるものとされた――演説をして、このコンモドゥスからの命令について回想しているのである。

その引用は以下の通りである。

「わが同僚の兵士諸君、私が意に反して帝権へと導かれたということは、副帝の名を私に提供したコンモドゥスを、私が軽蔑したことからもわかろう。しかし、君たちとセウェルス帝の意志には従わねばならない。なぜならば、私は、最良にして強力な人物のもとで国家はよりよく治められうると信じるからである」。

また、セウェルスには、もし自分に何かが起こったら、ペスケンニウス・ニゲルとクロディウス・アルビヌスを自分の代わりとするという考えが当初あったことは(6)、マリウス・マクシムスも

(1) プロクラトルは騎士身分公職の一つであり、皇帝のもとで主として財政を担った。

(2) アマゾニウスはコンモドゥスの名の一つ。『コンモドゥス・アントニヌスの生涯』第十一章参照。

(3) 外套のことである。パリウムについては、『セウェルスの生涯』第一章、および本分冊九五頁註(7)参照。

(4) 金の縁取りの入った紫の衣は、皇帝のみが特別の場合に着用した。

(5) このウェルスとは、第1分冊に伝記(『アエリウスの生涯』)が収められているルキウス・アエリウス・カエサルのことであるが、彼は三六歳まで生きたし、また、コンモドゥス帝の曾祖父でもない。

(6) おそらくフィクションである。

言っている通りであり、否定できない。

もっとも、後にセウェルスは、すでに成長した息子たちのためを思って熱心に行動するようになり、またアルビヌスへの［人々の］好意を妬んだため、なかんずく妻の願いに心動かされて考えを変え、戦いによって彼らを両方とも倒したのである。

なお、セウェルスはアルビヌスをコンスルともした。それというのも、セウェルスは少なくとも最良の人物からでなければコンスルを選立しなかったし、公職者を選任するのに労を惜しまない人物であったからである。

四 それはさておき、アルビヌスのことへ戻ろう。すでに述べたように[1]、彼はハドルメトゥムの生まれではあったが、そこでは高貴の士（ノビリス）であり、たしかに先祖はローマの家系、つまりポストゥミウス家、アルビヌス家とケイオニウス家に遡る[2]。

彼の家系は、今日でも、コンスタンティヌス大帝よ、最も高貴であり、陛下、あなたによって富まされたし、そうされるべき家系なのです。また、ガリエヌス[3]とゴルディアヌスたち[4]によって最も力を増した家系なのであります。

しかし、アルビヌスは財産のたいへん少ないごく質素な家庭に生まれた[5]。父はケイオニウス・ポストゥムス、母はアウレリア・メッサリナで、ともに高潔な人であった。アルビヌスは彼らの第一子であった。

彼は、母胎から取り出された時、誕生時には普通赤色をしているという子ども一般の例に反して、たいへん白かったので、アルビヌスと名づけられた(6)。これが真実であることは、父親が、おそらく彼らの親族であった当時の属州アフリカ総督アエリウス・バッシアヌスへ宛てた書簡から証明されている。アエリウス・バッシアヌスへのケイオニウス・ポストゥムスの書簡は次の通りである。

「十一月二十五日に私に息子が生まれました。全身が真っ白で、その子をくるんだ衣に優るほどでした。私は、その子を、あなたと私に共通の家系であるアルビヌス家の一人と認知し、アルビヌスの名を与えました。あなたがいつもしているように、国家とあなた御自身とわれわれとに

(1) 本伝記第一章参照。

(2) アルビヌスの家系に関するこの逸話は、本伝記の著者の創作である。マギーによれば、その背景には、四世紀の名家ケイオニウス・アルビヌス家の先祖を、このクロディウス・アルビヌスを通じて共和政期の名門ポストゥミウス・アルビヌス家にまで遡らせようとする意図があったようである。なお、これらの家系について、ここでは familia が使われているが、後の章では gens も用いられており、矛盾している。本伝記ではすべて「家」と訳出した。

(3) ガリエヌス帝（在位二五三―二六八年）。

(4) ゴルディアヌス一世（在位二三八年）、二世（在位二三八年）、三世（在位二三八―二四四年）のこと。

(5) ヘロディアヌス『マルクス帝没後のローマ史』第二巻一五―一によれば、アルビヌスの家は代々裕福で贅沢であった。

(6) アルブス（albus）とは元来形容詞として「白い」という意味である。

お心遣いを示すようにしてください」。

五　その後、このアルビヌスは、少年時代をずっとアフリカで過ごし、ギリシア文学とラテン文学の教育を受けたが、成果は大きくはなかった。当時からすでに喧嘩っ早く傲慢な心の持ち主だったからである。実際、彼は、学校で子どもたちの中にいて、しばしば次のように歌っていたといわれている。

私は狂ったように武器をつかむ。戦いに成算はなかった。(1)

繰り返して、

私は狂ったように武器をつかむ。

この人には、誕生時に、帝権に関する多くの前兆があったといわれている。例えば、白い雄牛が深い紫色の角をもって生まれたが、それは角だけでなく色の点でも驚くべきことであった。この角をクマエ(2)のアポロン神殿に、すでに長く将校職にあったアルビヌス自身が置いたのだといわれている。また、彼がそこで自身の運命についての神託を伺った時、次のような詩句で彼に答えがあったともいわれている。

この者は、ローマの国を大きな騒乱が巻き込むとき、騎馬で踏み止まり、ポエニ人と反旗を翻すガリア人を薙ぎ倒すであろう。[3]

ガリアにて、実際に彼が多くの部族を支配したことはよく知られている。しかし、彼自身は、「ポエニ人を薙ぎ倒す」［の詩句］はセウェルスに関して自分に予言されたのだと考えていた。なぜならば、セプティミウス［・セウェルス］がアフリカ人だったからである。[4]

将来の帝権についての他の前兆もあった。

実は［ユリウス・］カエサルの家には、一族の幼児が亀の甲羅でできた浴槽で洗われるという独特の習慣があったのであるが、アルビヌスの父のところに、生まれた子［アルビヌス］に対する漁師の贈り物として巨大な亀が持ってこられた。アルビヌスの父は教養があったのでこれを吉兆とみなし、喜んで亀を受け取った。そして、この亀を処理して、子ども用の熱風呂の中へわが子のために捧げるように命じた。この子が名高くなることを望んだのである。

また、アルビヌスが生まれた場所で鷲が目撃されることは珍しかったが、彼が生まれてから七

(1) ウェルギリウス『アエネーイス』第二歌三一四行の変型である。岡道男・高橋宏幸訳に拠りつつ独自の訳も付加した。
(2) イタリア南部にギリシア人が建設した都市。
(3) ウェルギリウス『アエネーイス』第六歌八五七–八五八行の引用（岡道男・高橋宏幸訳、前掲書）。
(4) 現実には予言の「この者」はセウェルスを指したにもかかわらず、アルビヌスは、「この者」がセウェルスを指すとは考えなかったということ。ポエニ人とは北アフリカの都市カルタゴの人を指すが、セウェルスもアルビヌスもカルタゴそのものではなく、近隣の出身であった。

日目の、子どもが名前を与えられたお祝いとして行なわれる宴会の時刻に、たいへん幼い七羽の鷲が巣から持ってこられ、冗談めかして、その子のゆりかごの周りに置かれたのである。彼の父はこの前兆を否定しないように、鷲を養って、労を惜しまず世話することを命じた。

別の前兆も生じた。すなわち、彼の家の子どもは赤みを帯びた細い布でくるまれることになっていたが、妊娠中の母が用意したその布が、たまたま洗われて濡れていたので、母がもっていた紫色の布でアルビヌスはくるまれたのであった。そこから、乳母が冗談で、彼にポルフュリウス［緋色の人］の名をつけた(1)。

こうしたあれやこれやが将来の帝権の徴であった。これらを知りたい者は、アエリウス・コルドゥス(2)を読むとよい。彼はこの種の前兆について取るに足らぬことまですべてを追求している。

六　その後、青年になると、アルビヌスは直ちに軍務に専念し、自分の親族であるロリウス・セレヌス、バエビウス・マエキアヌス、ケイオニウス・ポストゥミアヌスを通じて、アントニヌス朝の諸皇帝に知られるようになった。彼は将校として、ダルマティア人騎兵を率いた(3)。その後、第四軍団と第一軍団の兵士を率いた(4)。アウィディウス(5)が反乱を起こしていたときには、ビテュニアの軍隊を忠実に掌握していた。

次いで、コンモドゥスによってガリアへ異動させられると、その地で、ライン川の向こう側の部族を打ち破り、ローマ人と蛮族の両方の間で名を上げた。(6) この事件で印象づけられたコンモドゥスは彼に副帝（カエサル）の名を与え、さらに、賜金を施す権限と緋色のパリウムを使用する権限とを付与した。しかし、これらすべてをアルビヌスは思慮深く辞退し、コンモドゥスは自分とともに死ぬ人か、もっともな理由をつけて殺すことのできる人を求めているのだ、と言った。

クアエストル職は免除された。この免除が与えられた後、彼は一〇日間だけアエディリス職に就いた。というのも、すぐに軍隊へ派遣されたからである。その後、コンモドゥスのもとでプラエトル職を務め、これがたいへん評判となった。その理由は、アルビヌスの主催する見世物において、コンモドゥスが広場と劇場で戦ってみせたからだといわれている。

セウェルスによってコンスルと宣言された。その時、セウェルスは彼をペスケンニウス［・ニ

(1) ポルフュラはギリシア語で「緋色」の意味である。
(2) アエリウス・コルドゥスは本伝記でしばしば引用される著作家であるが、その実在は疑わしい。本伝記作者の創作であるらしい。
(3) 以下のアルビヌスの経歴とされるものは、ゲルマニア総督職に就いていたことを除いて、ほぼこの伝記の著者のフィクションである。
(4) 属州モエシアの第一イタリカ軍団と第四フラウィア軍団のことであろう。
(5) マルクス・アウレリウス帝に対して一七五年に反乱を起こしたシリア総督アウィディウス・カッシウスのことである。
(6) この時、アルビヌスは属州ゲルマニア総督であった。

ゲル」とともに後継者とするべく用意していたのである。(1)

七　アルビヌスはかなりの年齢になってから帝位に達し、ペスケンニウス・ニゲルよりも年長であった。(2)それはセウェルス自身が自伝で言っている通りである。(3)

しかし、ペスケンニウス［・ニゲル］を討つと、セウェルスは自分の息子たちのために帝権を維持することを望み、また、クロディウス・アルビヌスに対する元老院の大きな好意――アルビヌスが古い家系の出の人物だったからである――を見てとっていたので、(4)ある人々を通じて、深い愛情と最高の好意を込めた書簡を彼に送った。その書簡でセウェルスは、ペスケンニウス・ニゲルが殺されたので、アルビヌス自身がセウェルスとともに忠誠心をもって国家を治めるようにと主張していた。以下がその書簡からの引用であるとコルドゥス(5)は述べている。

「大将軍にして皇帝であるセウェルスが最も熱愛する兄弟クロディウス・アルビヌス・カエサルに挨拶する。

ペスケンニウス［・ニゲル］が討たれると、私は書簡をローマへ送った。あなたをたいへん敬愛する元老院がそれを喜んで受け取った。私の心の兄弟として選ばれたまさにその精神でもって、あなたが帝権を分かちあう私の兄弟として国家を統治することを、私は求める。バッシアヌスとゲタはあなたに敬意を表している。(6)われわれのユリア(7)はあなたにもあなたの姉妹にも敬意を表している。あなたの息子ペスケンニウス・プリスクスに、彼自身とあなたの地位に相応しい贈り物を私は贈ろう。あなたが、国家とわれわれのために軍隊を確固と保つことを私は望む、わが同志、わが最も親しく、また最も愛する者よ」。

八　さて、セウェルスはこの書簡をたいへん忠誠心の厚い従者に渡し、彼らを［アルビヌスへ］派遣して次のように指示していた。まず、書簡を公衆の面前でアルビヌスに与え、その後、戦争に関することや軍事機密、宮廷の内情に関することをいろいろと秘かにつけ加えたいと彼に言うようにと。次いで、実際に彼らが命令を伝えるかのように人けのない場所へ行ったならば、中で

(1) この時初めてアルビヌスがコンスルになったように読めるが、実際はアルビヌスは一九四年に二度目の正規コンスルであった。したがって、最初の補充コンスル就任はコンモドゥス帝治世である。

(2) アルビヌスが皇帝となったのは一九六年初であるらしい(副帝となったのは一九三年)。なお、ニゲルよりも年長というのは間違いである。

(3) セウェルスの自伝については『セウェルスの生涯』第三章参照。

(4) ヘロディアヌス『マルクス帝没後のローマ史』第三巻五-二によれば、著名な元老院議員を含む大勢の人が彼に書簡を送ってローマへ来るよう説いていた。彼らはアルビヌスの高い家柄や良い性格を評価しており、セウェルスより好ましいと考えていたのである。

(5) 本分冊一七五頁註(2)を参照。

(6) セウェルスの二人の息子カラカラとゲタのことである。

(7) セウェルスの妻ユリア・ドムナのことである。

も最も屈強の者五人が、服の下に隠し持った短剣でアルビヌスを殺害するように、と。

実のところ、彼らは忠誠心に欠けてはいなかった。アルビヌスのもとを訪れて書簡を渡し、彼がそれを読むと、使者たちはひそかにつけ加えるべきことがあると言い、誰からも目撃されない離れた場所を要求した。そして、彼らは命令が漏れないようにとの口実で、周囲から孤立した柱廊の中へ何人といえどもアルビヌスとともに入らせようとしなかったのであるが、その時点で、アルビヌスは陰謀の存在に気づいたのである。

それから、すっかり猜疑心にとりつかれたアルビヌスは、彼らを拷問にかけた。彼らは、最初は長い間否定し続けたが、その後、やむなく屈服し、セウェルスが彼らに指示したことを告白した(1)。今や事態が明らかになり、陰謀が露見したので、アルビヌスは疑惑が正しかったと悟り、大軍を集め、セウェルスと彼の将軍に対峙した(2)。

九 最初の激突では、アルビヌスはセウェルスの将軍たちに対して優勢であった(3)。しかし、その後、セウェルスが、元老院においてアルビヌスを国家の敵と宣言させ、自らアルビヌスに対し軍を進めてガリアで勇猛果敢に戦うと、情勢は揺れ動いた。
そこで、セウェルスが心配になって占い師に相談したところ、マリウス・マクシムスが言うところでは次のような返答があった。すなわち、実際に彼の手中にアルビヌスは落ちるだろうが、しかしその時彼は生きてもいないし死んでもいない、と。そして、その通りになった(4)。というのは、最終決戦が始まると、アルビヌスの部下のうち無数の者が殺され、数多くが逃亡し、一部は降伏すらし、アルビヌス自身は逃亡したのである。そして、多くの者が伝えるところでは、彼はわが身を刺し、他の者が言うところでは、自分の奴隷に刺されて、半死半生のままセウェルスのところへ連れてこられたのであった。こうして、以前に告げられていた予言が確証されたのだが、一方で、多くの者が伝えるところでは、アルビヌスを連行してきたのは兵士たちで、彼らはアルビヌス殺害に関して、セウェルスからの謝礼を要求した。

複数の者が伝えるところによると、アルビヌスには一人の息子がいた。マクシムスは二人と言っている。セウェルスは最初は彼らを許したが、その後、母とともに彼らを殺し、川(5)へ投げ捨てるよう命じた。セウェルスは、アルビヌスの首を斬り、槍に突き刺してさらし回してからローマへ送った。あわせて元老院へ書簡を出し、その書簡によって元老院議員を侮辱した。元老院議員たちがアルビヌスをおおいに評価し、彼の親族、とくに兄弟に対して大きな名誉を積み上げてい

(1) 同様の逸話についてはヘロディアヌス『マルクス帝没後のローマ史』第三巻五にもみられる。

(2) 一九六年のことで、この時アルビヌスは皇帝(アウグストゥス)と歓呼された。

(3) 以下のアルビヌスとセウェルスの戦いについては、『セウェルスの生涯』第十-十一章参照。

(4) 『セウェルスの生涯』第十章とは多少記述が異なっている。

(5) ローヌ川であろう。『セウェルスの生涯』第十一章参照。

たからである。

　アルビヌスの身体はセウェルスの総司令部の前で悪臭が出るまで何日も放っておかれたといわれている。次いで、その身体は犬に八つ裂きにされて川へ投げ捨てられた[1]。


一〇　アルビヌスの性格についてはさまざまなことがいわれている。セウェルスの側では、アルビヌスについて、次のように主張していた。セウェルスはアルビヌスを醜く、邪悪で、残忍、不正直、貪欲で贅沢であったと語っているのである。

　しかし、この発言は、［アルビヌスとの］戦争の最中か戦争の後のもの、つまり、セウェルスにとってアルビヌスがもうすでに敵であった時のものなので、信じることはできない。それというのも、以前にはセウェルスはアルビヌスに対してあたかも親友に対するかのように、しばしば書簡を送っていたのであり、多くの者がアルビヌスについて良い感情を抱いていた。セウェルス自身、アルビヌスが自分の副帝（カエサル）と呼ばれることを欲しており、また、後継者について考えたときに、まずはこの人を視野に入れていた。

　そのうえ、この同じ人についてのマルクス［帝］の書簡が残っている。その書簡の一つは、アルビヌスに関して近衛長官たちに送られたものであり、それを紹介することは場違いではないだろう。

「マルクス・アウレリウス・アントニヌスが自身の近衛長官に挨拶する。アルビヌスはケイオニウス家の者で、アフリカ人ではあるものの、あまりアフリカ人的ではなく、また、プラウティルスの女婿(2)でもある。私は彼に二つの騎兵隊を指揮させるべく委ねていた。彼は経験を積んだ人物で、生活態度は厳格であり、性格は重々しい。陣営に関することについて彼はたいへん有能だと私は考えるし、邪魔になることはないだろうと深く確信している。私は彼に二倍の給料、簡素だが彼の地位に相応しい軍服、四倍の賜金を与えることを決定した。あなた方は、彼が国家に対して名を上げるように励ますのだ。さすれば、彼はそれに値する報酬を得るであろう」。

別の書簡もある。同じマルクスがアウィディウス・カッシウスの〔反乱の〕時にこのアルビヌスについて書き記したものである。その内容は次の通りである。

「アルビヌスの忠誠は賞賛されるべきである。彼は今にも離反せんとする軍隊を統制した。その時、この軍隊はアウィディウス・カッシウスのもとへ逃亡しようとしていたのであるが、もしこの人〔アルビヌス〕がいなければ、この軍隊はすべて実行に移していたであろう。それゆえ、こ

---

(1)『セウェルスの生涯』第十一章参照。

(2) この人物については実在したかどうかも含めて詳細は不明である。

の人がコンスルに値すると私は考えており、すでに死期が近いと聞いているカッシウス・パピリウスの地位へ交代させるつもりである。だが、このことがあなたによって公にされることを私は望まない。パピリウス自身もしくは彼の親族の耳に入ったり、また、まだ存命の人に後継コンスルを定めていると思われたりすることがないようにするためである」。

二　以上の書簡に加えて、とりわけ、次のような事もアルビヌスが忠実な人間であったことを示唆している。すなわち、彼は、ニゲルが疲弊させた都市を回復させるべく金を送り、それによってより容易にそれらの都市の住人の好意を得たのである。

アルビヌスは大食漢であり、人間の限界を越えるほど大量の果物を消費していた、と著書の中でそうした内容をおおいに追求したコルドゥス[1]は言っている。彼によれば、空腹のときにアルビヌスは、ギリシア人がカリストルティアエ[2]と呼んでいる乾燥無花果《いちじく》を五〇〇個、カンパニア地方の桃を一〇〇個、オスティア[3]のメロンを一〇個、ラビクム[4]のブドウを二〇ポンドゥス、鳥を一〇〇羽、牡蠣を四〇〇個食べたのであった。

コルドゥスはまた、アルビヌスはブドウ酒を少量しか嗜まなかったとも言っているが、セウェルスは否定している。セウェルスが主張するところでは、アルビヌスは戦争の最中ですら酔っ払っていた。セウェルスが言うようにブドウ酒酔いのせいか、それとも、辛辣な性格のためか、アルビヌスは自分の近しい人々とは決して良い関係にはなかった。

妻とはたいそう険悪で、奴隷には不公正であり、兵士たちには粗暴であった。実際、しばしば、正規軍団の百人隊長ですら、それに値する罪でなくても、十字架刑にかけていた。しかも、彼らをたいへんよく鞭打ち、決してその罪を容赦しなかった。

服装はたいへん上品であったが、宴席ではたいそう卑しくて量にだけこだわった。とびきりの女たらしの中でもとくに女好きであり、普通でない愛欲(5)については常に関心がなく、厳しく非難していた。『農耕詩』を書くほどに、農地を耕すことについては熟練していた。

ある者は、彼の手によるミレトス物(6)があると言っている。その評判は悪いものではない。もっとも、それらは凡庸に書かれているのだが。

一三 アルビヌスは歴代元首の中で誰よりも元老院によって愛されたが、それはとりわけセウェルスに対する憎しみからであった。元老院議員たちはセウェルスをその残忍さゆえに激しく嫌

(1) 本分冊一七五頁註(2)を参照。
(2)「駝鳥の好物」の意。
(3) ティベル川河口の町で、ローマの外港として重要な役割を担った。
(4) ラティウム平野にある町。
(5) シャスタニョルは同性愛とするが、バーリー英語訳はアンナチュラルとして、より広い種類のものを想定している。
(6) 恋愛小説の一ジャンル。

っていたのである。

事実、アルビヌスが討たれると、多くの元老院議員がセウェルスによって殺された。彼らはアルビヌスの党派に実際に所属していたか、もしくはそうみなされていたのである。

その後、セウェルスは、ルグドゥヌム(1)においてアルビヌスを殺害した時、すぐに書簡を探すよう命じた。アルビヌス自身が誰に宛てて書簡を書いたのか、もしくは誰がアルビヌスに返書をしたためたのかを見つけ出すためである。そして、書簡を書いたと判明した者たちを元老院によって、国家の敵と宣言させた。彼はこうした人たちを容赦せず、殺害し、財産を競売にかけて、国庫へ入れた(2)。

セウェルスが元老院へ送った書簡が現存している。それは彼の考えがいかなるものかを示している。内容は以下の通りである。

「元老院議員諸君、私よりもアルビヌスの方があなた方の好意を受けているということ以上に私にとって深刻なことはない。私は穀物を国家に供給し、多くの戦争を国家のために行ない、ローマの民衆に普通ではもてないほどのオリーヴ油を提供した。私はペスケンニウス・ニゲルを殺して、あなた方を帝位僭称者の邪悪から解放した。なんとあなた方は私に大きな返礼と感謝を返していることか。アフリカ人の、しかもハドルメトゥムの人であるあの男［アルビヌス］はケイオニウスの家系から血を引いていると捏造しているが、あなた方は、そんな彼を元首にもつことを望むほどに持ち上げているのだから。私が元首であり、私の子どもたちが無事息災であるにもかかわらず。お尋ねするが、いったい、このように偉大な元老院において、あなた方が愛すべき人物やあなた方を愛する人物が欠けているのか。

あなた方はこの人物の兄弟を名誉で持ち上げ、そして、この人［アルビヌス］からコンスル職を、この人からプラエトル職を、この人から何らかの公職者の徽章を与えられることを期待している。あなた方の祖先がピソの陰謀に反対して、(3) またトラヤヌス(4)に賛成して、さらに近年ではアウィディウス・カッシウス(5)に反対して［時の皇帝に］示したような感謝の態度を、あなた方は私にはまったく返さない。詐欺師であり、またあらゆる種類のうそをつく準備ができている人物、高貴だと偽っている人物を、あなた方は私よりも好んだのだ。なぜ、スタティリウス・コルフレヌス［の演説］が元老院において、聞かれねばならなかったのか。彼はアルビヌスと彼の兄弟に名誉を［与

(1) 属州ガリア・ルグドゥネンシスの州都で、現在のリヨンに相当する。

(2) ヘロディアヌス『マルクス帝没後のローマ史』第三巻八-六も同様のアルビヌス派断罪について記している。

(3) ガイウス・カルプルニウス・ピソ。六五年にネロ帝殺害の大規模な陰謀を企て、露見して処刑された有力元老院議員である。

(4) 五賢帝の一人トラヤヌス帝のこと（在位九八―一一七年）。

(5) マルクス・アウレリウス帝に対して反乱を起こしたシリア総督。『アウィディウス・カッシウスの生涯』（第1分冊）参照。

えることを〕決定すべきだと提案した。実際、アルビヌスに欠けていたのは、この高貴な人物〔コルフレヌス〕が、私に対する凱旋式をアルビヌスのために決定するということだけだったのである。あなた方の多くがこの人を教養ある者として賞賛すべきと考えているのはたいそう馬鹿げたことである。彼は老婆が語り伝えるようなたわいない歌謡に熱中し、友人アプレイウス(1)によるカルタゴのミレトス物やほかのつまらない文芸に耽りつつ年老いていっているのだから」。

ここから、セウェルスがどんなにひどい残忍さでもってペスケンニウス〔・ニゲル〕やクロディウス〔・アルビヌス〕の党派に復讐したかが明らかである。それらについては、実際、すべて彼の伝記で示した。それらをより詳しく知りたい者は、ラテン語著作家の中ではマリウス・マクシムスを、ギリシア語著作家の中では、忠実に多くを記したヘロディアヌスを読むとよい。

一三　アルビヌスは背が高く、髪は後ろで束ねて巻いており、眉は太かった。驚くほどに色白で、そのことから名を得たのではないかと多くの者が考えるほどであった。声は女のようで、まさに宦官の声質のようであった。感情は激しやすく、きついかんしゃくもちで、怒るとたいへん厳しかった。贅沢をすることにおいては気分屋であった。というのは、ブドウ酒に貪欲であったかと思うと一転して節制したりしたからである。また、武器については詳しい人で、手短に言うと、その時代のカティリナ(2)であったと言っても間違いではなかった。

元老院の好意をクロディウス・アルビヌスが勝ち得るに至った原因を示すことは、無駄ではないと私は信じる。コンモドゥスの命令でブリタンニアの軍隊を指揮していた時、アルビヌスは、コンモドゥスが殺されたことを、その時点では誤報ではあったが、知った。アルビヌスはコンモドゥス自身から、副帝（カエサル）の名を与えられたことがあったけれども、軍隊のところへ赴き次の演説を行なった。

「もしローマ民衆の元老院が昔日の権力をもっていて、このように巨大な国家がただ一人の権力のもとにあることがなかったなら、ウィテリウス[3]、ネロ、ドミティアヌスのような人々に国家の運命がかかってくることもなかったであろうし、また、ケイオニウス、アルビヌス、ポストゥミウス家――これらについては、あなた方の父祖たちがさらにその祖父から聞き知っており、また、自身でも多くを学びもしたのだが――これらのわれらが家系はコンスルの命令権を得ていたであろう。

たしかに、ローマ帝国にアフリカを加えたのは元老院であった。ガリアをつけ足したのも元老

（1）小説『黄金のロバ』の作者でアフリカ出身。
（2）カティリナはローマ共和政末期の政治家である。元老院に対してクーデタを企んで失敗した。
（3）ウィテリウスは六九年に数ヵ月だけ在位した皇帝。大食漢であったとされ、しばしば愚帝と評される。

院であった。ヒスパニアを征服したのも、東方の人々に法を与えたのも元老院であった。パルティア人を攻めたのも元老院であり、もし国家の命運がその時ローマ軍を貪欲な指導者に委ねていなかったのなら、[1]［パルティア人を］征服していたであろう。［ユリウス・］カエサルはブリタンニア[2]を征服したが、たしかにその時は彼は元老院議員であり、まだ独裁官でもなかった。コンモドゥスも、もし元老院を怖れていたのなら、どれほど良い人物となっていたことか。

事実、ネロの時まで元老院は強固な権威をもっており、汚れた不純な元首を非難することを恐れず、生殺与奪の権と帝権を当時握っていた元首に対して、意見を述べるほどであった。それゆえ、同僚兵士諸君よ、私は、コンモドゥスが私に提供したカエサルの名を欲しない。他の者もまたこれを欲することがないように神々がなさらんことを。元老院が統治し、属州を配分し、われわれをコンスルにしますように。ところで、なぜ私が元老院のことを語っているのか。元老院とはあなた方自身とあなた方の父祖のことだからである。すなわち、あなた方自身が元老院議員になるだろうからである」。

一四　この演説は、まだコンモドゥスが生きているうちにローマへ伝えられ、彼を怒らせた。直ちに彼は、アルビヌスの後継総督として、側近の一人であるユニウス・セウェルスを派遣した。[3]しかし、元老院はおおいに喜び、コンモドゥス存命中もその死後も格別の歓呼でもって、アルビヌスに不在のまま栄誉を与えた。［新帝の］ペルティナクスには、彼がアルビヌスを同盟者と認めるようにと助言する者すら何人かいた。実際、その後のペルティナクス殺害については、アルビヌス自身のユリアヌスに対する影響力が大きく関与していたのである。

ともかく、以上のことが真実であるとわかるように、コンモドゥスが自分の近衛長官へ宛てた書簡を紹介しよう。その書簡は、アルビヌスを殺害しようというコンモドゥスの考えを証明しているのである。

「アウレリウス・コンモドゥスが近衛長官に挨拶する。

お前たちはすでに聞いたと思う。第一に、私が私の近しい者たちの計画で殺害されたという話が捏造されたことを。第二に、クロディウス・アルビヌスが私の兵士たちのところで演説して自分を元老院におおいに売り込み、それがわれわれが見るかぎり無駄に終わってはいないということを。なぜならば、国家において指導的人物は一人であるべきということを否定し、また、国家

(1) 貪欲な指導者とは、「富豪」とあだ名された共和政期末の有力元老院議員クラッススのことであろう。彼はパルティアへ侵攻したが、前五三年にカラエの戦いで敗れて戦死した。

(2) 原文では複数。伝記執筆当時、ブリタンニアがいくつかの属州に分かれていたからか。なお、カエサルはブリテン島に遠征はしたが、現実には征服はしなかった。コーマ属州ブリタンニアが設けられたのはクラウディウス治世の四三年である。

(3) アルビヌスがブリタンニア総督職を解任されたという証拠はない。

全体を元老院が治めるべきであると主張する者は、元老院を通じて自らのために帝権を求めているのである。それゆえ、細心の注意をもって気をつけよ。お前たち、兵士、および民衆が避けるべき人物を、お前たちはすでに知っているのだから」。

ペルティナクスはこれらの書簡を発見すると、アルビヌスの評判を下げるために公にした。それゆえ、アルビヌスは、ペルティナクス殺害をユリアヌスに勧めたのである。(1)

(1) アルビヌスがユリアヌスにペルティナクス殺害を勧めたとの記述は、アウレリウス・ウィクトルやエウトロピウスにもみられるが、バーリー英語訳はセウェルス朝で作られたプロパガンダであったとする。

アエリウス・スパルティアヌス

アントニヌス・カラカルスの生涯

井上文則 訳

一　セプティミウス・セウェルスが残した二人の子ども(1)のうち、一人を軍隊が、もう一人を父親がアントニヌスと名づけたが(2)、ゲタの方は国家の敵と宣言され(3)、バッシアヌス(4)［カラカラ］の方は帝権を取ったとして知られている。

カラカラの先祖については、すべてのことがセウェルスの伝記の中で充分に語られたのであるから(5)、無駄に繰り返し述べるのはやめておこう。

少年の頃のカラカラは、愛らしく、賢く、両親に愛想がよく、両親の友人に気に入られていた。民衆に受け入れられ、元老院に喜ばれた。自分のために愛情を得るのが上手であった。彼は、勉学において怠惰ではなく、善行をほどこすのに遅滞せず、施しをするのに吝嗇ではなく、慈悲の心を示すのに消極的ではないように、少なくとも両親のもとでは、そうみえた。実際、有罪宣告された者が野獣に投げ入れられるのを見た時、涙を流し、目をそらした。このことは民衆に非常な好感を与えた。また、自分の遊び友達がユダヤ教を理由にひどく鞭打たれたと聞いた時、当時七歳であったカラカラは、自分の父親にも、その子の父親にも、彼らが鞭打ちの張本人であるとして、長い間、目を合わせようとしなかった(6)。

自身が介入して、アンティオキアの人々とビザンティウムの人々に、かつての権利を回復した。これらの都市の人々に対して、セウェルスはニゲルを支持したという理由で怒っていたのであった(7)。

---

(1)カラカラとゲタの兄弟。

(2)カラカラは、父親によってアントニヌスの名を与えられたが、ゲタがアントニヌスと呼ばれた記録は本書以外にない。おそらく、著者の創作であろう。

(3)ゲタは、カラカラに殺害された後、「記憶の抹消（damnatio memoriae）」を受け、彼の像は倒され、その名は公共建築物から削り取られた。また、彼の肖像を刻んだ貨幣は溶かされた。カッシウス・ディオ『ローマ史』第七十七巻一二-六に詳しい。

(4)バッシアヌスはカラカラの本名で、母方の祖父の名に由来する。カラカラという名は、彼がガリア（現フランス）のケルト人が着用していた「カラカラ」と呼ばれたマントを好んだことに由来するあだ名。彼は、一九六年に父親によってマルクス・アウレリウス・アントニヌスの名を与えられ、以後正式にはこの名で呼ばれた。本伝記において、彼は、カラカルス、バッシアヌス、アントニヌスとさまざまな呼び方をされるが、訳者が主語を補う場合は慣例の呼称であるカラカラで統一した。

(5)『セウェルスの生涯』第一章参照。

(6)セウェルス朝の諸帝はユダヤ教に好意的だったとの伝承が他の史料にみられるので、そのことがこの記述に反映している可能性がある。

(7)ニゲルは、東方で皇帝を称し、セウェルスと対立した人物。詳細は、本分冊所収の『ペスケンニウス・ニゲルの生涯』参照。アンティオキアとビザンティウムは、戦時中ニゲルを支持したため、その自治権を剥奪されていた。

プラウティアヌス(1)に対して、その残酷さのゆえに、憎しみを抱いた。シギラリア祭(2)に両親からもらったものを、伺候して来る人や家庭教師に進んで与えた。とにかく、少年時代は以上のようであった。

二　少年期を過ぎると、父親の忠告によってか、あるいは生来の狡猾さからか、またあるいはマケドニアのアレクサンドロス大王と肩を並べようと思ったからか(3)、カラカラはずいぶん厳格に、重々しく、また顔つきは非常に凶暴になった。少年時代の彼を知っている多くの者には、同じ人物であるとはまったく信じられないほどであった。カラカラはアレクサンドロス大王［の名］とその言行を常に口にしていた。ティベリウスとスラ(4)を公的な集まりの場で、しばしば賞賛した。父親よりもいっそう傲慢であった。そして、弟が非常に謙虚であるというので軽蔑していた。父親の死後(5)、近衛隊の兵舎(6)に赴き、兵士たちのもとで、自分は弟の陰謀に掛けられていると嘆き、弟をパラティヌス宮殿で殺害させた(7)。そして、すぐに弟の遺体を火葬するように命じた。さらに、弟が自分に毒を用意しており、母親に対しても不敬であったと兵舎で言った。カラカラは、弟を殺害した者たちに公に感謝の意を表わし、ついには、自身に非常に忠実であったということで、彼らに賜金を併せて与えた。

アルバにいた一部の兵士(8)は、自分たちはみなセウェルスの子ども二人に忠誠を誓っていたし、二人に仕えねばならなかったと言って、ゲタが殺害されたという報告を悲痛な面もちで聞いた。

（1）ガイウス・フルウィウス・プラウティアヌス。セウェルス帝の近衛長官で絶大な影響力を振るった。この人物については、『セウェルスの生涯』第六章、および本分冊一〇七頁註（3）参照。

（2）十二月に祝われたサトゥルナリア祭の終盤に当たる日々。贈り物の交換がなされた。この祭りの詳細については、『ハドリアヌスの生涯』第十七章、および第1分冊五五頁註（2）（3）参照。

（3）カラカラは「アレクサンドロス」マニアであり、カッシウス・ディオ『ローマ史』第七十七巻七－八によれば、アレクサンドロスの像を軍営やローマ市に建てさせたり、マケドニア人から構成されるファランクスを編成させるなどしていた。ヘロディアヌス『マルクス帝没後のローマ史』第四巻八－一によれば、カラカラは二一四年にマケドニアに隣接するトラキアに行ったときに、「突然、アレクサンドロスになった」とある。

（4）ティベリウスは第二代ローマ皇帝（在位一四－三七年）。スラ（前一三八－七八年）は共和政末期の政治家。いずれも多くの政敵を迫害した人物。なお、スラについては、カッシウス・ディオ『ローマ史』第七十七巻一三－七に、カラカラがスラの墓を探し出して修復したとあり、またヘロディアヌス『マルクス帝没後のローマ史』第四巻八－五には、カラカラが将軍の中ではスラとハンニバルをとくに尊敬していたと記述されている。

（5）二一一年二月四日にセウェルス帝が遠征先のブリテン島で死去した後、二人の兄弟は五月にはローマに帰還し、二一二年の二月まで共同統治を行なっていたが、この間の出来事は本伝記では省略されている。

（6）ローマ市の西北の角、現ポルタ・ピアのそばにあった。

（7）カッシウス・ディオ『ローマ史』第七十七巻二－三－五によれば、傷つけられたゲタは母親の手の中で息を引き取った。二一二年二月二十六日のこと。

（8）ローマの近郊（南東に三〇キロメートルほど）のアルバ丘に駐屯した第二パルティカ軍団のこと。セウェルス帝により創設された。

［陣営の］門が閉められたので、皇帝［カラカラ］は、ゲタについての不満と非難が広まり、兵士たちがいつものように巨額の賜金によって懐柔されて、彼らの心がなだめられるまで、長い間、［陣営の中に］入ることができなかった。

その後、カラカラはローマ市に戻った。それから、元老院議員の服の下に胸当てをつけて、武装した兵士とともに元老院議事堂に入った。兵士たちを議席の中間に二列に配し、そして演説を行なった。カラカラは、弟を非難し、自身を弁護するために、支離滅裂に、稚拙に弟の陰謀について訴えた。その演説を元老院は快くは聞かなかった。その時、彼は、自分は弟にあらゆることを許し、弟を陰謀から救ったのに、弟は自分に非常にゆゆしい陰謀をなし、兄の愛情に仇をもって返したと言っていた。

三　この後、追放されていた者や流刑になっていた者を祖国へ帰還させた。(1) 続いて、近衛兵のところへ赴き、その兵舎に留まった。翌日には、カピトリウム丘に赴き、カラカラは殺害しようと目論んでいた人たちに愛想よく話しかけ、パピニアヌス(2)とキロ(3)に支えられながらパラティヌス(4)宮殿に戻った。

ゲタの殺害後、その母親や他の女たちが涙を流しているのを見て、女たちを殺すことを企てたが、弟殺しの残酷さが大きくならないように取りやめた。(5)

自ら毒を送って、ラエトゥス[6]に死を強要した。というのも、ラエトゥス自身が、ゲタの殺害を勧告した最初の者だったからである。そして、その彼が最初に殺されたのであった。

カラカラ自身は、弟の死を非常にしばしば嘆いていた。カラカラは弟の死に関与した多くの者を殺害する一方で、弟の像に敬意を表した者も殺した。この後、前日に夕食の一部を届けていた父方の従兄弟のアフェル[7]を殺すように命じた。アフェルは、刺客に怯えて真っ逆さまに［窓から］落ち、足を砕いて妻のところに這っていく時に、嘲られながら刺客に捕らえられ、殺された。

（1）カッシウス・ディオ『ローマ史』第七十七巻三-三によれば、カラカラはこの旨をゲタ殺害の翌日元老院で述べた。

（2）アエミリウス・パピニアヌス。近衛長官。法学者としても名高い。次章に記述されているようにカラカラによって殺害された。この人物についての詳細は、『セウェルスの生涯』第二十一章、および本分冊一三七頁註（1）参照。

（3）ルキウス・ファビウス・キロはコンスルや首都長官を歴任した元老院議員。本伝記第四章にも彼についての記述がある。カッシウス・ディオ『ローマ史』第七十七巻四-二によれば、カラカラは彼のことをしばしば父とも呼んでいたという。この人物については、『アントニヌス・コンモドゥスの生涯』第二十章、および本分冊三九頁註（2）も参照。

（4）当時、パピニアヌスは近衛長官で、キロは首都長官であったので、この二人が象徴的にローマを体現しているとロイシュは解釈する。

（5）カッシウス・ディオ『ローマ史』第七十七巻三-四によれば、カラカラはゲタの支持者を女も含めて殺した。

（6）カッシウス・ディオ『ローマ史』第七十七巻五-四にラエヌスという名で記録されている。しかし、ディオは、この人物が重病であったので、死を免れたとしている。パピニアヌスの同僚近衛長官であった。

（7）アペルの間違い。アペル（ルキウス・セプティミウス・アペル）は二〇七年の正規コンスル。

また、マルクスの孫であった［小］ポンペイアヌスを殺した。［小］ポンペイアヌスは、マルクスの娘［ルキラ］と［大］ポンペイアヌスから生まれた(1)。ルキラは、ウェルス帝の死後、［大］ポンペイアヌスに嫁いでいたのであった。マルクスは、この［大］ポンペイアヌスを二度のコンスルに任じ、その当時非常に深刻であったすべての戦争の指揮を委ねていた。［小］ポンペイアヌスは盗賊に殺されたかのように見せかけて殺された。

四　続いて、カラカラの目の前で、パピニアヌスが斧で兵士に斬り殺された。その時、カラカラは、殺害者にこう言った。「お前は私の命令を剣でもって遂行すべきであった(2)」。さらに、カラカラの命令で、パトルイヌス(3)が神君ピウス神殿(4)の前で殺された。パピニアヌスとパトルイヌスの遺体は、いかなる人間的な尊厳も与えられずに、街路中を引きずり回された。加えて、その三日前にクアエストルとして豪勢な見世物を提供したパピニアヌスの息子を、カラカラは殺した。同じ頃、弟の党派を支持した非常に多くの者が殺された(5)。また、ゲタに仕えていた解放奴隷も殺された。続けて、あらゆる場所で殺人が行なわれた。公共浴場でも殺人が行なわれ、少なからざる者が食事中に殺された。その中には、サンモニクス・セレヌスも含まれていた。彼の学問に関する多くの著作は今でも残っている(6)。

二度の首都長官とコンスルになったキロは、兄弟間の協調を忠告したということで、窮地に陥った。この同じキロが元老院議員の衣服を取り去られ、素足で、首都警備隊によって連行されていく時に、アントニヌス［カラカラ］はその際生じた騒擾を鎮めた(7)。その後、首都において、騒擾を罰することを装いながら、さらに多くの殺人をなした。至るところで、多くの人が兵士によって捕らえられ、殺害されたのである。

カラカラは、補充コンスルであった(8)ヘルウィウス・ペルティナクスを、元皇帝の息子(9)であると

(1) この人物については、『哲学者マルクス・アントニヌスの生涯』第二十章、および第1分冊一八〇頁註（2）参照。

(2) カッシウス・ディオ『ローマ史』第七十七巻四-二にも同様の記述がある。

(3) ウァレリウス・パトルイヌス。パピニアヌスの同僚近衛長官。カッシウス・ディオ『ローマ史』第七十七巻四-一によれば、近衛兵がパトルイヌスとパピニアヌスを告発し、カラカラは彼らの殺害を許可した。

(4) 現フォロ・ロマーノにある「アントニヌスとファウスティナの神殿」のこと。

(5) カッシウス・ディオ『ローマ史』第七十七巻三-四によれば、ゲタの殺害後すぐに、ゲタに味方していた宮廷の解放奴隷や兵士あわせて二万人が殺された。

(6) 彼の著作は現在では失われているが、五世紀のマクロビウスの著作（『サトゥルナリア祭』三-九）に一部引用されている。

(7) カッシウス・ディオ『ローマ史』第七十七巻四-二―五によれば、キロの殺害を命じたのはカラカラであったが、パラティヌス宮殿に引き立てられていくキロを見て、民衆と首都警備隊が騒いだため、それを止めさせたとされている。このディオの記述が正しいとすれば、本文にあるキロを連行した首都警備隊は、近衛兵の誤りであろう。

(8) 一月一日に就任したコンスルが正規コンスルと呼ばれ、正規コンスルが数ヵ月でやめた後、新たに選任されたコンスルが補充コンスルである。

(9) ヘルウィウス・ペルティナクス帝（在位一九二―一九三年）の息子。

いう理由だけで[1]、殺害した。さまざまな機会に、弟の友人であった者たちを殺した。勅令を発したり、演説を行なうときに、しばしば元老院や民衆を傲慢な態度で罵り、自分はスラになるであろうと言ってはばからなかった。

五　これらのことを行なった後、カラカラはガリアへ赴き[2]、到着するやいなや、ナルボネンシス[3]の総督を殺した[4]。こうして、ガリアの統治にあたっていたすべての者たちを混乱に陥れ、暴君として人々の憎しみを買った。時に善行すら［施すことを］装ったこともあったけれども、カラカラは本性において残酷であった。人々と都市法に対して多くの不正をなした後[5]、病気にかかり、ひどく苦しんだ。カラカラは、自身を治療した者たちに対して、非常に冷酷であった。

続いて、東方に向かって出発する準備をしながら[6]、旅程を止め、ダキアに留まった。ラエティアのあたりで、多くの蛮族を殺し、自身の兵士たちを、まるでスラの兵士であるかのように激励し、報償を与えた[7]。

カラカラは、自身を神々の名で呼ぶことを禁じた[8]。コンモドゥスはそのようにさせており、人々は、彼がライオンやその他の獣を殺したので、ヘルクレスと呼んでいたのである[9]。カラカラは、ゲルマン人を服従させたとき、自らをゲルマニクスと、冗談か、あるいは正気で呼ばせたし[10]、愚かで、気が狂っていたので、もしルカニ人を服従させたら、ルカニクス[11]と呼ばれるべきである

(1)この人物は、本伝記第十章にも登場し、カラカラに対して皮肉を言ったとの記述があり、殺害の理由はほかにもあった。また、『アントニヌス・ゲタの生涯』第六章によれば、カラカラはペルティナクスに帝位を窺ったという嫌疑をかけて殺した。その口実は、元皇帝の息子というほかに、彼が皆に愛されていたからであった。
(2)二一三年春のこと。
(3)正式には、ガリア・ナルボネンシス。現在の南仏に置かれていたローマの属州。
(4)総督の名は特定できないが、ヘロディアヌス『マルクス帝没後のローマ史』第四巻六-四にはカラカラがゲタ派であるとみなした多くの属州総督を殺害したとあり、またカッシウス・ディオ『ローマ史』第七十七巻二〇-四には、属州バエティカ総督をガデスのヘルクレスの神託を伺った廉で殺しており、ナルボネンシスの総督殺害は充分ありうることである。
(5)二一二年に全帝国の自由民にローマ市民権を付与したことで有名なアントニヌス勅令への言及とされる記述。アントニヌス勅令は、個々人の地位だけでなく、彼らによって構成される都市の格にも影響を与えたので、「人々と都市法」とある。
(6)二一四年の春。
(7)本伝記の記述では、カラカラはガリアから連続して東方へ向かい、ダキアに留まり、ラエティアで蛮族を破ったかのように記述されているが、これは誤りで、記述の順序が混乱している。実際には、カラカラは、ガリアから上部ゲルマニアに入り、さらにラエティアでアラマンニ族を破って(二一三年の秋)、一旦、ローマ市に帰還(二一三年から二一四年の冬)しているのである。そして、その後、二一四年の春に東方への遠征に向かった。なお、このラエティア遠征で、カラカラはアラマンニ族を破ったことから、ゲルマニクス・マクシムス(ゲルマン人に対する偉大なる勝利者を意味する)の称号を得ている。
(8)カッシウス・ディオ『ローマ史』第七十七巻五-一にも同趣旨のことが記述されている。
(9)『コンモドゥス・アントニヌスの生涯』第八章参照。
(10)二一三年のこと。前註(7)参照。ゲルマニクスは、称号で「ゲルマン人に対する勝利者」を意味する。ここでは、「ゲルマヌス(弟)に対する勝利者」との言葉遊びになっている。この冗談は、本伝記第十章にも出てくる。
(11)ルカニ人は、南イタリアの住民。ルカニクスは、ルカニ人に対する勝利者を意味すると同時に、ラテン語でソーセージの意味にもなる。

と主張していた。
同じ時、皇帝の立像や胸像が立っている場所で小便をした者に死刑を宣告した。また、[1]新しい花冠を置くために、［古い］花冠を胸像から取り去った者にも死刑を宣告し、四日熱や三日熱のためのお守りを首から下げて持ち歩いている者にも死罪を宣告した[2]。

カラカラは、近衛長官とともに、トラキアを通って旅を続けた。続いて、アシアへ渡っている時[3]、船の桁端が壊れ、難破の危険にさらされたので[4]、護衛兵[5]とともに小舟に降りた。そこから艦隊長官[6]によって三段櫂船に拾われ、難を逃れた。

非常にしばしば、猪を捕らえ、ライオンに対してすら立ち向かった。そんなときは、友達に手紙を送って誇り、ヘルクレスの武勇に近づいたと自慢していた。

六　この後、アルメニア戦争とパルティア戦争に向かい、自身と性情を同じくする者を戦争の司令官とした[7]。続いて、アレクサンドリアに赴き[8]、体育場に人々を呼び集め、彼らを非難した。さらに、壮健な者は徴兵されるよう命じた。ところが、プトレマイオス・エウエルゲテス[9]――この王はプトレマイオスの名で呼ばれた八番目の者であったが――の例にならって、徴兵された者たちを殺した。加えて、カラカラは、兵士たちに各々の宿泊先の主人を殺すように合図を送り、アレクサンドリアで大虐殺を行なった[10]。

（1）マラリアのことであろう。
（2）お守りを身につけることはコンスタンティウス二世の時代（在位三三七―三六一年）に禁じられた。
（3）現ダーダネルス海峡をカラカラが渡っていた時のこと。
（4）この難船は碑文史料（*CIL*, IV, 2103）から確認できる。
（5）原語は protectores で、従来はこの官職の存在が四世紀以後にしか確認できなかったので、時代錯誤な表現とされてきたが、この官職が当時存在していたことは近年、碑文史料から確認された。
（6）この艦隊長官は、次章にカラカラ暗殺に関与したとしてその名のあがるマルキウス・アグリッパのことであろう。
（7）カッシウス・ディオ『ローマ史』第七十七巻二一によれば、この司令官とはテオクリトゥスのこと。解放奴隷で、カラカラにダンスを教えていた。アルメニアに派遣されたが、敗北した。本文中のアルメニア戦争とはこのことであろう。なお、カッシウス・ディオ『ローマ史』第七十七巻一二―一二には、カラカラがアルメニアの王を偽って呼び寄せ、捕らえた上で、アルメニア攻略を企てたが、アルメニア人は武器をとって対抗したとの記述があり（二一五年末頃）、テオクリトゥスの派遣はこれと関係していると考えられる。
（8）カラカラのアレクサンドリア滞在は、二一五年十二月から二一六年三／四月まで。
（9）プトレマイオス八世・ピスコン・エウエルゲテス。在位前一四五―一一六年のプトレマイオス朝の王。前一二五年に若者を体育場に集め虐殺した。
（10）カラカラによるアレクサンドリアでの虐殺は、カッシウス・ディオ『ローマ史』第七十七巻二二―二三とヘロディアヌス『マルクス帝没後のローマ史』第四巻九にも記述されているが、それぞれ内容が相当に異なる。ディオは、まずカラカラが、彼を迎えに出てきた市の指導者たちを郊外で殺害した後、隊列を整えて軍とともに町に入り、アレクサンドリアの一般市民を虐殺したと伝えており、一方、ヘロディアヌスは、カラカラが、アレクサンドロスを顕彰してファランクス（密集方陣隊形）を編制するという口実で、若者を広場に集め、虐殺したとしており、一般市民の虐殺は語られていない。なお、虐殺の理由については、ディオ、ヘロディアヌスとも一致して、カラカラがアレクサンドリアの人々に嘲笑されていたことにあったとしている。ロイシュは、先行研究によりながら、当時アレクサンドリアで反乱が起こっていたと推定し、このことが虐殺の原因になったと考えている。

その後、カドゥシイ人とバビロニア人のところを通って進み、パルティア人の総督を奇襲し、野獣を敵の中に放った。あたかも戦争に勝利したかのように元老院に手紙を送ったので、パルティクスと呼ばれた。一方、ゲルマニクスの名は、父の生前に獲得していた。

パルティアに対して再び戦争を仕掛けることを欲し、エデッサに冬営した。カラカラは、ルヌス神に参詣するため、カラエに来た。その日は、自身の誕生日の四月六日であり、メガレンシア祭の期間に当たっていた。カラカラは、生理的欲求から［人のいるところを］離れたが、その時、近衛長官マクリヌスの企んだ陰謀によって殺された。マクリヌスは、カラカラの後、帝権を取った。その殺害には、ネメシアヌスと彼の兄弟アポリナリス、第二パルティカ軍団司令官であり、不正規の騎兵部隊を率いていたトリッキアヌスが関与していた。艦隊を率いていたマルキウス・

(1) カスピ海南岸のメディア地方の住民。

(2) この移動経路はまったく疑わしい。

(3) カラカラのパルティア遠征は、二一六年の春のこと。遠征の口実は、パルティア王がカラカラに娘を嫁がせることを拒んだことにあったと、カッシウス・ディオ『ローマ史』第七十八巻一-一は伝えている。なお、同第七十八巻一-五によれば、この遠征では、敵が山中に逃げ込んだため、実際には戦闘はなかった。しかし、カラカラは、戦闘中にライオンが山から下りてきて加勢したと元老院に書き送った。一方、ヘロディアヌス『マルクス帝没後のローマ史』第四巻一一-一七は、パルティア王がカラカラの求婚を受け入れたので、カラカラはパルティアの都の城下まで行ったが、迎えに出た人々を虐殺した後、パルティア領を劫略しつつ帰還したと述べている。

(4) パルティクスは、パルティア人に対する勝利者の意味。カラカラは、遅くとも二一一年以後は公的にこの称号を保持していたので、本文の記述は誤り。
(5)この記述は誤り。カラカラは、本分冊二〇一頁註(7)にあるように、ゲルマニクスの称号を得たのは父の死後、二一三年のことである。
(6)メソポタミア北部の都市で、属州オスロエネの州都。冬営は二一六―二一七年のこと。
(7)月の神。セム系の男神シンのことであろう。本伝記は、正しくルヌスと男性形でこの神を表記している。ヘロディアヌス『マルクス帝没後のローマ史』第四巻一三-三やアンミアヌス『背教者ユリアヌス伝』第二十三巻三-二は、この神を女神と誤って理解している。ギリシア・ローマ世界では、月は女性名詞で、女神であったので誤りやすかった。
(8)カラエに来た目的としてルヌス神参詣をあげるのは本伝記とヘロディアヌス『マルクス帝没後のローマ史』第四巻一三-三である。ディオは、カラカラがカラエに来た理由はあげていない。コルプは、すでに二度目のパルティア遠征が開始されており、その行軍過程であったと理解する。
(9)同じく、北メソポタミアの都市。
(10)誤り。カッシウス・ディオ『ローマ史』第七十八巻六-五によれば、カラカラの誕生日は四月四日。なお、カラカラが殺されたのは四月八日である。
(11)四月四日から十日までローマ市で祝われた。大地の女神キュベレの祭り。
(12)マクリヌスについては、本分冊所収の『オピリウス・マクリヌスの生涯』を参照。
(13)カッシウス・ディオ『ローマ史』第七十八巻五-二によれば、両人とも近衛隊の将校。
(14)原語 equites extraordinarii。共和政期においては「同盟国の供出した=不正規の精鋭の騎兵部隊」を意味した。コルプは、ディオとヘロディアヌス(それぞれ『ローマ史』第七十八巻五-五、『マルクス帝没後のローマ史』第四巻七-三)がカラカラの護衛を行なったゲルマン人の部隊(カラカラは「ライオンたち」と呼んでいた)を同盟軍と呼んでいることから、不正規の騎兵部隊とは、このゲルマン人の部隊と同一であると考えている。
(15)アエリウス・デキウス・トリッキアヌス。マクリヌスが皇帝になった後、属州下部パンノニアの総督に抜擢された。第二パルティカ軍団については、本分冊一九五頁註(8)参照。

アグリッパ(1)や、ほかにも大勢の側近たちが、マルティアリス(2)に煽動されており、[カラカラの暗殺計画を]関知していた。

七　カラエからエデッサへの移動の途中で、カラカラは小用のために馬を下り、暗殺の加担者であった自身の護衛兵の間で用を足している時に、殺された(3)。最後には、カラカラの馬丁(4)が、彼を馬に乗せる時に短刀で脇腹を刺したのであった。そして、すべての者がこれはマルティアリスの仕業であると叫んだ(5)。

さて、ルヌス[月]神について言及したのであるから、次のことが学識あるすべての者によって伝えられており、今もまだ、とりわけカラエの住人によって信じられているということを紹介しておく必要があるだろう。すなわち、この月神を[ルナと]女の名と性で呼ぶべきであると考える者は、奴隷として女に永久に仕えることになるが、一方、この神が男であると信じる者は、妻を支配し、女性のいかなる悪巧みにもかかることはないであろう、と。それゆえ、ギリシア人とエジプト人は、女を人と呼ぶような仕方で、ルナを神と呼んでいるが、しかしながら密儀ではルヌスと呼んでいるのである。

八　パピニアヌスの殺害については多くの者が伝えているが、諸説あり、その原因について一

西洋古典叢書

第Ⅲ期＊第16回配本

月報62

2006年6月
京都大学学術出版会

『ローマ皇帝群像』と ローマ人の理想的皇帝像

新保良明

二五年ほど前、大学院に進学した私は院ゼミで初めて本格的なラテン語演習に臨んだ。そのテキストが『ヒストリア・アウグスタ』、つまり本訳書『ローマ皇帝群像』である。欧米の研究者によるコメンタリも参照しながら、原史料を訳出する形で講読は進められたが、文体は総じて平易である上に、内容も面白く、能力不足の新米院生でもなんとか読解していくことができた。その過程で、時折、英訳書（ペンギンやロウブ）の誤訳を思いがけず見つけ、何か得（？）をした気分を味わったことが今でも懐かしく想い出される。

それから二〇年後、再び本史書に正面から取り組む機会が訪れた。拙著『ローマ帝国愚帝列伝』（講談社選書メチエ）の執筆に当たり、コンモドゥス、カラカラ、ヘリオガバルスといった悪名高き皇帝を取り上げ、その治世を再構成しようとしたからである（三帝とも本分冊に所収）。しかしながら、この作業は避けて通れない問題を内包していた。それは、『ローマ皇帝群像』が史料的価値の低さを異口同音に指摘される「いわく付き」の史書であるからに他ならない。著者の素姓からして不透明であり、帝政後期特有の制度が帝政前期のそれとして平然と語られるばかりか、引用史料や人物、文書が創作された箇所も散見される始末なのである（第一分冊の「訳出にあたって」と月報44を参照）。にもかかわらず、拙著があえて本史書を利用したのは何故か。答えは簡単である。二、三世紀に関する史料は絶対的に不足しているがゆえに、史料批判のフィルターを通すというハードルを課した上で、本史書を用いざるをえなかったのである。ここに、古代史研究の厳しさ、難しさがあると言えよう。

以上の問題を抱えるとはいえ、本史書は無類の面白さを誇る。その一因は、本史書がタキトゥスの『年代記』のごとく事件を年代順に克明に書き記す手法を放棄し、各皇帝の伝記という様式を採用しつつ、諸事象をテーマごとにまとめあげて記述するスエトニウスの『ローマ皇帝伝』的スタイルを踏襲した点にあろう。この叙述形式は各皇帝の統治方法、制度、改革など研究史的には貴重な帝国のハード面を伝える一方で、容姿、性格、趣味嗜好からゴシップの類いに至るまで私生活上の逸話にも幅広く立ち入る。その結果、読者は、著者が次々と提供する意外なトピックの速射砲に驚き、あきれながらも、小気味よく読み進むことになるのである。その反面、スエトニウスと本史書が各皇帝に関して繰り返し私生活の暴露記事、醜聞を載せ、信の置けない噂さえ収録する興味本位の著述姿勢に読者は疑念を抱き、作品そのものに辛い点数を付けるかもしれない。だが、これはわれわれ現代人の誤解ではなかろうか。確かに、両作品は各伝記の中で幾つかの共通事項に必ず触れ、或る皇帝の伝記ですでに述べた内容であるのに、別の皇帝の伝記にもほぼ同様の記事を再録する。しかしこのような叙述の特徴は逆に、著者が一定のチェックリストを持ち、そこに列挙された項目ごとに皇帝の生涯を丹念に検証した著作手続きを物語るであろう。その証拠に、スエトニウスは事項によっては、暴君の代表とされるネロにもプラスの評価を与えており、アウグストゥスのような有能な皇帝にマイナス査定を下す場合もあるのである。もちろん、『ローマ皇帝群像』にも同じ傾向が現われる。すなわち、両史料は査定項目に沿って各皇帝を丸裸にしていき、是々非々の形で、かつ淡々と評定を下したと言えよう。

では、このチェックリストとは一体何か。おそらく、それは当時の上層民が共有した理想的皇帝像に相違あるまい。そしてスエトニウスが活躍した二世紀前半、共和政は遙か遠い過去の記憶と化した一方で、皇帝はすでに自明の存在であった。その結果、皇帝は公人としてのみならず、私人としても評価対象となる。スエトニウスと同時代の小プリニウスがトラヤヌス帝を褒め称えた『頌詞』もその私生活まで論評し、当然ながら激賞しているのである。したがって巨大帝国を統べるローマ皇帝は公私を問わず模範、鑑《かがみ》であることが望まれた。スエトニウスが各皇帝のプライバシーにまで筆を進め、時に三流週刊誌的記事さえ書くことも厭わない理由がここにある。後代の本史書が同様の著述方針を継承しても、何ら不思議ではなかろう。

ならば、改めて問うべきはリストの査定項目である。何が含まれたのであろうか。それは多岐に亘る。両史料によれば、制度改革や立法など行政面での諸措置、公正な司法、軍事遠征と勝利といった為政者としての業績はもちろんのこと、最高司令官としての勇敢さ、支配者としての威厳、厳格さと仁慈の念、その反面で節度、謙虚、愛想の良さなどが高いポイントを得ている。ところで、帝政前期の政体は研究史上「元首政」とも称される。それは、皇帝が事実上の支配者でありながら、共和政の枠組みを尊ぶところから名付けられたのであるが、この特殊性は上記項目からも窺われる。すなわち、皇帝は威厳を求められる一方で、君主然としてはならず、一市民のごとく謙虚で、誰に対しても愛想よく振る舞うことを期待されたのであった。さらに、重要な追加項目がある。それは気前の良さ。皇帝は他者の追随を許さない大富豪として、コロッセオに代表される各種建造物を建て、剣闘士競技や戦車競走、劇といった娯楽をふんだんに市民に提供することを当然視されたのであった。これらに対しマイナス項目を列挙する必要はなかろう。上記項目と正反対の行為、態度こそが非難を浴びたからである。中でも最大の非難は、皇帝が元老院議員や騎士という上層民を不当に処刑したり、自殺に追い込んだ点に向けられた。これは、著者自身が上層に属したからに他ならない。ゆえに、ネロ帝は娯楽を大盤振る舞いして民衆に絶大な人気を博しながらも、幾多の上層民を死に追いやったがために、致命的な烙印を押され、暴君の代名詞に成り下がったわけである。

では、両史書に違いはあるのであろうか。二点のみ指摘したい。第一に、『ローマ皇帝群像』が描く皇帝像は善帝と悪帝の何れかに二極化する傾向が強い。第一分冊のマルクス・アウレリウス帝が高く評価される一方で、本分冊の〈ヘリオガバルス帝伝〉は冒頭から皇帝を酷評する。「もしカリグラやネロ、ウィテリウスが以前に帝位に就いていなければ、ウァリウスとも呼ばれるヘリオガバルス・アントニヌスがローマ皇帝であったという事実すら知られぬように、私は彼の生涯を文字にしなかったであろう」(拙訳)。スエトニウスは悪帝の代表例とされた三帝を扱ったが、ここここまでの全面否定はさすがに見られない。第二に、出自を重要項目に数えるスエトニウスに対し、本史書は徳や功績が家柄の高さを代替しうるが、その逆は不可能という姿勢を貫き、門地の限界を示して勇気を称揚する。たとえば、プピエヌス帝の推戴をめぐり、その軍功と勇敢さが低い出自を補って余りあったと評するのである。査定の変化は、時代状況が皇帝の伝統的理想像に微調整を迫ったことに起因しよう。すなわち、スエトニウスが著作の対象時期とし、自らも謳歌した「ローマの平和」が終焉に向かい、やがて世は「三世紀の危機」と呼ばれる激動の時代へと突入した。その結果、勇敢さに集約される軍事的資質が脚光を浴び、これと必ずしも有機的に結びつかない家格は相対的に価値を下げたと思われる。要するに、続発する難局を打開するために皇帝は強いリーダーシップと軍事能力を以前に増して求められたわけである。かような理想像に即して、本史書も旧来のチェックシートに修正を施したに違いない。今やヘリオガバルス帝が酷評された理由は明白となる。当時の価値基準によれば、帝は女装の常習者とみなされ、勇気のかけらすら認められなかったのである。

ところで、私は本分冊こそローマ皇帝の本質を読み解く鍵を与えると考えている。というのも以下のような即位の基本的パターンがすべて現われるからである。(1) 前帝の息子として帝位を継承。(2) 皇帝に反旗を翻し、軍事力で帝位を簒奪（失敗した僭称帝も含む）。(3) 空位が生じた隙に乗じ、軍隊に擁立され即位。そして (1) は帝位の世襲原理を示し、これは別段不思議ではない。五賢帝の最後を飾る哲人マルクスも不肖の子コンモドゥスを後継者とすることに疑問を抱かず、養子皇帝制を斥けたのである。これに対し (2)(3) は皇帝が即位を軍隊に負い、帝権の基盤が何よりも軍事力にあった事実を白日の下に晒す。だが、この実相は逆に、軍隊に見放されれば、皇帝といえども帝権を維持しえない転落の道をも暗示しよう。本分冊が収録する一一名の皇帝の死因を探れば、天寿全うは一名のみで、軍隊の暴動による惨殺、敗戦の末に死亡という軍事絡みは実に七名に上る。このように皇帝は全能の支配者でありながら、その命運は軍隊に握られていた。帝国各地の軍隊が皇帝の擁立、廃立を繰り返す「軍人皇帝」時代は、帝政ローマの構造的宿命だったと言えよう。この有り様が訳出される第三分冊の刊行も今から楽しみである。

（古代ローマ史学・文部科学省教科書調査官）

連載

西洋古典ミニ事典 (16)

アッピア街道

ローマ見物でカラカラ浴場跡を見て楽しんだ後、南に下ってサン・セバスティアーノ門を出ると、そこから南東に向かって、古代ローマの人々が「街道の女王」と呼んだアッピア街道（Via Appia）が続いている。現ローマ市には舗装されて車が通行するアッピア街道もあるが、これは旧街道のことで、石畳の道が続いている。ローマの監察官アッピウス・クラウディウス・カエクスが前三一二年に南方のカンパニア地方の都市カプアと結ぶ道路として建設したもので、街道の名も彼にちなんでいる。監察官（ケーンソル）は風紀取締官とも訳されたりするが、このような公共事業を請け負う仕事もしていた。その後、街道はイタリア半島の南端ブルンディシウムにまで延長されたが、同様な道路網が首都ローマから各地に整備されていた。

ギリシアの街道には旅人の守護神とも言うべきヘルメスを祀る石塚があったが、ローマの街道にもメルクリウスの石塚があって、人びとは旅の無事を祈願したと思われる。それとともに、街道にはマイル・ストーン、すなわち里程標が置かれ、ローマからどれほど距離があるかが分かるようになっていた。英語のマイル（mile）はラテン語の mille すなわち一〇〇〇を語源としているが、歩幅を意味するパッスス（実際は二歩幅で、およそ一五〇センチメートル）と合わせて、一ローマ・マイル（mille passuum）はだいたい一五〇〇メートルになる。一ローマ・マイルごとに建てられ、アッピア街道は前二五〇年頃までに、その他の街道も前一二〇年頃にはほぼ完備するが、里程標にはずいぶん大きなものもあって、方形の台座の上に円柱を立てて、二トンほどの重量のものが残っている。

「すべての道はローマに通じる」と謳われたように、諸街道はローマ市につながっていた。その起点になるのが金のメッキをした柱（milliarium aureum）である。これはアウグストゥス帝が前二〇年に建立したものと言われているが、フォロ・ロマーノでその台座部分を見学することができる。後年この石柱は「ローマの臍」と呼ばれた。街道は、都市から都市へ迷うことなく確実に行き着くことのできるものとして、古代人の生活には不可欠のものであったが、これは土木事業の能力に秀でたローマ人なくしてはできなかったであろう。

デウカリオン

パルナッソス山は、その頂が雲より抜きんでていると言われる霊峰であり、その麓には神託で名高いデルポイを有する。その昔、デウカリオンがその妻とともに流れ着いたのがパルナッソスだという伝説がある。神々の父ゼウスが青銅時代の人間を滅ぼそうとしたことがあった。ゼウスははじめ雷電でもって人類を滅ぼそうとしたのだが、その雷火が天空まで飛び火するのを恐れて、洪水で滅ぼすことを思い立った。ゼウスが降らす大雨によって、陸地はほとんど消え失せ、一面が海となって、かつては山羊が草をはんでいた場所には海豹《あざらし》が寝そべっているというありさまであった。この大洪水によってほとんどの人間が死に絶えたが、唯一残ったのがデウカリオンの夫婦であった。

プロメテウスの子であるデウカリオンは、プロメテウスの弟エピメテウスと、神々が創った最初の女パンドラの間に生まれたピュラを娶った。デウカリオンは、ゼウスが大雨を降らせたときに、父であるプロメテウスの言によって、小さな箱船（ラルナクス）を作り、生活に必要なものを積み込むと、ピュラとともに乗り込んだ。そして、ギリシアの全土が水で覆われた最中に、九日九夜海上を漂ったあげく、パルナッソスにたどり着いた。ゼウスは数多ある男のなかで一人だけが生き残り、同じく数多ある女の中で一人だけが生き残って、しかも彼らが心正しい人間であることを見て取ると、雨を降らすのをやめて、雲を切り裂き、天空を開いた。二人はゼウス神に感謝し、犠牲を捧げたので、大神はなんでも望みのことを選ぶように告げた。そこで二人は人間たちが再び生まれるように懇願した。そして、ゼウスの言葉によって、二人は石を拾うと背後に投げ、それぞれの石から男女の人間が誕生した（はじめは母親の骨を投げろと言われたのだが、母親とは大地のことで、石を投げろという意味に解釈したという別伝もある）。これによって今日の人類が生まれたという話であるが、神話作家のアポロドロスは laas（石）から laos（人間）が生まれたという尾ひれまで付けている。ふたりの間にヘレンという子供が生まれる。ヘレン（Hellen）の名は、ギリシア人の総称ヘレネス（Hellenes）の語源となる。さらに、ヘレンの子供として、ドロス、クストス、アイオロスの兄弟が誕生し、彼らはそれぞれドリア人、イオニア人、アイオリス人の祖となる。

聖書学者たちはノアの箱船との類似を問題にするが、ギリシアではこのような洪水は何度も生じたとされる。アトランティスの滅亡をはじめ、数々の国家が興っては洪水によって消失したと哲学者プラトンは語っている。

ニンフ

ギリシアやローマの神話物語に登場するニンフは、たいていは海や山や川などに棲む土地の精である。神とは異なるので不死ではないが、人間などに比べるとはるかに長寿を保つ。たとえば、樹木のニンフはその木が枯死しないかぎりは生きていることになる。ギリシア語でニンフは「ニュンペー」という。花嫁、適齢の女の意味である。歌や踊りを好み、多くは女神アルテミスなどにつき随う従者となるが、サテュロスなどと恋をするものもいる。いくつかの種類に分かれ、大洋や海にちなむものはオケアニデス（オケアノスから）とネレイデス（海神ネレウスの娘たちの意）、川に関係するものはナイアデス（「流れる（ナオー）」から）、木と結びつくとハマドリュアデス（「木（ドリュス）と共にある」の意）、山にいるとオレイアデス（「山（オロス）」から）と名づけられた。

ニンフたちについては数々の神話がある。そのひとつをここに記そう。アルカディアのニンフであるカリストは、処女を守る誓いを立てて、アルテミスのお供をして暮らしていたが、ゼウスがその美貌を見初め、寵愛したために身ごもった。カリストは女神の目を逃れようとしたけれども、沐浴していた時に露見してしまう。激怒した女神はカリストを熊の姿に変えてしまった（怒って熊に変えたのはゼウスの正妻の神ヘラだという話もある）。このようにして熊になった彼女は、アルカスと呼ばれる子を産んだのである（アルカスはギリシア語で熊を意味する）。その後、熊の姿になった彼女が立ち入ってはならぬゼウスの神域に入ってしまったために、アルカディア人たちに追われるはめになり、熊の正体を知らぬ息子によってまさに殺されようとしたときに、憐れに思ったゼウスが救い出し、星々の中に加えた。これが大熊座であるが、アルカスもまた星に上げられ、アルクトゥールス星となったという。アルクトゥールスは牛飼座の主星であるが、ギリシア語では「熊（アルカス）の番人（ウーロス）」が原意である。これはエラトステネス（ただしその著『星座』は偽書とされる）が紹介している話であるが、原話を収めたヘシオドスの作品のほうは現存していない。

ニンフは人間に恋をすることもあり、英雄伝説にもしばしば現れる。このように彼女たちは数多くの恋愛譚に登場するけれども、悲しい結末に終わるものが少なくない。

参考文献――

オウィディウス『変身物語』巻二、中村善也訳、岩波文庫（上）、一九八一年。

（文／國方栄二）

西洋古典叢書

［第Ⅲ期］全22冊

★印既刊　☆印次回配本

●ギリシア古典篇

アテナイオス　食卓の賢人たち　5★　柳沼重剛 訳

アリストテレス　動物部分論・動物運動論・動物進行論★　坂下浩司 訳

アルビノス他　プラトン哲学入門　　久保　徹他 訳

エウセビオス　コンスタンティヌスの生涯★　秦　剛平 訳

ガレノス　ヒッポクラテスとプラトンの学説　1★　内山勝利・木原志乃 訳

クイントス・スミュルナイオス　ホメロス後日譚　　森岡紀子 訳

クセノポン　キュロスの教育★　松本仁助 訳

クセノポン　ソクラテス言行録　　内山勝利 訳

クリュシッポス　初期ストア派断片集　4★　中川純男・山口義久 訳

クリュシッポス他　初期ストア派断片集　5★　中川純男・山口義久 訳

セクストス・エンペイリコス　学者たちへの論駁　2☆　金山弥平・金山万里子 訳

ディオニュシオス／デメトリオス　修辞学論集★　木曽明子・戸高和弘・渡辺浩司 訳

テオクリトス　牧　歌★　古澤ゆう子 訳

デモステネス　デモステネス弁論集　1★　加来彰俊他 訳

デモステネス　デモステネス弁論集　2　　北嶋美雪・木曽明子 訳

ピロストラトス　エクプラシス集　　川上　穣 訳

プラトン　ピレボス★　山田道夫 訳

プルタルコス　モラリア　11★　三浦　要 訳

ポリュビオス　歴史　1★　城江良和 訳

●ラテン古典篇

ウェルギリウス　牧歌／農耕詩★　小川正廣 訳

クインティリアヌス　弁論家の教育　1★　森谷宇一他 訳

スパルティアヌス他　ローマ皇帝群像　2★　桑山由文・井上文則・南川高志 訳

致していないことを私は知っている。しかし、私は、これほどの人物の殺害については、黙するよりも、むしろさまざまな説を公表しておきたい。

パピニアヌスはセウェルス帝と非常に親しく、一部の人々が言うところでは、二番目の妻を通される。

(1) 奴隷身分から成り上がった人物。この後、パンノニアやダキアの総督になる。おそらく、難船したカラカラを助けた艦隊長官（本伝記第五章）と同一人物であろう。

(2) ユリウス・マルティアリス。カッシウス・ディオ『ローマ史』第七十八巻五-三によれば、マルティアリスは、カラカラに百人隊長への任官を求めたが、拒否されたことを恨みに思っていた。一方、ヘロディアヌス『マルクス帝没後のローマ史』第四巻一三-一によれば、彼は百人隊長で、数日前に兄弟がカラカラに殺害されており、私怨をもっていたとある。

(3) 二一七年四月のこと。殺害場所について、前章の記述と異なっている。前章では、カラエ（より正確にはカラエ近郊のルヌス神の神殿に行く途中）で殺されたことになっているが（ヘロディアヌス『マルクス帝没後のローマ史』第四巻一三-三-五も同様）、ここではエデッサからカラエの移動の途中で殺されたことになっている。カッシウス・ディオ『ローマ史』第七十八巻五-四と一致する本章の記述の方が正しいと

(4) この馬丁の存在は本伝記のみが言及。ディオとヘロディアヌスによれば（前註（3）の引用箇所と同一）、手を下したのはマルティアリスであった。

(5) マルティアリスは、カラカラ殺害の直後に、ゲルマン人の護衛部隊に殺害された。

して[1]セウェルスと親族ですらあったと伝えられている。[2]とくにパピニアヌスには二人の息子がセウェルスから委ねられ、このためパピニアヌスはアントニヌス兄弟の協調に努めたとも、またバッシアヌス［カラカラ］がゲタの陰謀について訴えるに至った時には、ゲタが殺されないように尽力したとも伝えられている。そのため、アントニヌス［カラカラ］は［パピニアヌスの殺害を］許可しただけでなく、教唆して、[3]パピニアヌスをゲタの支持者とともに兵士たちに殺害させたといわれているのである。

多くの者が言うところでは、バッシアヌス［カラカラ］は、弟が殺された後、自分自身が元老院と民衆の前で非行を弁明できるようにパピニアヌスに［演説を作成するよう］命じたが、パピニアヌスは、弟殺しを弁護することは、弟を殺すことほど簡単にできることではないと答えたのであった。別伝によれば、パピニアヌスは、殺害者［カラカラ］の動機がもっともらしくなるような、弟を非難する演説を作ることを欲せず、それを拒んで、殺された無実の人を非難しても、弟を殺したことには変わりないと言ったのである。

しかし、この話は事実とまったく一致していない。というのも、近衛長官には演説を作成する権限がなかったし、パピニアヌスがゲタの支持者として殺されたことについては、皆の意見が一致しているからである。

パピニアヌスは、兵士たちに捕らえられ、パラティヌス宮殿に殺されるべく引きずられていく時、［カラカラは後継の近衛長官によって殺されるであろうと］予言し、自分の後を継ぐ者が、もし近衛長官職に加えられた残酷な仕打ちに復讐しなかったならば、その者は非常な愚か者にちがいないと言ったと伝えられている。その予言は実現した。つまり、すでに述べたように(4)、マクリヌスがアントニヌス［カラカラ］を殺害したのである。マクリヌスは、息子とともに陣営で皇帝となると、ディアドゥメヌス(5)と呼ばれていた自身の息子をアントニヌスと呼んだ。なぜならば、アントニヌス［カラカラ］は近衛兵から非常に慕われていたからであった。

九　バッシアヌス［カラカラ］は四三歳で没し(6)、六年間、帝国を統治した。公葬で葬られた。一人の息子を残したが、その息子自身も後にはマルクス・アントニヌス・ヘリオガバルスと呼ばれ

---

(1) セウェルスか、パピニアヌスかどちらの二番目の妻であるのか文法的には判断できない。セウェルスであれば、ユリア・ドムナのことになる。

(2) この一文は、テクストにより内容が大きく異なる。マギーのテクストには、パピニアヌスが高名な法学者スカエウォラのもとでセウェルスとともに学んだこと、またセウェルスの後任として皇帝金庫管理官（advocatus fisci）になったことも記述されている。なお、ロイシュは、パピニアヌスとプラウティアヌスがここでは混同されている可能性を指摘している。

(3) 本伝記第四章、および本分冊一九九頁註（3）参照。

(4) 本伝記第六章。

(5) この人物については、本分冊所収の『ディアドゥメヌス・アントニヌスの生涯』参照。

(6) この記述は誤り。カラカラは、一八八年の四月四日に生まれ、二一七年の四月八日に殺されたので、正しくは二九歳。

た[1]。それというのも、アントニヌスという名は、人々の心から取り去ることができないほど、非常に強く根づいていたからであった。その名は、アウグストゥスの名のように、すべての人の心を占めていたのである。

カラカラは性格が悪く、厳酷な父親よりもいっそう残酷であった。大食漢で、大酒のみでもあった。身内に憎まれ、近衛兵を除いてあらゆる兵士たちに非常に嫌われていた[2]。兄弟の間で似たところがまったくなかった。

ローマ市にカラカラは多くの建物を残したが、なかでも自身の名をつけた浴場は格別であった[3]。建築家たちは、そのサンダル形をした部屋[4]を、模倣して当時のままに復元することはできないと言っている。というのも、青銅と銅でできた格子があり、それがアーチ型の天井全体を支えていたといわれているからである。その空間も相当広く、技術者もそれをそのまま作ることは無理だと言うほどである。カラカラは、父親の名をつけた柱廊をも残した。その柱廊には父親の業績である戦勝と戦争の場面が描かれていた[5]。

カラカルス［カラカラ］の名は、彼が人々に与えた、かかとまで垂れ下がった衣服に由来している。この衣服はそれ以前には着られていなかった。それで、カラカラというこの種の衣服は、今日では、アントニヌス風の衣装と呼ばれ、とくにローマ市の人々が非常によく着ているのである。

カラカラは、新しい街路を造った。それは、彼の浴場、つまりアントニヌス浴場のそばを通っている。[6] ローマの街路の中でこれよりも美しい街路を見つけるのは容易なことではないだろう。

カラカラは、イシスの祭儀をローマに持ち込み、その女神のために至るところに壮麗に神殿を建てた。また、その祭儀を以前に行なわれていた時よりも、ずっと大きな畏敬の念をもって執り行なった。このことに関して、私にはまったく不思議に思われることがある。それは、どのような理由でイシスの祭儀がカラカラによって初めてローマに持ち込まれたといわれるようになったた

(1) この記述も誤り。ヘリオガバルスは、カラカラの息子ではなく、帝権を取るにあたってそう詐称したにすぎない。実の父親はセクストゥス・ウァリウス・マルケルスという騎士身分の人であった。また、ヘリオガバルスは、マルクス・アウレリウス・アントニヌスと名のっており、マルクス・アウレリウス・ヘリオガバルスとは名のっていない。詳細は、『アントニヌス・ヘリオガバルスの生涯』第一章、および本分冊二八三頁註(2)参照。

(2) 実際には、カラカラは近衛兵を含むすべての兵士に非常に人気があった。

(3) いわゆるカラカラ浴場のこと。

(4) 原語は、cella solaris。何を指しているのか、はっきりとはわからない。訳者はバーリー英語訳に従う。バーリーは、巨大なエントランス・ホールと理解している。マギーもバーリーとほぼ同様に、プールのある大きなエントランス・ホールと解釈し、シャスタニョルは、この解釈は説得力に欠けるとして、屋根つきの日光浴室と解している。また、ホール独語訳は、温浴室と訳している。

(5) 『セウェルスの生涯』第二十一章、および本分冊一三七頁註(7)参照。

(6) おそらく、スルピキウス地区通りのこと。

のか、ということである。(1) というのも、アントニヌス・コンモドゥスはアヌビスの像を持ち運び、祭列をしかるべき所で止めて祈り、イシスの祭儀を執り行なっていたからである。(2) つまり、この男［カラカラ］は、この祭儀を盛大に祝っただけなのであり、それを初めてローマに持ち込んだのではないのである。(3)

カラカラの遺体は、アントニヌスたちの墓所に葬られた。(4) こうして、彼にアントニヌスの名をつけ加えた墓所が彼の遺体を受け取ったのである。

一〇　カラカラがどのようにして自身の義母であるユリア(5)を妻にしたといわれているのかを知るのも面白いだろう。ユリアは非常に美しく、不注意を装って体の大部分を露わにしていた時、アントニヌス［カラカラ］は言った。「もし許されるならば、［結婚］したい」。これに対して次のようにユリアは答えたと伝えられている。「もし、そうしたいのならば、許されています。あなたは皇帝であって、法を与える者であり、法を受け取る者でないのはご存じでしょう」。(6) それを聞くと、粗暴な狂気が罪を犯すほどに強められ、カラカラは結婚を行なった。カラカラが自分が法を与える者であることを本当に自覚していたならば、それは彼が率先して禁じなければならないことであった。こうして、カラカラは母親〈母親としかほかに呼びようがない〉を妻とし、弟殺しに近親相姦を結びつけたのであった。というのも、彼は、母親と結婚した上に、その息子を少し前に殺していたからである。

さらに、カラカラに対して言われた皮肉をつけ加えておくことも無駄ではないだろう。すなわ

(1) アウレリウス・ヴィクトル『皇帝たちについて』二一に、「エジプトの祭儀はカラカラによってローマに持ち込まれた」とあるが、本伝記の著者が疑問視しているように、これは誤り。エジプトの女神イシスの崇拝は、共和政末期のスラの時代にローマにすでに入ってきていた。

(2)『コンモドゥス・アントニヌスの生涯』第九章、および本分冊二二頁註(6)参照。

(3) カラカラがエジプトの宗教の熱心な信者であったことは確かで、クイリヌス丘にはセラピス神の神殿を建造し、マルスの野にあったセラピスとイシスの神殿を美しく再建した。なお、ホール独語訳の註によれば、カラカラは、ポメリウム(ローマの神聖な市域)の内に初めてイシスの崇拝を持ち込んだとされる。

(4) ハドリアヌスの墓廟のこと。現在のサンタンジェロ城。ハドリアヌス以後、マルクスやセウェルスなどの歴代皇帝が葬られていた。

(5) ユリアは、実の母親である。古代には、アウレリウス・ヴィクトル『皇帝たちについて』二一やヘロディアヌス『マルクス帝没後のローマ史』第四巻九-三などにみられるように、ユリアはカラカラの継母で、近親相姦の関係にあったとの説があった。『セウェルスの生涯』第二十章も参照。しかし、『セウェルスの生涯』第三章でカラカラがユリアの実の息子であったと正しいことも述べられており、混乱がみられる。本分冊一〇一頁註(3)も参照。

(6) アウレリウス・ヴィクトル『皇帝たちについて』二一に同様の記述がみられる。

ち、カラカラがゲルマニクス、パルティクス、アラビクス、アラマンニクスの名を得た時〈というのもカラカラはアラマンニ族を打ち破ったのであるから〉(1)、ペルティナクス［帝］の息子であったヘルウィウス・ペルティナクスは、「冗談でこう言ったと伝えられている。「お気に召すならば、ゲティクス・マクシムスの名もつけ加えよ」(2)。なぜならば、カラカラは、弟のゲタを殺した上に、東方に向かう途中で、ゲタエ族と呼ばれていたゴート族(3)を奇襲して打ち破っていたからである(4)。

二　ゲタが殺される前に多くの予兆があったが、そのことはゲタの伝記で述べよう(5)。というのも、ゲタはカラカラよりも先に死んだとはいえ、私たちは、先に生まれ、先に皇帝となった者の生涯が、まず先に記録されるような順序で話を進めてきたからである。

足を病んだセウェルスが帝国を統治することができないように思われたので、存命中であったにもかかわらず、軍隊はカラカラをアウグストゥスとして歓呼したことがあったが(6)、その時、セウェルスは、兵士や将校たちの計画をうち砕いた後、もし非常に影響力のあった彼の近衛長官が反対しなかったならば、カラカラを殺そうとしたといわれている。これに対して、別の者たちは、近衛長官の方がカラカラが殺されることを望んでいたのであって、セウェルスは、そのことを欲しなかったのだと言っている。というのも、セウェルスは、自身の厳酷さが残酷という名で汚されないように、また、事件の首謀者が兵士たちであったのに、青年［カラカラ］が、愚かな軽率さが原因となったその罪を償うのに、父親によって殺されたと思われるほどのひどい罰を受けることがないようにしたかったからである。

カラカラは、あらゆる人間の中で最も粗暴で、一言で言えば、弟殺し、近親相姦者、父母と弟の敵であったが、彼を殺したマクリヌスは、兵士を、とりわけ近衛兵を恐れてカラカラを神格化

(1)アラビクス(アラビア人に対する勝利者の意)の称号は、二一一年以後の碑文に現われる。マギーは、公的にこの称号が帯びられたのではないと考えている。
(2)アラマンニクス(アラマンニ族に対する勝利者の意)の称号をカラカラは帯びていない。三一八年にコンスタンティヌス大帝が初めてこの称号を帯びた。ただし、ゲルマン民族の一派アラマンニ族をカラカラが破ったことは確かである。本伝記第五章、および二〇一頁註(7)参照。一方、カラカラは、アディアベニクス(アディアベネ族=アッシリア地方の民族に対する勝利者)の称号を帯びていたことが碑文史料から確認される。
(3)おそらく実際にはダキア周辺に居住していたカルピ族のことであろう。
(4)ゲティクス・マクシムスとは、「ゴート族に対する偉大な勝利者」を意味するが、ペルティナクスはここで「ゲタに対する偉大な勝利者」との意味をこめて皮肉っているのである。同じ記述は、『アントニヌス・ゲタの生涯』第六章にもみられる。
(5)『アントニヌス・ゲタの生涯』第三―四章参照。
(6)アウグストゥスの称号は、すでに、一九七年秋頃にセウェルスにより与えられており、この記述は誤り。ただし、カラカラが、ブリテン島に遠征している最中に父親の殺害を企んでいたことは、『セウェルスの生涯』第十八章やカッシウス・ディオ『ローマ史』第七十六巻一四に記録されている。

した。(1) カラカラは、神殿とサリイ神官団、(2) そしてアントニヌス聖職者団をもった。(3) 彼は、ファウスティナからその神殿と神名を奪った。実際、[ファウスティナの]夫[マルクス]が彼女のためにタウルス山脈の麓に建てた神殿を、(4) カラカラは奪い取ったのである。後に、その場所には、カラカラの息子であったヘリオガバルス・アントニヌスが自分のためか、あるいはシリアのユッピテル神のためか、あるいは太陽神ソルのためか、それは不確かであるけれども、(5) 神殿を建てたのであった。(6)

(1) カラカラの神格化については、カッシウス・ディオ『ローマ史』第七十八巻九にも記述がある。ヘリオガバルス帝やアレクサンデル帝時代の貨幣は、カラカラを「偉大なる神君アントニヌス(Divus Magnus Antoninus)」と呼んでいる。

(2)『哲学者マルクス・アントニヌスの生涯』第二十一章、および第1分冊一八三頁註(4)参照。

(3)『哲学者マルクス・アントニヌスの生涯』第十八章、および第1分冊一七五頁註(5)参照。

(4)『哲学者マルクス・アントニヌスの生涯』第二十六章参照。

(5) ヘリオガバルス神のこと。詳細は、『アントニヌス・ヘリオガバルスの生涯』第一章、および本分冊二八五頁註(2)参照。

(6)『アントニヌス・ヘリオガバルスの生涯』にはこのような記述はなく、信憑性は疑わしい。

アエリウス・スパルティアヌス

アントニヌス・ゲタの生涯

井上文則　訳

一　コンスタンティヌス皇帝陛下[1]、大勢の者たちや慈悲深いあなた様が、なぜゲタ・アントニヌス［の伝記］もまた私によって書き著わされるのか、と疑問を呈されるかもしれないことを私は承知しております。ゲタの生涯やその殺害について語る前に、なぜ父親のセウェルスによって彼自身にもまたアントニヌスの名が与えられたのかを説明しておきましょう[2]。というのも、ゲタは、兄とともに帝国を統治するよりも前に没したので[3]、彼の生涯について語るべきことは多くはないからです。

ある時、セプティミウス・セウェルスは神託に伺い、自分の死後、誰が後継者になるのか明らかにされるように求めると、「アントニヌス」が自分の後継者となる夢を見た。それゆえ、直ちに、セウェルスは兵士たちのところに赴き、長子のバッシアヌス[4]をマルクス・アウレリウス・アントニヌスと呼んだ[5]。この措置をした後で、セウェルスは父親としての配慮からか、また別の人が言うところでは夢占いに精通していた妻のユリアを通してか、この行為によって自身が次男に帝権への道を閉ざしたことになるのを思い起こして、次男のゲタもまたアントニヌスと呼ばれるように命じた。

こうして、セウェルスは、家族に宛てた手紙ではいつもゲタをアントニヌスと呼び、不在の時には次のように書き送っていた。「元気にしているか、アントニヌスたちよ、私の息子たちにして後継者たちよ」。しかし、父親の用心は何の意味もなかった。というのも、最初にアントニヌスの名を受け取った者だけが、セウェルスの後を継いだからである。以上がアントニヌスの名についての話である。

二　これに対し、ゲタ［の名］は父方の叔（伯）父か、あるいは父方の祖父に由来している。(6) こ

(1) ローマ皇帝。在位三〇六－三三一年。本書の伝記のいくつかがこの皇帝に献呈されているが、現在では本書の著者の捏造とみなされている。詳細は、本書第1分冊「『ローマ皇帝群像』訳出にあたって」iv－vi頁参照。

(2) ゲタがアントニヌスの名を帯びていた記録は、本書以外にはない。著者の創作であろう。

(3) この記述は誤り。ゲタは二〇九年にアウグストゥスになっており、父親のセウェルスが二一一年二月に没してから自身が同年十月に殺害されるまでは、カラカラの共同統治者でもあった。『アントニヌス・カラカルスの生涯』第二章でも共同統治期の記述は省かれている。

(4) いわゆるカラカラのこと。彼の名前についての詳細は、『アントニヌス・カラカルスの生涯』第一章、および本分冊一九三頁註（4）参照。なお、本伝記では、カラカラはバッシアヌスあるいはアントニヌスと呼ばれている。

(5) 一九六年のこと。カラカラは同時にカエサルの称号も得た。

(6) たしかに、ゲタの父方の叔（伯）父と祖父は、プブリウス・セプティミウス・ゲタであった。アウレリウス・ウィクトル『皇帝たちについて』二〇によれば、ゲタの名は父方の祖父の名にちなんでいる。

の祖父の生涯と人となりについてはマリウス・マクシムスがセウェルス伝の最初の部分でかなり冗長に語っている。また、一方でゲタは以下のような理由でアントニヌスと呼ばれた。すなわち、セウェルスは、歴代すべての皇帝がアウグストゥスと呼ばれているのと同じように、〔今後は〕アントニヌスとも呼ばれるよう決めていたし、またマルクスに対する愛情からも、ゲタをアントニヌスと呼ばせたのであった。セウェルスはマルクスを自分の父親とも兄とも常に呼び、その哲学や文学の学識に常に倣っていたのである。

別伝によれば、アントニヌスの名がゲタに与えられたのは、アントニヌスの名だけを与えられていたマルクス——マルクスは、その名を養子としてもったにすぎなかった——に対する敬意からではなく、ピウスと呼ばれたハドリアヌスの後継者に対する敬意からであった。実際、かのピウスがセウェルスを〔普通の〕弁護人から皇帝金庫管理官へ任じたのであり、この時、アントニヌスによって与えられた最初の地位、あるいは官職が吉兆となり、セウェルスにかの栄達への道が開かれたからである。また同時に、セウェルスには、名前をもらうのに、この皇帝よりも幸先がよい皇帝は誰もいないと思われたからである。なぜなら、この皇帝の名自体がすでに四人の皇帝によって名のられていたからなのである。

この同じゲタについて、セウェルスは、彼のホロスコープを知って——アフリカ人の多くがそうであるように、セウェルスもこの技に非常に精通していた——こう言ったと伝えられている。

「親愛なるユウェナリスよ、わが子ゲタのホロスコープには彼が皇帝になる兆しは見られないのに、将来神君になるであろうとは驚きだ」。ユウェナリスというのは、セウェルスの近衛長官であった[11]。セウェルスは、間違っていなかった。というのも、バッシアヌス〔カラカラ〕は、ゲタを殺した時、弟殺しが理由となって暴君のレッテルを貼られることを恐れ、もし弟を神君と呼ぶのなら、その罪は軽減されうると聞いて、こう言ったと伝えられている。「生者〔ウィウス〕でなく

---

(1) ネルウァからヘリオガバルスに至るまでの皇帝の伝記を書いた元老院議員。詳しくは、第1分冊九頁註(10)参照。

(2) 原語は primus septinarius であるが、意味は明らかではない。バーリー、マギーの解釈に従う。シャスタニョルとホール独語訳は、「最初の七章」と訳している。

(3)『セウェルスの生涯』第十九章にも同様の記述がある。

(4) 哲学者皇帝マルクス・アウレリウス・アントニヌス(在位一六一―一八〇年)のこと。

(5) セウェルスは、碑文史料によれば、「神君マルクス・アントニヌスの息子」を称していた。

(6) 詳細は、『ハドリアヌスの生涯』第二十四章、および第1分冊七七頁註(3)参照。

(7) すなわち、アントニヌス・ピウス帝(在位一三八―一六一年)のこと。

(8) セウェルスのこの官職就任は疑わしい。なお、アウレリウス・ウィクトル『皇帝たちについて』二〇とエウトロピウス『建国以来の歴史概略』八にもセウェルスが皇帝金庫管理官に就いていたとの記述がある。

(9) すなわち、アントニヌス・ピウス、マルクス・アウレリウス、ルキウス・ウェルス、コンモドゥス。

(10) セウェルスが占星術に通じていたとの記述は、『セウェルスの生涯』第三章にもある。

(11) フラウィウス・ユウェナリス。ディディウス・ユリアヌスによって近衛長官に任じられ、セウェルスのもとでもその職に留まっていた。『セウェルスの生涯』第六章も参照。

なったならば、神君（ディウス）となるがよい」。こうして、バッシアヌス［カラカラ］はゲタを神格化したので、(1) とにかくも弟殺しの悪評は改善された。

三　ゲタは、セウェルスとウィテリウスがコンスルの年、(2) メディオラヌムで――「生誕地については」諸説あるが――、五月二十七日にユリアから生まれた。(3) セウェルスは、彼女が王の妻になるという運命をもっていることをそのホロスコープから知って、結婚していたのであった。(4) 当時、セウェルスは、皇帝になる前であったが、国家において卓越した人物の一人であった。

ゲタが生まれるとすぐに、中庭で雌鶏が紫色の卵を産んだという報告が入った。ゲタの兄のバッシアヌス［カラカラ］は、運んでこられた卵を受け取ると、小さな子どもがするように、地面に投げつけて、つぶしてしまった。その時、ユリアは冗談でこう言ったと伝えられている。「呪うべき弟殺しめ、あなたは弟を殺したのですよ」。冗談で言われたそのことを、セウェルスはその場にいた誰よりも深刻に受けとめた。ユリアの言葉はまるで神の啓示であるかのように発せられたと、周囲にいた人たちは後に一致して伝えている。

別の前兆もあった。アントニヌスというある平民の屋敷で、ゲタが生まれた同じ日の同じ時刻に、額に紫の毛をはやした羊が生まれたが、その者はセウェルスの後にアントニヌスが皇帝になるであろうとのことを占い師から聞き、自分について予言されているのだと思って、運命のそのような兆しを恐れ、その羊を剣で殺してしまったのである。後で充分明らかになったように、このこと自体もまたゲタがアントニヌス〔カラカラ〕によって殺される前兆であった。

また、将来起こるあの犯罪の別の前兆もあった——その恐ろしい結末は後日明らかになったが——。すなわち、子どものゲタの誕生日をセウェルスが祝おうとしたとき、アントニヌスという名の供犠者が生贄の獣を殺したのである。このことは当時は疑問に思われることも、注意を払われることもなかったが、後年そのことの真の意味が理解された。

四　青年時代のゲタは格好がよく、性格は粗暴であったが、不道徳ではなかった。金銭に貪欲で、言葉に関心があり、美食家であった。さまざまに香味をつけられた食べ物やブドウ酒に目がなかった。
少年時代のゲタについては、次のような有名な話が伝えられている。セウェルスは敵対する党

(1) ゲタは神格化されていない。それどころか、「記憶の抹消(damnatio memoriae)」を受けた。彼の像は倒され、公共建築物からはその名が削り取られるなどした。
(2) 一八九年のこと。
(3) 現在の学説では、ゲタはローマ市で生まれたとされる。『セウェルスの生涯』第四章にも、ゲタはローマ市で生まれたと記されている。なお、メディオラヌムは現ミラノである。
(4) 同じ話が『セウェルスの生涯』第三章にもある。ゲタの誕生日については、本分冊一〇一頁註(7)参照。

派の人間(1)を殺そうと思って、家族に「お前たちの敵を取り除いてやろう」と言った時、バッシアヌス［カラカラ］は意見を求められると、同意して彼らの子どもも殺すべきであるとまで言ったが、ゲタはこう問うたと伝えられている。「いったいどれだけの人が殺されるのですか」。父親が答えると、ゲタは尋ねた。「彼らにも両親があり、親族がいるのでしょう」。肯定的な答えを聞くと、ゲタは泣きながらこう言った。「ということは、私たちが勝利することで、国家には喜ぶ人よりも悲しむ人がいっそう多くなるのですね」。その時、もし近衛長官のプラウティアヌス(2)か、あるいはユウェナリスが、財産没収で自らを富ませることを望んで、［敵対する党派の者を殺すことを］強く主張しなかったなら、ゲタの主張が通っていただろう。過度に残酷であった兄のバッシアヌス［カラカラ］も、彼らに同調した。バッシアヌス［カラカラ］は、強硬に主張し、冗談とも正気ともつかずに、敵対する党派の人間を子ども共々すべて殺すべきである、と言うと、ゲタはバッシアヌス［カラカラ］に次のように言ったと伝えられている。「あなたは、誰も容赦しないのですから、弟すら殺すことができそうですね」。ゲタのこの言葉は、当時は何でもなかったが、しかし後に予言とみなされるようになった。

五　ゲタは、文学作品を理解する際には、昔の著作家に必ず典拠を求めた。また、父親の教えを心にとどめていた。兄に常に嫌われ、兄よりも母親に愛されていた。少しどもっていたが、良い声をしていた。服装に非常にこだわり、父親に笑われるほどであった。両親から何かをもらった時は、それを装身具として自分のために使い、誰にも何も与えなかった。

パルティア戦争の後、父親がたいへんな栄誉に輝いていた時、バッシアヌス〔カラカラ〕は共同統治者と宣言され、一部の人の言うところでは、ゲタもまたカエサルとアントニヌスの名前を受け取った(3)。

ゲタは、文法学者に次のような質問をよくしていた。彼らが答えるようにいわれたのは、動物はどのように鳴くのか、という質問であった(4)。例えば、答えはこうなる。子羊はバロ(5)、子豚はグルンニオ、鳩はミヌリオ、熊はサエウィオ、ライオンはルギオ、ヒョウはリクト、象はバリオ、蛙はコアクソ、馬はヒンニオ、ロバはルド、牛はムギオと鳴く。そして、ゲタはこれらのことを

(1) セウェルスに敵対したクロディウス・アルビヌスの支持者を指すと考えられる。

(2) セウェルスのもとで絶大な影響力を振るった近衛長官。この人物については、『セウェルスの生涯』第六章、および本分冊一〇七頁註(3)参照。

(3) セウェルスがパルティアの都クテシフォンを陥落させた一九七年秋頃、カラカラはアウグストゥスの称号を、ゲタはカエサルの称号を得た。しかし、本分冊二一九頁註(2)で指摘したように、ゲタはアントニヌスとは呼ばれていない。

(4) 動物の鳴き声を列挙することは、ローマ時代の文法教育でしばしば行なわれた。

(5) 以下、ラテン語で動物の鳴き声を表現する動詞が並ぶ。

昔の著作家に照らし合わせて確認するのを習慣としていた。ゲタは、セレヌス・サンモニクス(1)の書物を愛読していた。この本は、サンモニクスがアントニヌス(2)のために書いたものであった。

また、ゲタは、宴会やとくに昼食［のメニューの頭文字］を一つの文字で［統一するように］教養ある奴隷によく命じていた。例えば、ガチョウ（anser）、猪（apruna）、鴨（anas）の肉といった風に。また同様に、雛鳥（pullus）、ヤマウズラ（perdix）、孔雀（pavus）、子豚（porcellus）、魚（piscis）、ハム（perna）、そのほかにもこの文字に［頭文字が］一致する食べ物。同じように、小麦の菓子（farrata）、雉（fasianus）、無花果《いちじく》（ficus）などなど。そのため、青年の頃のゲタは、ユーモアのある人とみなされていた。

六　ゲタが殺されたとき、兵士のうち買収されていなかった一部の者は、ゲタが殺害されたという報告を悲痛な面もちで聞いた(3)。そして、自分たちはみな子ども二人に忠義を誓っていたし、二人に仕えねばならなかったと言って、門を閉めたので、皇帝［カラカラ］は、長い間、［陣営の中に］入れなかった。最終的に、ゲタについての非難が広まり、巨額の賜金が与えられて、兵士たちの心がなだめられるまで、バッシアヌス［カラカラ］はローマに戻ることができなかった。

この後、パピニアヌスやその他大勢の者が、兄弟間の協調を支持したとか、ゲタの党派であったということで、次のようにして殺された。両身分の人たち(4)が、浴場や食卓、そして公共の場で斬り殺され、パピニアヌス自身は斧で打ち殺されたのである。バッシアヌス［カラカラ］は、それが剣で遂行されなかったので、不満であった。結局、事態は首都警備隊の暴動にまで至った。バッシアヌス［カラカラ］は、この暴動に厳罰をもって対処した。一説によれば、首都警備隊の将校を処刑したとされ、また、別説では流刑に処したといわれている。

バッシアヌス［カラカラ］自身は、非常に怯えていたので、元老院議員の衣服の下に胸当てをつけて元老院議事堂に入り、自身の行為とゲタ殺害について釈明した。

この時、ペルティナクス［帝］の息子であり、後にこの同じバッシアヌス［カラカラ］によって殺されることになるヘルウィウス・ペルティナクスは、［皇帝に］祝いの言葉を述べ、サルマティクス・マクシムス[5]にしてパルティクス・マクシムス[6]よ、と呼びかけているプラエトルに、こう言

（1）この人物については、『アントニヌス・カラカルスの生涯』第四章、および本分冊一九九頁註（6）参照。
（2）このアントニヌスが誰を指しているのかは不明。
（3）本章とほぼ同内容の記述が、『アントニヌス・カラカルスの生涯』第二章および第四章にみられる。
（4）元老院議員身分と騎士身分の人たちのこと。
（5）「サルマティア人に対する偉大な勝利者」の意味。カラカラは、この称号を帯びてはいない。
（6）「パルティア人に対する偉大な勝利者」の意味。この称号については、『アントニヌス・カラカルスの生涯』第六章、および本分冊二〇四頁註（4）参照。

ったと伝えられている。「ゲティクス・マクシムスもつけ加えよ」(1)。ゲティクスはゴティクスの言い換えであった(2)。この言葉が深くバッシアヌス［カラカラ］の心に突き刺さっていたことは、後にペルティナクス殺害によって証明された。実際、ペルティナクスだけでなく、先に述べたように、他の者たちも不当に、至るところで殺害されたのである。バッシアヌス［カラカラ］は、ヘルウィウス［・ペルティナクス］に帝位を窺ったという嫌疑をかけた。なぜならば、ヘルウィウス［・ペルティナクス］が皆に愛されており、かつまたペルティナクス帝の息子であったからである。こういったことは、一私人にとってはたいへん危険なことであった。

七　ゲタの葬儀は、兄によって殺されたとみられていた者に対するそれとしては、ずいぶん入念になされたといわれている。ゲタは、父祖の、つまりセウェルスの墓廟に葬られた(3)。その建物は、［アッピア］門に向かってアッピア街道を歩いていくと、右手にある。墓廟は、セプティゾディウム(4)を模して建てられており、セウェルスが生前に自分のために準備していたものであった。カラカラは、ゲタの母親、つまり自分の継母(5)をも殺そうとした。彼女がゲタ［の死］を嘆いていたからであった。また、カラカラは、元老院から帰ってきた時、涙を流しているのを見つけた女たちも殺そうとした(6)。

アントニヌス［カラカラ］は、非人間的な性格の持ち主で、殺そうと思っている者をとくにお世辞で褒め讃えたので、人はアントニヌス〔カラカラ〕の怒りよりも賞賛をむしろ恐れた。カラカラ自身は、ゲタの名を口にしたときや、彼の胸像や立像を見たときは、いつでもその死を涙を流して嘆いていたが、これはあらゆる人にとってまったく驚くべきことであった。アントニヌス・バッシアヌス〔カラカラ〕はたいへん気まぐれであり、また、むしろそれ以上に殺人への渇望もたいへんなもので、時にはゲタの支持者を、また別の時にはゲタの敵を、機会があれば殺していた。それゆえに、いっそうゲタが追慕された。

(1) この言葉の意味については、『アントニヌス・カラカルスの生涯』第十章、および本分冊二一五頁註（4）参照。
(2) ゴティクスは「ゴート族に対する勝利者」を意味する。なお、『アントニヌス・カラカルスの生涯』第十章によれば、ゴート族は当時ゲタエ族と呼ばれていたのでゴティクスとゲティクスは同義となるのである。
(3) セウェルスの墓廟とは、いわゆるハドリアヌスの墓廟（現サンタンジェロ城）のことであるが、著者は、その位置については後段にあがるセプティゾディウムと混同している。
(4) セプティゾディウムについては、『セウェルスの生涯』第十九章、および本分冊一三一頁註（5）参照。
(5) ゲタとカラカラは同じ母親から生まれているので、この記述は誤り。詳細は、『アントニヌス・カラカルスの生涯』第十章、および本分冊二一三頁註（5）参照。
(6) 同様の記述は、『アントニヌス・カラカルスの生涯』第三章にもある。本分冊一九七頁註（5）も参照。

ユリウス・カピトリヌス

オピリウス・マクリヌスの生涯

桑山由文　訳

一　帝位僭称者たちにせよ、副帝（カエサル）たちにせよ、長く統治しなかった皇帝（プリンケプス）の生涯は、闇の中に沈んでいる。なぜならば、彼らが皇帝となる前の人生には、語るに値するものは何もないからであり、また、もし帝権へ達しなかったのなら、実のところ彼らについてはまったく何も知られることがなかったであろうから。しかも、その帝権についても、長く保持しなかったので、あまり多くを語ることができないからである。しかし、さまざまな歴史家から拾い上げた事実をわれわれは白日の下にさらすのであり、それらは少なくとも記憶に留められるに値するのである。実際、その人生において日々何もしないような人はいないけれども、他人の伝記を書こうと企てる者は、知るに値することを記述せねばならない。

実のところ、ユニウス・コルドゥス(1)にとって、その熱意は、[世間に]知られていないと自分がみなしている皇帝たちの伝記を世に出すことにあった。もっとも、彼はそれほど成功はしなかった。ほんのわずかの、言及に値せぬことを見つけただけだからである。彼は、自分は最も些細なことを追求するのだ、と公言していた。たしかに、トラヤヌスやピウス、マルクスについては(2)、彼らがどのくらいの頻度で散歩に行き、いつどのようなものを食べ、いつ服を替え、また、いつ誰を昇進させたのかを知らねばならないのだけれども。それらすべてを追求し、そのようなことばかり記述することで、コルドゥスは、彼の本を馬鹿げた逸話で一杯にした。だが、些細な事実についてはまったく、あるいはせいぜいほんのわずかしか記述されるべきではない。それも、こういったことから、実際に知る必要のある［皇帝たちの］性格が理解できるときにだけであり、しかもその一部だけ……でよい(3)。そこから残りの部分が推測できるからである。

二　さて、アントニヌス・バッシアヌス［カラカラ］が殺されると、彼の近衛長官であったオピリウス・マクリヌス(4)が帝位を簒奪したのであるが、彼はかつては人の私財を管理していた人物で

(1) この人物は、本書全体のうち、ユリウス・カピトリヌス作とされる伝記にしばしば名が出る著作家である。『クロディウス・アルビヌスの生涯』第五章などではアエリウス・コルドゥスとも呼ばれる。彼が実在したことを示す証拠はない。

(2) 彼らはみな有名で統治期間も長い皇帝である。コルドゥスが対象としたような皇帝とは異なるはずであり、本伝記の記述は矛盾している。

(3) テクストに欠損がある。

(4) アウレリウス・ウィクトル『皇帝たちについて』、エウトロピウス『建国以来の歴史概略』といった史書も、本伝記と同じくオピリウスとしているが、貨幣や碑文から、正しくはオペリウスであったことがわかっている。

あった[1]。卑しい出自であり[2]、性格も顔立ちも醜悪であった。あらゆる人々、すなわち民衆と兵士双方の嫌悪を買っていたが、自らをある時はセウェルス、ある時はアントニヌスと呼んでいた[3]。彼はすぐにパルティアとの戦争へ赴くことで、兵士が自分について判断する機会を奪い、また、自分を苦しめる噂が広がる可能性を断った。

元老院はアントニヌス・バッシアヌス［カラカラ］への嫌悪からマクリヌスを皇帝として喜んで受け入れたが、そのとき元老院議員全員が口をそろえて叫んだ。「弟殺しでなければ誰［が皇帝］でも良い。近親相姦を犯した者でなければ誰でも良い。汚らわしい男でなければ誰でも良い。元老院と民衆の殺害者でなければ誰でも良い[4]」。

加えて、おそらくは誰もが驚いたと思えるのであるが、アントニヌス［カラカラ］殺害の張本人はマクリヌスだと言われていたにもかかわらず、なぜマクリヌスの息子ディアドゥメヌス[5]はアントニヌスと呼ばれることを望んだのか。

三　この点について史書が述べていることを記そう。カルタゴにカエレスティス［女神］の巫女がおり、女神が降りきたることで真実を予言するのを常としていた[6]。アントニヌス・ピウスの治世に、ある総督が自らの帝権獲得の可能性と、さらに慣習に従って、国家の安寧とについて彼女に尋ねた。その時、彼女は未来を予見したのだが、皇帝たちに関するところまで［予言が］至ると、何度自分がアントニヌスと言うか大声で数えるよう命じた。すると、誰もが驚いたことに、彼女はアントニヌス・アウグストゥスという名を八回も叫んだのであった。

これはアントニヌス・ピウスが以後八年統治するということだと皆は信じたが、しかし、彼

(1) この「私財を(privatas)」が誰の財産を指すかで解釈が分かれる。シャスタニョルやバーリー英語訳、ホール独語訳など大半は皇帝私有財産(res privata)と考えるが、ビュデ版は、皇帝ではなく、セウェルス帝の親族で近衛長官として権勢を振るったプラウティアヌスの財産と考える。実際、カッシウス・ディオによれば、マクリヌスはプラウティアヌスとたいへん近しい関係にあった。ビュデ版の解釈をとる場合、この管理職は、本伝記第七章の皇帝私財管理官職(procurator privatae)とは異なることになる。

(2) 彼は北アフリカ西部のマウレタニア出身であった。

(3) マクリヌスはセウェルスを名のることで、セウェルス朝の後継者であることを示そうとした。一方、彼がアントニヌスを名のったことは貨幣や碑文には現われず、おそらく本伝記の著者の創作であろう。

(4) ここで非難されているのはカラカラ帝である。カラカラの弟殺しと近親相姦については、『アントニヌス・カラカルスの生涯』が詳述している。

(5) マクリヌスの場合と同じく、彼の名も正確にはディアドゥメニアヌスである。ただし、以下、本文、註ともにディアドゥメヌスと記す。

(6) このカルタゴは、ポエニ戦争で破壊された後、ローマ時代に再建された都市であり、元々のフェニキア人都市国家の旧カルタゴとは性格が異なる。カエレスティスは「天空の」の意である。この女神はローマ時代のカルタゴで崇拝され、ローマ神話のユノ女神に当たるとみなされていた。旧カルタゴのタニト神の神格を継承し、また、バアル神とも密接な関係にあったらしい。セウェルス帝の妻ユリア・ドムナがしばしばこの女神と同一視される。また、カエレスティスの予言については『ヘルウィウス・ペルティナクスの生涯』第四章にも記述がある。もっとも、カエレスティスに帰されているものの、本書のこうした予言は著者の創作であろう。

［の統治］はこの年数を越えてしまった。［予言を］信じていた人々は、当時もその後も別のことが予言者によって指し示されたのだと、一致して考えていた。すなわち、アントニヌスと呼ばれた者全員を数え上げると、彼らの人数こそがそれ［八］であるとわかるのである。もちろんピウスが最初のアントニヌスであり、次のアントニヌスがマルクス、三番目がウェルス[1]、四番目がコンモドゥス、五番目がカラカルス［カラカラ］、六番目がゲタ[2]、七番目がディアドゥメヌス、八番目がヘリオガバルスであった。

二人のゴルディアヌス[3]は、個人名[4]がアントニヌスであったというだけか、もしくは、実際はアントニウスと呼ばれていてアントニヌスと呼ばれてはいなかったかのどちらかなので、アントニヌスの中に数えられるべきではない[5]。またセウェルスがアントニヌスと自称し、ペルティナクス、ユリアヌス、そしてマクリヌス自身といった多くの者も同様に称していた、ということもあった[6]が、やはり数えられるべきではない。つまり、アントニヌス［・ピウス］の真の後継者であった正統のアントニヌスたちだけが、自分本来の名前よりもこの名を使い続けたのであった。ある者たちは［ディアドゥメヌスがアントニヌスと名づけられた理由を］以上のように考えている。

しかし、他の人々が言うところによると、マクリヌスがアントニヌス［カラカラ］を殺害したのではないかという疑いを兵士たちから取り除くために、ディアドゥメヌスは父マクリヌスによってアントニヌスと名づけられたのであった。

実際、別の人々の語るところでは、この名はたいへんに望まれており、民衆と兵士は、もしアントニヌスの名を「ある皇帝が名のっていると」耳にしなかったなら、その人を皇帝と認めないほどであった。

四　さて、ウァリウス・ヘリオガバルスが帝位に就いたと知らされ(7)、アレクサンデルを副帝

(1) マルクス・アウレリウス帝の共治帝であったルキウス・ウェルスのこと。ウェルスはアントニヌスを名のらなかったと考えられているが、エウトロピウス『建国以来の歴史概略』八やオロシウス『異教徒に反論する歴史』七-一五-二―三は本伝記と同じ主張をする。

(2) ゲタもアントニヌスとは名のらなかった。その可能性があることは本伝記の著者も知っていたらしい。『ディアドゥメヌス・アントニヌスの生涯』第六章参照。

(3) ゴルディアヌス一世（在位二三八年）および二世（在位二三八年）のことである。

(4) 個人名とは praenomen の訳である。ローマ人の名は praenomen, nomen, cognomen の三つから成り立っていた。家系を示すのは nomen であった。次註も参照。

(5) 『三人のゴルディアヌスの生涯』第四章、『アントニヌス・ヘリオガバルスの生涯』第十八章にも同様の記述がある。だが、ゴルディアヌスたちは前者ではアントニヌスの「名 (nomen)」を、後者では、アントニヌスの「添え名 (cognomen)」をもっていたとされており、本伝記とは微妙に異なる。

(6) 実際は、彼らはいずれもアントニヌスとは名のらなかった。『アントニヌス・ディアドゥメヌスの生涯』第六章にも類似の記述がある。

(7) すなわち、ヘリオガバルス帝（在位二一八―二二二年）のことである。

（カエサル）と元老院がすでに宣言していた時(1)、元老院ではマクリヌスについて多くの人がいろいろと発言した。そこから彼が下賤の生まれで、卑しく、汚れていたことが明らかとなった。

このことは、ピニウスという添え名のアウレリウス・ウィクトルの、次のような発言に要約されよう(2)。

「マクリヌスは解放奴隷であり、男娼であり、皇帝家において奴隷仕事をし、自分の忠誠心を売りとばしていた(3)。コンモドゥスのもとでは卑しい生活を送っていたが、セウェルスによって最も惨めな仕事すら辞めさせられてアフリカへ追放されたのである。その地では、有罪判決を受けた不面目を隠そうとして、触れ役の仕事に専心したり、取るに足りない訴訟の弁護をしたり、練習演説をしたり、ついには学校で教えすらした。

しかし、仲間の解放奴隷フェストゥス(4)の援助によって黄金の指輪を与えられ(5)、ウェルス・アントニヌスの治世には、皇帝金庫管理官になったのだ(6)」。

もっとも、これらは疑わしいと思われるし、他の人々からは別の話が伝えられており、そちらについても私は沈黙しはしない。すなわち、多くの人々は、マクリヌスが剣闘士として戦い、木剣(7)を受け取った後、アフリカへ行ったと述べているのである。つまり、最初は剣闘士として野獣と戦うことを生業としていたが、その後、公証人になり、次いで皇帝金庫管理官職に就いた。この職から、諸々の顕職へ至ったのである。

さらに、マクリヌスは、近衛長官であった時に同僚が追放されると、(8) 自らの皇帝アントニヌス・カラカルス［カラカラ］を殺害したが、これを、自分が殺したとは誰も思わないような巧みな陰

（1）誤りである。アレクサンデルとはヘリオガバルスの後継帝アレクサンデル・セウェルス（在位二二二－二三五年）のことであるが、彼が副帝となったのは二二一年のことである。彼が二一八年にすでに副帝であったという話は他の史書にもみられることから、本伝記の著者の創作というよりも、後継者としての資格を正当化するためのアレクサンデル帝側のプロパガンダであるらしい。

（2）アウレリウス・ウィクトルは、後四世紀後半の歴史家で属州総督や首都長官をも務めた人物であり、この記述は時代錯誤である。権威ある彼の名をあげることでマクリヌスを貶めることを著者は考えたのであろうとビュデ版は指摘している。

（3）以下で述べられる経歴のほとんどは正しくない。カッシウス・ディオ『ローマ史』第七十八巻一一－一では、マクリヌスはマウレタニアの人で、カエサレアで卑しい両親から生まれたとあるが、解放奴隷とは述べていない。

（4）カラカラ帝の解放奴隷で、侍従長兼記録担当官（a cubiculo et a memoria）であったマルキウス・フェストゥスのことと考えられる（ヘロディアヌス『マルクス帝没後のローマ史』第四巻八－四、カッシウス・ディオ『ローマ史』第七十八巻三二－四参照）。後にマクリヌス帝を見捨てヘリオガバルスに味方した。ただ、註（2）で述べられたアウレリウス・ウィクトルと同じく、後四世紀の著作家であるセクストゥス・ルフィウス・フェストゥスのことを指しているとする見解もある。

（5）騎士身分となった、という意味か。ただ解放奴隷がなぜ関わっているのかは不明である。

（6）マクリヌスはセプティミウス・セウェルス帝の時に皇帝金庫管理官となった。彼は一六四年か一六六年の生まれである可能性が高いので、ウェルス帝の時に皇帝金庫管理官となったとは考えられない。ただ、ウェルスではなくセウェルス・アントニヌス、つまりカラカラ帝とする読みもある。いずれにせよ史実ではない。

（7）剣闘士奴隷からの解放の印である。

（8）同僚近衛長官が追放されたという事実は知られていない。

謀でもって実行したのである。(1)

実際、マクリヌスはカラカルス［カラカラ］の馬丁に大きな期待を抱かせて買収し、(2)あたかも［カラカラが］弟殺しや近親相姦を不快と感じた兵士たちに襲われて殺害されたと言われるように仕向けたのであった。

五　その後すぐに(3)マクリヌスは帝位を簒奪し、息子ディアドゥメヌスは帝権の共有を認められた。(4)先に述べたように、(5)このディアドゥメヌスが直ちに兵士たちによってアントニヌスと呼ばれるようマクリヌスは命じたのであった。次いで、マクリヌスはアントニヌス［カラカラ］の亡骸を、父祖の墓廟に安置するために(6)ローマへ送った。(7)

かつての自分の同僚である近衛長官に、(8)職務に励むこと、中でも、君主に相応しい葬儀を行なって、アントニヌス［カラカラ］を栄誉でもって弔うことを命じた。なぜならば、アントニヌス［カラカラ］が人々に衣服を贈り与えたために、民衆からたいへん愛されていた、と知っていたからである。(9)

これには以下の事情もつけ加わっていた。すなわち、彼は兵士の反乱を恐れていた。帝権を自ら奪取したにもかかわらず、あたかも自分の意思に反して受け取ったかのように見せかけていたので、反乱が起こるとその自らの帝権が揺るがされるのではないかという恐れである。犯罪行為すら行なって自らのために手に入れたものを、自分たちは強制されて手にしたのだと言う人々によくあることであるが。

それどころか、マクリヌスは〔近衛長官であった時の〕同僚が皇帝となろうとするのではないかと恐れてさえもいた。実際、もし兵士の一隊でも〔同僚近衛長官をかついで反乱を起こすことに〕意見が一致し、彼〔同僚近衛長官〕が拒否しなかったなら、皆が期待していたように、汚れた生活と

(1)『アントニヌス・カラカルスの生涯』第六章参照。
(2)馬丁とは、ユリウス・マルティアリスのことか。『アントニヌス・カラカルスの生涯』第六―七章参照。
(3)より正確には、カラカラ帝の死後数日は皇帝不在のままであった(カッシウス・ディオ『ローマ史』第七十八巻一一-四)。
(4)ディアドゥメヌスはこの時副帝(カエサル)となったのであり、マクリヌスと対等の共治帝となったわけではない。同様の事実誤認は『ディアドゥメヌス・アントニヌスの生涯』第二章、第八章などにもみられる。また、この部分の記述は、本伝記第十章と整合性がとれていない。
(5)本伝記第三章参照。
(6)『アントニヌス・カラカルスの生涯』第九章参照。
(7)ヘロディアヌス『マルクス帝没後のローマ史』第四巻一三-八によれば、マクリヌスはカラカラの遺体を荼毘にふすよう命じ、遺灰をアンティオキアにいたカラカラの母ユリア・ドムナへ送った。カッシウス・ディオ『ローマ史』第七十八巻九-一によれば、荼毘にふされた後、遺骨は本伝記が述べているように、ローマへ送られてハドリアヌス墓廟に納められた。
(8)マルクス・オクラティニウス・アドウェントゥスである。彼は、マクリヌスが皇帝となると元老院議員身分に上昇させられ、首都長官を務めた。
(9)この衣服とは、カラカラの名の由来となったアントニヌス風の衣装のことを指す。『アントニヌス・カラカルスの生涯』第九章参照。

卑しい出自ゆえのマクリヌスに対する嫌悪から、全軍がたいへん熱心に［その同僚に］従っていただろう。(1) マクリヌスより前のあらゆる皇帝たちは、高貴な人々であったからである。(2)

さらに、マクリヌスは自分の名にセウェルスの名をつけ加えた。もっとも、彼はセウェルスといかなる親族関係によっても結びついてはいなかった。そこで次のような冗談が出てきた。「ディアドゥメヌスがアントニヌスであるように、マクリヌスもセウェルスだ」(3)。それにもかかわらず、すぐにマクリヌスは、兵士の反乱を鎮めるために、軍団兵と近衛兵に普通よりずっと多く賜金を与えることとなった。(4) 皇帝殺しの罪を軽くすることを熱望したのである。よくあることだが、清廉潔白であることが役に立たない人には、金が役に立つ。こうして、マクリヌスはあらゆる悪徳をもった男だったが、一定期間は帝位を保ったのであった。(5)

次いで、元老院へアントニヌス［カラカラ］の死について書簡を送り、彼を神君と呼び、自らについて釈明し、彼の死については何も知らないと誓った。(6) 極悪人にはよくあることだが、元老院へ書簡を送った時、自分の犯罪に偽証罪をつけ加えたのである。そこから［統治を］始めることは邪悪な人間には相応しい。

六　彼が自己弁明した演説がいかなるものであったのかを知るのは重要である。その演説から、彼が無分別であること、および、悪しき皇帝が冒瀆行為でもって統治を開始したということがわかるからである。

マクリヌス帝とディアドゥメヌス帝の演説の引用は以下の通りである。「元老院議員たちよ、われらのアントニヌス［カラカラ］が無事に勝利とともに帰還して、寛容なあなた方にお会いすることをわれわれは望んでおりました。というのも、［そうなれば、］神々がアントニヌスたちの後継としてわれわれにお与えくださった、かの皇帝のもとで国家は繁栄し、われわれはみな幸せに過ごすことになったであろうからです。

しかし、軍隊が反乱したためにそれは実現不可能となったので、われわれは第一に、軍隊がわれわれに対して行なったことをご報告します。第二に、まず初めにやらねばならないことなので

(1) ヘロディアヌス『マルクス帝没後のローマ史』第四巻一四－一、一二によれば、カラカラ帝が殺害されると、兵士たちが最初に帝位に就くよう要請したのはアドウェントゥスであったが、彼は老齢を理由に断わり、そこで次に候補にあがったのがマクリヌスであった。カッシウス・ディオ『ローマ史』第七十八巻一四によれば、アドウェントゥスはそのことを、マクリヌスが皇帝となった後も自慢していたため、マクリヌスは彼に高位を与えて融和を図ったのであった。

(2) マクリヌスより前の皇帝たちがみな元老院議員であったことを指す。

(3) この部分は、前のマクリヌスがセウェルスとアントニヌスの名をもったという記述と微妙に異なっている。こうした矛盾を含む記述は本伝記の特徴である。

(4)『ディアドゥメヌス・アントニヌスの生涯』第二章参照。

(5) マクリヌスは、一年二ヵ月の間帝位に就いていた。

(6) マクリヌスが元老院に書簡を送ったことについては、カッシウス・ディオもヘロディアヌスも伝えるが、その内容については異なっている。

すが、われわれが忠誠を誓ったかの人［カラカラ］に対して神格化の栄誉を決定いたします。実際、軍隊は、彼の殺害に復讐する者として、彼の近衛長官より相応しい者はいないと考えました。というのも、何にもましてバッシアヌス［カラカラ］自身が、もし生前に陰謀を見つけていたら、近衛長官に陰謀を打倒せよと命じていたでしょうから」。

さらに、次のように言った。「元老院議員たちよ、兵士たちは私に帝権を与えましたが、私はそれを保護することを当座の間は受けたのです。もし兵士たちの喜びがあなた方にとっても喜びであるなら、私は帝権を握りましょう。私はすでに兵士たちに賜金を与え、あらゆることを皇帝としてのやり方で命じました」。

さらにまた、次のように言った。「兵士たちは、あなた方もよく知っているわが息子ディアドゥメヌスをアントニヌスと歓呼し、彼にその名と帝権を贈りました。まずは名前で、次に統治者の栄光によって彼は誉を得たのです。元老院議員たちよ、幸先よい兆しによってそれらをあなた方が承認することをわれわれは望みます。あなた方が深く愛したアントニヌスの名が、あなた方のもとから消えてしまわないために」。

さらにまた、次のように言った。「兵士たちはアントニヌス［カラカラ］に神格化の栄誉を決定し、われわれもまたそう決定するでしょう(1)。そして、元老院議員たちよ、あなた方もそう決定なさるようにわれわれは皇帝としての権限によって勧告することもできますが、しかし、［わざわざ」請願いたします。また、彼に対して騎馬像二つ、軍装の立像二つ、市民服での倚像《いぞう》二つを、さらに神君セウェルスに対して凱旋将軍像二つを奉献します。(2) 以上のすべてが実行されることを、元老院議員たちよ、お命じになってください。われわれは先帝たちのために敬虔にお願いいたしますので」。

七　さて、元老院で書簡が読み上げられると、〔元老院議員〕全員の考えとは異なっていたものの、元老院はアントニヌスの死を喜んで受け入れ、また、オピリウス・マクリヌスが個人の自由を護るよう望んで、まずパトリキへ彼を編入した。(3) 彼は成り上がり者であり、少し前には皇帝私有財産管理官にすぎなかったというのに。(4) また、この人は、小神官と今日呼ばれている神官書記

(1) 現実には皇帝の神格化は元老院が行なうものであり、兵士たちは関わらなかった。

(2)『ディアドゥメヌス・アントニヌスの生涯』第三章、および本分冊二六七頁註（6）参照。

(3) カッシウス・ディオ『ローマ史』第七十八巻一七-一によれば、ディアドゥメニアヌスがパトリキ貴族とされた。ディオはマクリヌスについては言及しない。パトリキ貴族は、本来は共和政期以来の血統貴族を指し、元老院議員身分中の一握りの集団であった。が、帝政期には彼らの家系断絶が進んだため、皇帝はしばしば新たに非パトリキの元老院議員をパトリキ貴族へ編入する措置をとっていた。例えばトラヤヌス帝の父親がその例である。『コンモドゥス・アントニヌスの生涯』第六章、および本分冊一七頁註（1）参照。

(4)『ディアドゥメヌス・アントニヌスの生涯』第四章、および本分冊二六九頁註（2）参照。

職にかつては就いていたような男だったのだが、[1] 元老院は大神官と呼び、ピウスの名を決議して与えたのであった。[2]

書簡が読み上げられた時、誰もまったくアントニヌス［カラカラ］の死を信じなかったので、沈黙が長く支配したが、その後、バッシアヌス［カラカラ］が殺されたことが明白となると、元老院は彼［カラカラ］に対して、あたかも帝位簒奪者であったかのように非難を加えた。次いで、すぐにマクリヌスにプロコンスル命令権と護民官職権が与えられた。[3]

自身がフェリクスの名を受け取った後で、[4] マクリヌスは、アントニヌス［カラカラ］を殺害したとの疑いから自らを遠ざけるため、自分の息子を、以前はディアドゥメヌスという名であったのに、アントニヌスと呼んだ。自らをバッシアヌス［カラカラ］の息子と呼んでいたウァリウス・ヘリオガバルスは、最も汚らわしく、また売春婦から生まれた人物であるが、実のところ彼もまた後に同じ名［アントニヌス］を受け取ったのだった。[5]

さらにある詩人の詩行が現存しているが、そこでは、アントニヌスの名がピウスに始まり、代々のアントニヌスを経て、最低の汚らわしさにまで堕ちることが示されている。[6] 実際、次のように思われる。その名の神聖さをマルクスだけが自らの生活様式によって増大させたが、ウェルスは失墜させ、コンモドゥスにいたっては神聖な名の尊厳を汚しすらしたのだと。さらに、カラカルス・アントニヌス［カラカラ］については、もしくは、このディアドゥメヌスについては、いったい何が言えようか。加えて、最後に、ヘリオガバルスは、最後のアントニヌスとしてひどい汚辱の中で生きたと記憶されているが、彼についてもまた何が言えようか。

八　こうして皇帝と歓呼されると、マクリヌスはパルティア人との戦争を企て、(7) 大掛かりな陣容で出発したが、これは、生まれの卑しさと以前の生活の不名誉とを、勝利の大きさで打ち消そうと躍起になってのことであった。(8) だが、パルティア人と戦った後、ウァリウス・ヘリオガバルスのもとへ走った軍団(9)の反乱によって、マクリヌスは殺害された。とはいえ、彼は一年以上は統

(1) この部分の表現はリウィウスから借りたもので、信憑性は低い。
(2) 本伝記第十一章では、ピウス称号を断わっている。
(3) いずれも皇帝の権限の大きな柱の一つである。
(4) フェリクスとは「幸福なる者」の意味である。
(5)「売春婦」とはヘリオガバルス帝の母ユリア・ソアエミアス・バッシアナのことを指している。『アントニヌス・ヘリオガバルスの生涯』第二章参照。
(6) 四世紀後半のブルディガラ（現ボルドー）出身の文人アウソニウスと彼の作品「トランクイルスより後の皇帝たちに関する四行詩」のことか。
(7) ホール底本は bello と補うため「パルティア人との戦争を企て」となるが、マギーは imperio を補い、「帝権を取るとパルティアへ出発し」と読む。ビュデ版は、s. c. と補い、「元老院決議を受けてパルティアへ出発し」と読む。
(8) 直後の本文にもあるように、実際には、パルティアとの戦争を始めたのは先帝カラカラである。
(9) テクストでは複数軍団となっているが、実際にはシリア駐留の第三ガリカ軍団のことである。

治したのであった。

　アントニヌス［カラカラ］が始めたその戦争では、アルタバヌス[1]が自国民が殺されたことに対して激しく報復し、マクリヌスはたしかに劣勢ではあったものの、最初は応戦した[2]。しかし、その後、使者を送って和平を求めた。アントニヌス［カラカラ］が殺されていたので、かのパルティア人［アルタバヌス］は喜んで和平に同意した[3]。その後、マクリヌスはアンティオキアへ退き、贅沢に耽ったので、兵士たちに、彼を殺してヘリオガバルス・バッシアヌス・ウァリウスに従う正当な理由を与えてしまった。このヘリオガバルスはバッシアヌス［カラカラ］の息子とみなされており、後にバッシアヌスとアントニヌス双方の名で呼ばれることになった。

九　マエサ、またの名をウァリアというエメサ出身の女は[4]、アフリカ人セウェルス・ペルティナクス[5]の妻ユリア［・ドムナ］の姉妹だったが、アントニヌス・バッシアヌス［カラカラ］の死後、マクリヌスが傲慢にも宮廷から追放してしまった。ただし、マクリヌスは彼女に対して、長年集めていたものをすべて持って行くことを許したのだが。彼女にはシュミアミラとママエアという二人の娘がおり[6]、そのうちの姉の方の息子がヘリオガバルスであった[7]。フェニキア人は太陽をヘリオガバルスと呼んでいたのである[8]。
　さて、ヘリオガバルスは美貌と並外れた背丈の点で、また神官としても際立っており、神殿に参詣するあらゆる人々、とりわけ兵士たち[9]に知られていた。マエサ、またの名をヴァリアという女はこれらの人々に対して、バッシアヌス［ヘリオガバルス］がアントニヌス［カラカラ］の息子だと語っており、そのことは徐々にあらゆる兵士たちに知られるようになっていった。加えて、マエサ自身たいへんな金持ちで、〈それゆえヘリオガバルスもまたたいへん贅沢な人であったのだが、〉彼女は兵士たちに［報酬を］約束して、軍団をマクリヌスから離反させた。

（1）パルティア王アルタバヌス五世のことである。
（2）この戦闘は、メソポタミアのニシビス近郊で行なわれた。
（3）カッシウス・ディオ『ローマ史』第七十八巻二六、二七によれば、マクリヌスはパルティアに攻められ、二億セステルティウスの和睦金を支払ったという。だが、彼はこの和解によってパルティクス（パルティアの征服者）称号を元老院から得た。
（4）ユリア・マエサ。この記述とは異なり、ヴァリアとは呼ばれなかった。ヴァリアはヴァリウスの女性形であるので、おそらく、娘ソアエミアスの夫セクストゥス・ヴァリウス・マルケルスの情報が混ざりこんだのであろう。エメサは、シリア中部の、オロンテス川流域の都市。
（5）セプティミウス・セウェルス帝のこと。
（6）シュミアミラとはユリア・ソアエミアス・バッシアナのこと。『アントニヌス・ヘリオガバルスの生涯』第二章、および本分冊二八五頁註（5）参照。ママエアとは、ユリア・アウィタ・ママエアのことで、彼女の息子が後のアレクサンデル・セウェルス帝である。
（7）彼が、後のヘリオガバルス帝である。
（8）ヘリオガバルスと太陽神信仰については、『アントニヌス・ヘリオガバルスの生涯』第一章、および本分冊二八五頁註（2）参照。
（9）第三ガリカ軍団の兵士であろう。

かくして、ある夜、彼女は自身の一族とともに軍営へ迎えられ[1]、その孫〔ヘリオガバルス〕はアントニヌスと歓呼されて皇帝の徽章を与えられた[2]。

一〇　アンティオキアに滞在中のマクリヌスにこのことが報告されると、彼は女たちの豪胆さに驚いたが、また同時に軽蔑もして、彼女らを包囲するために近衛長官ユリアヌス[3]を軍団とともに派遣した。

その軍団に対してアントニヌス〔ヘリオガバルス〕の姿が見せつけられると、彼への激しい思慕から全員が浮き足立ち、近衛長官ユリアヌスを殺害してみなアントニヌス〔ヘリオガバルス〕側へ移ってしまった。

こうして軍の一部と合流すると、次いで、アントニヌス〔ヘリオガバルス〕は、自分のところへ急行してきたマクリヌスと対峙して戦闘を開始し[4]、マクリヌスは自軍が裏切ったことと、彼らがアントニヌスに対して抱いていた思慕の念のために敗北した。マクリヌスは息子や少数の者と逃亡したが、ビテュニアのある村でディアドゥメヌスとともに殺害された[5]。彼の首は落とされて、アントニヌスのところへ運ばれた。

多くの者は少年ディアドゥメヌスが父と同等の帝権を有していたと記しているが、彼が皇帝（アウグストゥス）ではなく副帝（カエサル）と呼ばれていたことは知っておくべきである[6]。息子である彼も殺された。帝権が彼にもたらしたのは、兵士に殺されるという運命だけであった。というのも、庶子であるかのようにアントニヌスたちの名に結びつけられたということを除いて、彼の人生において他に記すに値することはないからである。

二　しかしながら、マクリヌスは、皇帝となってからの人生においてはかなり厳格であり、また、容赦もなかった。それは、以前に自分がやったあらゆることを忘れさせることができるの

(1) 第三ガリカ軍団が駐屯地としていた、属州シリアのラファネアエであろう。エメサの北西に位置する。

(2) 二一八年五月十六日。ヘロディアヌス『マルクス帝没後のローマ史』第五巻三-一二によれば、この時ヘリオガバルスは、皇帝にのみ許される紫のパリウムを着用した。

(3) ウルピウス・ユリアヌス。カラカラ帝のもとで現代の秘密警察に相当する役職を務め、マクリヌス登位後に近衛長官となった。

(4) 二一八年六月八日にアンティオキア郊外で行なわれたらしい。

(5) ヘロディアヌス『マルクス帝没後のローマ史』第五巻四-一一によれば、マクリヌスはビテュニアのカルケドンで息子ともども捕らえられると、その地ですぐに殺された。カッシウス・ディオ『ローマ史』第七十八巻三九-四〇によると、マクリヌスはカルケドンで捕らえられた後、カッパドキアを経てアンティオキアへ戻される途中に殺された。一方、ディアドゥメヌスはパルティア王のもとへ亡命する途中、ユーフラテス河畔のゼウグマで捕らえられて殺された。

(6) カッシウス・ディオ『ローマ史』第七十八巻三四-一二によれば、ヘリオガバルスの反乱に慌てたマクリヌスは、シリア中部のアパメアにおいて、駐留していた第二パルティカ軍団によってディアドゥメヌスを皇帝と歓呼させた。なお、この時彼はわずか八歳であった。貨幣史料などからも、彼が最終的には皇帝となっていたことが確証されている。

ではと期待してのことであったが、まさにこの厳しさゆえに、マクリヌスは自分が非難され、苦しめられる機会を作ってしまった。

というのも、彼は、セウェルスとペルティナクスの二つの名は厳格さを示す名前だと思って、[1]この二つの名で呼ばれることを望んでいたからである。そして、元老院が彼をピウスにしてフェリクスと呼んだ時、彼はフェリクスの名は受け取ったが、ピウスの名をもつことは望まなかった。[2]そこから、彼に向けられた機知に富んだ寸鉄詩が、あるギリシア詩人の手によって現われたが、それはラテン語では次のようである。

今や年老いてしまった役者は、醜く不快で粗暴で非道。
不敬かつ幸福であることを望む。
敬虔でいたくはないのに、幸福ではいたいのだ。
だが、そんなこと、自然の摂理は拒否するし、人の世の理は認めない。
敬虔にして幸福な者と呼ばれ、みなされることができたのに
彼は敬虔ではなく、それゆえ不幸。これからもずっとそうであろう。

誰かが広場において、このラテン詩をギリシア語版の詩のそばに記したのである。このことを聞くと、マクリヌスは以下の詩で答えたといわれている。

たとえ運命があんなギリシア詩人を生み出し、

ラテン語版の詩を書いた極悪人も同様に生み出したのだとしても(3)民衆はまったく耳を貸さず、元老院もまったく耳を貸さなかったし、行商人風情ですら私に対して下劣な詩を書きはしていない。

件のラテン詩よりもずっと酷い出来であったが、この詩によってマクリヌスは自分がうまく応答したつもりになっていた。だが、彼は、ギリシア語からラテン語に無理をして詩を訳した詩人と同じくらい、物笑いになったのであった。

一二　ところで、彼は傲慢で、血を好み、軍を統制するようなやり方で統治することを望んだ。自分より前の時代の規律さえも批判し、他の皇帝たちの中でセウェルスのみを賞賛していた。すなわち、兵士たちを十字架にかけ、常に奴隷用の罰で処した。兵士たちの反乱に曝されると、兵士たちに対して頻繁に「十分の一刑」(4)を行なった。しばしば「百分の一刑」(5)さえも行なったの

---

(1) セウェルスは本来は「厳格な」、ペルティナクスは「忍耐強い」という意味の形容詞である。
(2) 本分冊二四七頁註(4)参照。
(3) 「極悪人」の原語はガバルス(gabalus)であり、ヘリオガバルスを示唆しているとシャスタニョルは考える。
(4) 兵士一〇人に籤を引かせ、当たった一人を処刑するという罰で、軍紀粛清を目的としていた。
(5) 処刑される対象の母集団を、「十分の一刑」の一〇人から一〇〇人に増やしたもの。

であるが、この言葉は、彼独特の用語であった。彼は、自分が寛大で、「一〇人や二〇人に一人の割合の処刑」に相応しい兵士たちを「一〇〇人に一人の割合の処刑」にかけるのだと言っていたものであった[1]。

彼の残酷さすべてを明らかにすることは手間がかかるが、しかし、その一つを私は明らかにしよう。それは、大したことではないと彼自身は信じていたのであるが、しかし、実際は帝位僭称者が行なったあらゆる非道な行為の中でも最も恐るべきものであった。

兵士たちが、滞在先の、ふしだらという噂のたえない女中と関係をもった[2]。マクリヌスは密偵[3]の一人を通じてこのことを知ると、彼らを連れてくるよう命じ、本当なのかと尋ねた。事が明らかになると、間をおかず、二頭の驚くほど巨大な雄牛を生きたまま切り開き、それぞれの内部に兵士を一人ずつ詰め込むように、ただ、互いに話せるよう頭だけは外に出すように、と命じた。このように彼らを処罰したが、実は、父祖の時代やわれわれの時代にも姦通罪に対してこのような処罰が定められたことはなかったのである。こういったことの一方で、パルティア人、アルメニア人[4]、幸福な人々と呼ばれていたアラビア人に対しては勇敢に戦い、なかなかの成果もあげた[5]。

歩哨に持ち場を離れることを認めた将校を、二輪馬車の下にくくりつけ、行軍のあいだ中、生きていようが死んでいようが構わず引きずりまわした。マクリヌスはまた、メゼンティウス[6]が考案した刑罰さえ復活させた。このメゼンティウスは、人を生きたまま死人にくくりつけ、腐敗の悪臭に長くさらし、苦しませた上で死を強いていたのである。それゆえ、競走場でディアドゥメヌスに対して大衆が熱狂していた時、そこでさえも次のような叫びが上がった。

　人並みすぐれて美しい若者が
　惜しむべきはメゼンティウスを父にもったことだ[7]。

彼はまた、人を生きたまま塗りこめて壁を作りさえした。姦通罪の被告は、いつも、互いの身体を結び合わさせて生きながら燃やした。主人から逃亡した奴隷を見つけ出すと、剣闘士競技へ

(1) こうした刑罰はすでに、後一世紀のティベリウス帝期には昔のものとみなされていた。タキトゥス『年代記』第三巻二一によると、「当時ではほとんどまれになっていた伝統の古い罰則」(国原吉之助訳)であった。もちろん三世紀初頭にはほぼ廃れており、この記述は時代錯誤である。

(2) ビュデ版によると、本書がこのような行為へのマクリヌスの厳しい対応を記述することには、同様の行為を罪に問わなかったコンスタンティヌスの寛大さを引き立てるという効果があった。

(3)『ハドリアヌスの生涯』第十一章参照。

(4) アルメニアとの戦争は、カラカラ帝がパルティアとの戦争と平行して進めていたらしい。マクリヌスはそれをローマ有利に決着させたようである。

(5) マクリヌスがアラビア半島に攻撃を仕掛けたことを示す証拠はない。

(6) メゼンティウスはエトルリア人都市カエレの伝説上の王である。ウェルギリウス『アエネーイス』でも歌われており、アイネイアスと戦って殺される。

(7) これは、一行目が『アエネーイス』第十二歌二七五行、二行目が第七歌六五四行からの抜粋である(岡道男・高橋宏幸訳、前掲書)。

送りこんだ。密告者は、密告内容を証明できなかったら、死刑にした。証明できた場合、金銭の報酬を与え、恥知らずな輩として追い払った。

一三　マクリヌスは法に対して鋭敏であり、勅答ではなく法こそが施行されるべきとして、前の皇帝たちの勅答をすべて無効にするよう決定するほどであった。[1] 彼は次のように言っていた。ふつうは恩恵として与えられると考えられている勅答が他の事例に適用されることがないようにとの理由から、トラヤヌスが決して請願に対して勅答を与えなかった一方で、コンモドゥスやカラカラといった経験不足な人々の意志が法律とみなされているのは犯罪である、と。

マクリヌスは、穀物を配給することには惜しみなかったが、金を配ることにはたいへんなけちであった。

宮廷の召使を鞭打つことには程度を知らず、また執拗かつ残忍でもあったので、マクリヌスの奴隷たちは彼をマクリヌスとは呼ばず、マケリヌス［肉屋のおやじ］と呼んでいた。これは、彼の邸宅が、まるで肉屋（マケルム）のように、奴隷の血で汚れていたことによっている。

酒や食べ物には貪欲で、しばしば酔っ払うほど呑んだが、しかしそれは夕方だけのことであった。というのも、彼は、昼食については内々にとる時でさえもたいへんけちであったが、夕食では贅を尽くしていたのである。宴会に学者を招待したが、それは学問に関するさまざまなことを話題にして、飲食の量を必ず抑えられるようにであった。

一四　彼が昔から卑しい輩であったと思い至り、気質が残忍と見てとると、人々は不愉快な人物が帝位にいることに耐えられなくなった。とりわけ兵士たちは、彼の多くの、非道でしばしば愚かな行ないを憶えていた。彼らは陰謀を企てて、マクリヌスを、まだ少年であった息子のディアドゥメヌスとともに殺害してしまった。このディアドゥメヌスは、知っての通りアントニヌスの添え名はもってはいたが、夢の中でだけアントニヌスであったといわれている。

これについての詩さえも現存している。


もし私が間違っていないなら、市民たちよ、われわれは夢の中で次のようなことを見た。

アントニヌスの名をかの少年がもっていた。

彼は「金で買われた」父から生まれたが、(2) しかし、「清らかな」母からも生まれたのであった。

なんといっても、母は百人の情夫を経験し、なお百人を求めたのであったから。

情夫の一人ははげてさえいて、後に夫となった。

（1）ローマでは、請願に対して皇帝が与えた返答も判例として機能した。しかし、本章の記述は時代錯誤で、実はマクリヌス治世でなく、四世紀の状況について述べている。

（2）「金で買われた」は解放奴隷や奴隷のほのめかしである。

たしかに彼はピウスだ。たしかに彼はマルクスだ。だが、とにかく彼はウェルスではなかったのだ。(1)

この詩はギリシア語からラテン語へ訳されたのである。ギリシア語では流麗なものであった。しかし、訳したのは三文詩人だったとみえる。

マクリヌスは、この詩のことを聞くとイアンボス詩〔短長格詩〕を作った。今はもう残っていないが、すばらしく機知に富んだものであったといわれている。

この詩は、マクリヌス自身が殺された反乱のさなかに失われてしまった。その時、兵士によって、彼の持ち物が完全に破却されたのであった。

一五　マクリヌスの死の次第はすでに述べたが、ここで再び記そう。軍隊がアントニヌス・ヘリオガバルスの方へ傾き、マクリヌスは逃亡して戦いに敗れ、ビテュニアの片田舎で殺された。(2)彼の配下のうちある者は降伏し、ある者は殺され、ある者は逃亡した。

かくして、ヘリオガバルスが傑出した人物と思われた。父の死に復讐したと考えられていたからである。そこで、彼が帝位に就いたが、その帝位をたいへんな悪徳、贅沢、醜悪、放蕩、傲慢、野蛮によって汚した。ついには、こうした生涯に相応しい死を彼自身迎えたのであった。

以上がマクリヌスについてわれわれの知ったところであります。多くの者はほかの異なった説明をしておりますが、歴史とは全体にそういう性格を有するものなのです。

多くの史料から蒐集した以上のことを、ディオクレティアヌス皇帝陛下よ、われわれはお伝えします。というのも、あなたが古の皇帝たちについて熱烈な関心をおもちとわれわれは承知しているからです。

（1）この「ウェルス」は個人名だけでなく、「真実の」という意味もある。つまり、マクリヌスはウェルスではなく、本物のマルクスやピウスでもないし、正しい人でもない。さらにディアドゥメヌスの「真実の」父ではないという内容がかけられている。

（2）本伝記第十章参照。

アエリウス・ランプリディウス

ディアドゥメヌス・アントニヌスの生涯

桑山由文　訳

一　少年アントニヌス・ディアドゥメヌス(1)は、その父オピリウス・マクリヌスの陰謀でバッシアヌス［カラカラ］が殺された後、父とともに軍隊により皇帝（インペラトル）と呼ばれた。だが、彼の生涯には記憶に値するものは何もない。ただし、彼がアントニヌスと呼ばれていたことと、後に明らかになったように、その儚《はかな》い治世について驚くべき前兆が彼に現われたこととを除いてである(2)。

さて、バッシアヌス［カラカラ］が殺害されたことが軍団の間で知れ渡ると、もはや彼ら兵士は国家にアントニヌスをもたなくなったので、大きな悲しみが皆の胸を満たした。バッシアヌス［カラカラ］とともにローマ帝国が滅亡するのではないかと考えたからである(3)。

すでに皇帝となっていたマクリヌスはそのことを知ると、アントニヌス・ピウスと血縁関係のある多くの者が将軍たちの中にいたので(4)、そのアントニヌスたちの誰かに軍隊が心を寄せるのではないかと恐れた。そこで、直ちに演説の準備を命じ、その中で、当時まだ少年であった自分の息子をアントニヌスと呼んだ(5)。

この演説は次のようなものであった。

「同僚兵士諸君、君たちは私がもうかなりの歳である一方、ディアドゥメヌスはまだ少年だとわかっているはずだ。もし神々がお気に召されるなら、君たちは彼を、永きにわたって元首（プリンケプス）としてもつだろう。加えて、私は君たちに、アントニヌスの名への大きな渇望が存在することを知っている。人間というものの儚い性を考えると、私には生がそれほど多く残されているわけではないようだ。そこで、私は君たちを証人としてこの子をアントニヌスと名づけよう。彼は永く君たちの前にアントニヌスとして姿を見せることとなろう」。

歓呼の声が上がった。

（1）彼の名は、正確にはマルクス・オペリウス・アントニヌス・ディアドゥメニアヌスである。よって「ディアドゥメヌス」という本伝記の表記は間違っているのであるが、本書ではディアドゥメヌスのままとし、訂正はしない。このことからもわかるように、本伝記の内容は大半が著者による創作であり、事実に基づかない。なお、エウトロピウスやアウレリウス・ウィクトルといった古代末期の史家も同様にディアドゥメヌスと誤記している。彼がアントニヌスを名のったことは、碑文やカッシウス・ディオ『ローマ史』第七十八巻一九-二一も触れており、真実である。『オピリウス・マクリヌスの生涯』第二章も参照。

（2）実際、本伝記では、この二つが最も重要な要素である。アントニヌスの名に本書は全体に並々ならぬ関心を示している。『オピリウス・マクリヌスの生涯』第三章など参照。

（3）ヘロディアヌス『マルクス帝没後のローマ史』第四巻一三-七も、兵士たちの深い悲しみに言及している。

（4）マクリヌスの軍隊の中にピウス帝の一族がいたとは考えにくい。伝記著者の創作であろう。

（5）実際にマクリヌスが演説をした可能性はあるが、本伝記で述べられている内容は伝記著者の創作であろう。

「マクリヌス皇帝陛下、神々があなたをお守りくださる。アントニヌス・ディアドゥメヌスよ、神々があなたをお守りくださる。われわれはみな、アントニヌスが末永く生を保つことを求める。(1) 最良にして最高の神ユッピテルよ、マクリヌスとアントニヌスに命を。ユッピテルよ、ご存じの通り、マクリヌスが打ち破られることはありえない。ユッピテルよ、ご存じの通り、アントニヌスが打ち破られることはありえない。われわれはアントニヌスをもっている、すなわち、すべてをもっているのだ。(2) 神々はわれわれにアントニヌスをお与えになった。少年アントニヌスは帝権に相応しいのだ(3)」。

二　皇帝マクリヌスは言った。

「それゆえ、同僚兵士諸君よ、帝権を祝して三アウレウス(4)を、アントニヌスの名を祝して五アウレウスを、さらに通常通りに昇進を、ただし二階級特進で受け取るのだ。(5) これらがしばしば実行されることを、今後も神々はお許しになるであろう。(6) したがって、われわれは今後五年間ずっと、われわれが今示したものを与えよう」。

この後、少年皇帝ディアドゥメヌス・アントニヌス自身が語った。「同僚兵士諸君よ、あなた方に感謝を。あなた方は私に帝権と名を与えてくれたのだから。また、私と父を、ローマ皇帝と呼ぶに値すると、また、国家を委ねるに相応しいとみなしてくれたのだから。(7)

実際、私の父は、自分が帝権に相応しいように注意を払うであろう。また、私はアントニヌスの名に相応しいように努力しよう。というのも、私はピウス、マルクス、ウェルスの名を受けたが、彼らの名に相応しく振る舞うのはたいへん困難だとわかっているのだから。

さて今や、帝権と名を祝して父が約束したあらゆることを、私も同じように約束しよう。また、今この場にいる、尊敬されるべき父マクリヌスが約束したように、二階級特進を与えよう」。

ギリシア語で書を著わしたヘロディアヌスはこれらのことを無視し、「少年ディアドゥメヌスが、軍隊によって副帝（カエサル）と歓呼された」、「父とともに殺された」、とだけ述べている。(8)

（1）ビュデ版は「末永く（diu）」を削除する。
（2）「われわれはすべてをもっている」というマクリヌス父子への歓呼は、文脈は異なるが、カッシウス・ディオ『ローマ史』第七十八巻二〇-二にも記されている。
（3）ディアドゥメヌスは二〇八年九月十四日生まれで、この時わずか八歳であった。なお、ビュデ版は puer（少年）ではなく patre（父）と読み、この部分を「アントニヌスは父にも帝権にも相応しい」とする。
（4）金貨の単位である。
（5）カッシウス・ディオ『ローマ史』第七十八巻一九-二によると、マクリヌスは七五〇ドラクマを与えることを約束した。『オピリウス・マクリヌスの生涯』第五章も参照。
（6）演説の以下の箇所をビュデ版、およびバーリー英語訳は削除するが、本訳ではホール底本に従い訳出した。
（7）ディアドゥメヌスはこの時点では皇帝ではない。『オピリウス・マクリヌスの生涯』第五章、および本分冊二四一頁註（4）参照。
（8）ヘロディアヌス『マルクス帝没後のローマ史』第五巻四-一二参照。

この演説を行なうとすぐに、マクリヌスはアンティオキアにおいて、アントニヌス・ディアドゥメヌスの名の入った貨幣を鋳造させた。一方で、マクリヌスの名の入った貨幣は元老院の命令が出るまで延期された[1]。アントニヌスの名が宣言されたことを知らせる書簡すら、マクリヌスは元老院へ送った。それを受けて元老院もまた、彼の帝権を喜んで受け入れたといわれている。もっとも、アントニヌス・カラカルス［カラカラ］への嫌悪から元老院がそうしたのだと考える者もいる。

また、マクリヌスは、息子アントニヌス［ディアドゥメヌス］の名誉のために、赤色のパエヌラ[2]［外套］を人々に与える準備をした。カラカラ［外套］がバッシアヌス風と呼ばれているように[3]、パエヌラ［外套］がアントニヌス風と呼ばれるようにするためである。マクリヌスは、バッシアヌスがカラカルスと呼ばれるよりも、自分の息子がパエヌレウス、もしくはパエヌラリウスと呼ばれる方がよいとも主張していた。

祝儀すら「アントニヌス勅令」で約束した[4]。その勅令の名そのもので、アントニヌスの名を世に広めることができるようにである。

その内容は次のようであった。「市民たちよ、われわれは今やあなた方とともにいたいと願っている。あなた方のアントニヌスは、自身の名であなた方に祝儀を与え、加えて、アントニヌスの少年たちとアントニヌスの少女たちのことを碑に刻む[5]。おおいに愛されたその名の栄光を、彼らは広く世に伝えるであろう」などなど。

三　以上のことを行なった後、陣営においてアントニヌス中隊旗やアントニヌス連隊旗を作るよう命じた。また、金と銀でバッシアヌス［カラカラ］の胸像をつくり、七日の間、アントニヌスの名のために感謝祭が祝われた。(6)

その少年［ディアドゥメヌス］は誰よりも美しく、身長はかなり高く、黄金の髪に黒い瞳、鷲の

(1) ディアドゥメニアヌス（本書の表記に従えば「ディアドゥメヌス」）の名の入った貨幣は存在するが、マクリヌスが自分の貨幣よりも息子のものを優先させたという可能性は低く、著者による創作であろう。

(2) 外套（パエヌラ）については、『ハドリアヌスの生涯』第三章、および第1分冊一一頁註（10）参照。

(3) 『アントニヌス・カラカルスの生涯』第九章参照。

(4) マクリヌスがアントニヌス勅令を出したという事実は知られていない。カラカラ帝が発令し、ローマ帝国全自由民にローマ市民権を与えた「アントニヌス勅令」と混同しているのであろう。

(5) この少年少女たちは『アントニヌス・ピウスの生涯』第八章の「ファウスティナの娘たち」のように、皇帝から養育費を受けた者たちのことか。このような行為をマクリヌスが行なったことは知られてはいないが、カッシウス・ディオ『ローマ史』第七十八巻二一-一によれば、マクリヌスの治世にフラックスなる人物が養育費担当官であった。

(6) これとは逆に、カッシウス・ディオ『ローマ史』第七十八巻一九-二には、マクリヌスが首都ローマのカラカラ帝の像を秘かに破壊させたという記述がある。一方、『オピリウス・マクリヌスの生涯』第六章、『アントニヌス・カラカルスの生涯』第十一章の記述は本伝記と矛盾しない。

ような鋭い鼻、頤《おとがい》はたいへん整っており、くちづけのためにつくられたような口をもっていた。(1) 生まれながらに膂《りょ》力があり、鍛練によって引きしまった体をしていた。初めて深紅と紫の衣と、さらに皇帝が陣営で用いる徽章とを受け取った時には、この人は満天の星々のごとく光輝を放っていた。その美しさのために、彼はあらゆる人々から愛された。

この少年については、以上が語るべきことである。今度は彼が帝権を得る前兆の話に移ろう。前兆については、いくつかの話の中でも次の話こそとりわけ驚くべきものである。

四 彼が生まれた日に、父親［マクリヌス］はその時たまたま大国庫管理官(2)として紫の衣を検分しており、明瞭に色がついていると確かめたものを、別室へ持っていくよう命じたが、まさにその部屋で、二時間後、ディアドゥメヌスが生まれたのであった。

ところで、赤子には、誕生時に羊膜をつけているという特徴がある。それを産婆が取り去って、騙されやすい弁護人に売りつける。というのは、羊膜は法廷関係者にとって効験あらたかだといわれているからである。(3)

さて、かの赤子は羊膜ではなく、細い額冠（ディアデマ）をつけていた。だが、その額冠はたいそう硬く、弓弦のような形の筋で頭にからみついていて、壊すことができなかった。そこで、この子はディアデマトゥス［ディアデマをもつ者］と呼ばれたが、成長すると、母方の祖父の名を取って、ディアドゥメヌスと呼ばれた。そう伝わっている。もっとも、ディアドゥメヌスという名は、ディアデマトゥスという先の呼び名とそれほど大きくは異ならない。

彼の父親の土地で一二匹の紫の羊が産まれたが、そのうちの一匹はまだらであった、という話がある。次のこともよく知られている。彼が生まれたまさにその日に、小さいが王者の風格のある鳩を鷲がそっと運んできて、彼が寝ているゆりかごに置き、傷つけることなく帰っていった、と。(4) また、ヤマシギ(5)が彼の父の屋敷に巣を張りもした。

五 ディアドゥメヌスが生まれたての頃、占星術師が彼のホロスコープを観じ、このお方は皇帝の息子であり、また皇帝でもあらせられるぞ、と叫んだ。あたかも彼の母が姦通していたかのようであるが、実際、その噂はあった。(6)

---

(1) 実際のディアドゥメヌスの容貌は貨幣などに見ることができる。

(2) 原語 procurator aerari maioris。この職について記すのは本伝記だけである。伝記著者の創作の可能性もあり、どのようなものであったのか不明である。『オピリウス・マクリヌスの生涯』第七章の皇帝私有財産管理官（procurator rei privatae）と同じ職とする見解もある。

(3) この時代には、羊膜が雄弁を授けると考えられていた。

(4) 鷲はローマ帝国の象徴である。

(5) 吉兆を示す鳥と考えられていた。

(6) 『オピリウス・マクリヌスの生涯』第十四章参照。

ある日、ディアドゥメヌスが野道を歩いていると、鷲が彼の帽子を奪い去った。そこで友人たちが大声をあげていると、鷲は、当時彼の父親が住んでいた別荘近くの、ある王の遺跡のところにやって来て、王像の頭にぴったりかぶさるように帽子を置いた。そう伝えられている(1)。これを多くの者は不吉な死の前兆と考えたが、しかし、その後の出来事は吉兆であったと示している。加えて、彼は、誕生日がアントニヌス[・ピウス]と同じ日で、しかも生まれた時間も、ホロスコープもほとんどアントニヌス[・ピウス]のそれと同じであった(2)。そこで占星術師が、彼は皇帝の息子にして皇帝ともなろう、だが長くではないと述べたのである。

次のことも伝えられている。彼が生まれた日はアントニヌス[・ピウス]の誕生日と同じであったので、親族のある女が「彼をアントニヌスと名づけよう」と叫んだ。だが、マクリヌスは、彼の一族のうちいかなる者もこの名で呼ばれてはいなかったので怖じ気づき、そのうえ、すでにディアドゥメヌスのホロスコープが意味するところについての噂が広がっていたこともあって、皇帝の名を避けたのである。

以上のものに加え、そのほかの前兆についても多くの著作家が記しているが、中でも次のような話がある。ディアドゥメヌスがゆりかごにいた時、伝えられるところでは、ライオンが鎖を引きちぎって激しい勢いで飛び出していき、彼のゆりかごへ迫った。ライオンは彼をなめたが、傷つけはしなかった(3)。その時、乳母がライオンにわが身を投じ、嚙み裂かれて死んでしまった。その赤子が寝ていた小部屋には、たまたま彼女しかいなかったのである。

六　以上が、アントニヌス・ディアドゥメヌスについて記憶に値することと考えられる。もしアントニヌスの名がその少年の人生について別個に説明することを強いなかったならば、私は彼の人生をその父親の事績と結びつけていっしょに記したであろう。

実際、アントニヌスの名はその頃たいへん愛されていて、その名で飾らせてもらえない人は帝権に値しないとみなされるほどであった。(4) そこから、ある者は、セウェルス、ペルティナクス、ユリアヌスがアントニヌスという個人名で飾られるべきであったと考えるし、また、後の時代になるが、親と子の二人のゴルディアヌスがアントニヌスの添え名をもった、と考えるのである。

(1) ティトゥス・リウィウス『ローマ建国以来の歴史』第一巻三四-八が類似の前兆について述べている。
(2)『アントニヌス・ピウスの生涯』第一章によるとピウス帝は九月十九日に生まれているが、ディアドゥメヌスは、カッシウス・ディオ『ローマ史』第七十八巻二〇-一によれば、九月十四日に生まれている。
(3) ライオンは帝権を象徴している。占星術でも獅子宮は王権と結びついている。なお、アルテミドロス『夢判断の書』第二巻一二によれば、ライオンが害を与えない夢は吉兆である。
(4) この章の記述は、『オピリウス・マクリヌスの生涯』第三章との重複が多い。本文後述の個人名、名、添え名については本分冊二三七頁註(4)(5)も参照のこと。

しかし、［アントニヌスの名を］個人名として認められるのと、名そのものとしてもつことは別物なのである。というのも、ピウスはアントニヌスという本来の名と、ピウスという添え名とをもっていたし、マルクスはウェリッシムスという本来の名をもっており(1)、この名が廃されてなくされた後には、アントニヌスを個人名ではなく名として受け取ったのである。

一方、ウェルスはコンモドゥスという名をもったが、それが廃された後、アントニヌスを個人名ではなく名として受け取ったのであった(2)。また、コンモドゥスについては、マルクスは彼をアントニヌスと呼び、コンモドゥスが生まれた日に、その名で、公の記録に記させたのであった(3)。また、カラカルス・バッシアヌス［カラカラ］についても次のことがよく知られている。セウェルスが夢を見て、「アントニヌス」が自分の後継者として予言されたと悟ったために、一三歳になったばかりの彼［カラカラ］をアントニヌスと呼んだのだと(4)。その時、セウェルスは皇帝の権限すら彼に付加した、といわれている。

ゲタについても、多くの者は彼がアントニヌスと呼ばれたことを否定している。だが、バッシアヌス［カラカラ］と同じ理由から、ゲタが、父セウェルスを後継するようにと［アントニヌスの名で］呼ばれたということはまったく明らかなのである(5)。もっとも、ゲタの帝位継承は実現しなかった(6)。

その後、カラカルス・バッシアヌス［カラカラ］を望む声が大きかったので、ディアドゥメヌスその人が、軍隊、元老院、ローマの民衆に推薦されるべくアントニヌスと呼ばれたということも、よく知られている。

七　ディアドゥメヌスの父オピリウス・マクリヌスの書簡が現存する。その書簡においてマクリヌスは、皇帝に次ぐ立場(7)にいた自分が帝権に達したことよりはむしろ、自分がアントニヌスの父となったことの方を誇っていた。当時、その名と比べると神々の名さえ輝かしさの点で劣っていたのである。

その書簡を引く前に、ヘルクレスと自称したコンモドゥスを貶《けな》す詩句を挿入することが好まし

(1)『哲学者マルクス・アントニヌスの生涯』第一章、『ハドリアヌスの生涯』第二十四章参照。
(2)『ハドリアヌスの生涯』第二十四章参照。
(3) 一六一年八月三十一日のこと。『コンモドゥス・アントニヌスの生涯』第一章参照。
(4)『アントニヌス・ゲタの生涯』第一章、『セウェルスの生涯』第十章を参照。カラカラがマルクス・アウレリウス・アントニヌスに名を変えたのは一九六年で、一三歳ではなく八歳であった。
(5)『アントニヌス・ゲタの生涯』第一章、『セウェルスの生涯』第十章を参照。
(6) この記述は誤りで、実際はゲタは共同統治をしている。巻末の「関連年表」参照。
(7) マクリヌスが帝位を奪う直前まで就いていた近衛長官職のことを指す。

かろう。[1] アントニヌスの名がたいへん輝かしいものであって、この名に神々の名を付すことすら適当とは思われなかったと万人が認識するためである。[2]

コンモドゥス・アントニヌスを貶す詩

コンモドゥスはヘルクレスの名をもつことを望み
アントニヌスの名を好ましく思わなかった。
人間の法と帝国の法を無視した彼は、
神という、より輝かしい存在であることを望んだのだ、
すぐれた名をもつ皇帝であることよりも。
彼は神にも人間にさえもならないだろう。

誰かは知らぬが、あるギリシア人がこの詩を作り、三文詩人がラテン語に翻訳した。私はこの詩を挿入すべきだと思う。アントニヌスたちが神々より高い地位にいる、それも智恵、善良、敬虔が捧げられた三人の皇帝たちへの愛ゆえに、と万人が知るためである。すなわち、アントニヌスに敬虔が、ウェルスに善良が、マルクスに智恵が捧げられたのである。

さて、マクリヌス・オピリウスの書簡へ話を戻そう。

「オピリウス・マクリヌスから妻ノニア・ケルサへ。[3] わが妻よ、われわれが得た幸運は、はか

りしれないほどのものである。おそらく帝権について私が語っているのだとあなたは思うだろう。だが、帝権は大したことではない。運命は取るに足らない人々にすらそれを与えたからである。私はアントニヌスの父になり、お前はアントニヌスの母になったのだ。ああ、なんとわれわれは幸福なことか。なんとわが家系は幸運なことか。今こそついに幸を得たローマ帝国に、最も輝かしい栄光を。神々よ、お前が崇める善神ユノよ、あの子〔ディアドゥメヌス〕にアントニヌスの功業を倣わせたまえ、そして私がアントニヌスの父たるに相応しいと皆に思われるようにさせたまえ」。

八　この手紙から、息子がアントニヌスと呼ばれていたことで、いかに大きな栄光を自分が得たとマクリヌスが考えていたのかがわかる。しかし、帝位に就いて一四ヵ月目に、この人〔ディアドゥメヌス〕は、市民をないがしろにした父親の粗暴な皇帝政治のために、父親とともに殺された。(4)彼自身のせいではなかった。

(1)『コンモドゥス・アントニヌスの生涯』第八－九章、および『アントニヌス・カラカルスの生涯』第五章を参照。

(2)コンモドゥス帝が死後に神格化されたことに関係させた皮肉とも読める。

(3)ディアドゥメヌスの母の名がノニア・ケルサということはほかでは確認できないので、著者の創作であろう。

(4)『オピリウス・マクリヌスの生涯』第十章、および本分冊二五一頁註(5)参照。

けれども私は、このディアドゥメヌスが父親へ宛てた手紙が教えるところから、実はディアドゥメヌスがその年齢に相応しくないほど、多くの人々に対して残忍であったことを見いだした。ある人々が反乱の疑いをかけられ、息子がたまたま不在の時にマクリヌスが厳しく罰したことがあった。反乱の首謀者は殺されたが、その共謀者が――その中にはアルメニアの将軍、アシア総督副官やアラビア総督もいたのであるが[1]――古くからの友誼ゆえに赦免された、と聞くと、この人［ディアドゥメヌス］は次のような書簡を父に宛てたといわれている。その写しは母親にも送られており、私は、それを歴史の真実のために引用すべきと考える。

「息子のアウグストゥスから父親のアウグストゥスへ。わが父よ、あなたは、簒奪を試みた人々の共謀者たちを赦しました。もし赦したら、彼らがあなたをもっと愛してくれるのではと期待し、また、古くからの友誼ゆえにも赦すべきだと考えて。しかし、われわれへの愛情という点からみると、私には、あなたがいつものやり方をしていないと思えます。

このことはすべきではなかったし、何の利益にもなりません。まずなんといっても、疑いをかけられて苦しめられた人々にとっては、もはやあなたを愛することは不可能だからです。さらにまた、昔からの友情を忘れてあなたの最悪の敵と手を結ぶような人は、いっそう冷酷な敵なのです。彼らが今なお軍隊を手中にしていることもつけ加えましょう。

もしこれほどの大事業による栄光が少しもおまえの心を動かさぬとしても、
伸びゆくアスカニウスと跡継ぎたろうとするイウールスの希望とを
顧みよ。イタリアの王国とローマの大地とは彼の手に
帰すべきなのだ。(2)

もし安寧でいたいなら、このような人々は殺さなくてはなりません。なぜならば、人間という種族の邪悪さから、彼らが赦されても他の者が必ず現われるからです」。

ある者はこの書簡をディアドゥメヌス自らが、ある者は、かつてアフリカで修辞学教師をしていて、今は彼の師でもあるカエリアヌス(3)が書いた、と伝えている。この書簡から、若者ディアドゥメヌスがもし生きのびていたら、どれほど残忍になっていたかは明らかなのである。

九 同じ彼が母に宛てた、次のような別の書簡も残っている。

(1) ここで述べられている「アルメニアの将軍」とはアルメニア辺境軍司令官職のことか。これはディオクレティアヌス帝期より後に設けられた職である。アシアは小アジア西部の属州アシアを指す。総督副官と訳した原語は legatus であり、マクリヌス帝期では「総督副官」の意味になるが、本伝記の著者が誤って「総督職」の意味で使用している可能性が高い。

(2) ウェルギリウス『アエネーイス』第四歌二七二―二七六行(岡道男・高橋宏幸訳、前掲書)。

(3) 彼についてはほかでは知られていない。おそらく著者の創作した人物である。

「わが主にしてアウグストゥス［マクリヌス］は、もはやあなたのこともご自分のことも愛してはおられません。ご自分の敵をお助けになったのですから。機会があればどうか、アラビアヌスとトゥスクスとゲリウス(1)を見逃すことなく、杭に括りつけるよう努めてください」。また、ロリウス・ウルビクス(2)がその時代に関する史書で述べているところでは、この書簡を書記が暴露したので、かの少年［ディアドゥメヌス］に対する兵士たちの心象はおおいに悪くなった、といわれている。つまり、兵士たちが父親の方を殺害した時、一部の者はディアドゥメヌスを助けることを望んだが、そのとき侍従が現われて、この書簡を兵士たちの集会で読み上げたのである。

　かくして、両人とも殺害され、その頭が槍に突き刺されてさらし回された後、軍隊は、マルクス・アウレリウス・アントニヌス［ヘリオガバルス］に、その名前への愛着から、心を寄せた(3)。彼はバッシアヌス・カラカルス［カラカラ］の息子であったとの噂である(4)。しかしながら彼はヘリオガバルス神殿の神官であり、あらゆる人々の中で最も汚れており、何か運命のいたずらでローマ帝国の名誉を傷つけたのであった。とはいえ、彼については多くの語るべきことがあるので、適切な箇所で述べるつもりである。

(1) 二人ともに詳細は不明である。本伝記第八章のアルメニアの将軍、アシア総督副官、アラビア総督のことを指しているとも考えられる。アラビアヌスは『アレクサンデル・セウェルスの生涯』第十七章で言及されている人物かもしれない。トゥスクスについては不明。ゲリウスは医者ゲリウス・マクシムスの息子である可能性もある。

(2) ロリウス・ウルビクスが実在の人物かどうかは疑わしい。本伝記の著者の創作の可能性がある。

(3) 軍隊がマクリヌス父子を殺してからヘリオガバルスに寝返ったというこの記述は、順序が逆である。『オピリウス・マクリヌスの生涯』第九―十章、第十五章の記述が正しい。

(4) 『アントニヌス・ヘリオガバルスの生涯』第一章など参照。

アエリウス・ランプリディウス

アントニヌス・ヘリオガバルスの生涯

井上文則　訳

一　かつてこの帝国がカリグラやネロやウィテリウスを皇帝として戴いたことがなかったならば、私はウァリウスとも呼ばれたヘリオガバルス・アントニヌスの伝記を、この者がローマ人の皇帝であったと知られることがないように、決して文字にすることはなかっただろう。だが、大地が毒のあるものと同時に穀物やその他の有益なものをもたらし、またこの同じ大地が蛇と役畜をもたらすのであるから、熱心な読者はアウグストゥスやトラヤヌス、ウェスパシアヌス、ハドリアヌス、ピウス、ティトゥス、マルクス[の伝記]を、怪物のような暴君たち[の伝記]に対置させて読むことで、自らの慰めとしてもらいたい。同時に、読者は、ローマ人の見識も知ることができよう。すなわち、前者は長く統治し、自然死したのに対して、後者は殺され、[その遺骸は]引き回され、暴君とも呼ばれ、その名を口にすることも許されなくなったのである。

さて、マクリヌスとその息子ディアドゥメヌス――ディアドゥメヌスは、父の共治帝でアントニヌスの名も受け取っていた――が殺されると、帝権はウァリウス・ヘリオガバルスに渡った。

---

(1)「悪帝」とされる皇帝たち。本書では彼らのほかにもドミティアヌス、コンモドゥス、ヘリオガバルス、ガリエヌスな

どが代表的な悪帝とされる。

（2）彼はユリア・ソアエミアスとセクストゥス・ヴァリウス・アウィトゥスの息子で、もともとの名は父親にちなんでヴァリウス・アウィトゥスであったが、本章後段に記述されているように帝位に就く際、カラカラの息子を自称してマルクス・アウレリウス・アントニヌスと名のった。以後、これが正式な名となった。ヘリオガバルス（正確にはエラガバルス）は彼が神官を務めていた神の名で、彼の呼び名ともなったが、公的な記録にはこの名は現われない。また、彼をバッシアヌスと呼ぶ記録もあるが（『オピリウス・マクリヌスの生涯』第八章、ヘロディアヌス『マルクス帝没後のローマ史』第五巻三－六）、同様に公的記録には現われない呼び名。したがって、ヘリオガバルス・アントニヌスの組み合わせは明らかな誤り。なお、カッシウス・ディオ（『ローマ史』第七十九巻一－二）は、彼のあだ名として、「偽アントニヌス」、「アッシリア人」あるいは「サルダナパルス」をあげている。

（3）「善帝」とされる皇帝たち。本書では彼らのほかにもアレクサンデル・セウェルス、クラウディウス二世・ゴティクスなどが「善帝」とされる。

（4）ただし、ティトゥスの治世は短かった。七九年から八一年まで。

（5）遺骸が引き回されたのはウィテリウス帝のみ。ウィテリウスは、スエトニウス『ローマ皇帝伝』「ウィテリウス」一七によれば、「最後に、阿鼻叫喚《あびきょうかん》の石段で、ウィテリウスは、剣先で針穴のような傷をつけられて嬲《なぶ》り殺されて、そこから鉤竿《かぎざお》で引きずられ、ティベル川に投げ込まれた」（国原吉之助訳）。

（6）二一八年六月半ば頃に殺害。この親子については、本書にそれぞれの伝が立てられているので、詳細はそちらを参照。

（7）彼は、二一八年五月十六日にシリアで第三ガリカ軍団によって皇帝に推戴された。当時、ヘリオガバルスは一四歳で、その擁立は彼の祖母ユリア・マエサ（セウェルス帝の妻ユリア・ドムナの妹）の策謀によるものであった。

というのも、ヘリオガバルスはバッシアヌス(1)［カラカラ］の息子と噂されていたからである。しかし、実際には、彼はヘリオガバルス神か、ユッピテル神、あるいはソル［太陽］神(2)の神官であり、アントニヌスの名は自らの名につけ加えたにすぎないのである。そうしたのは、血統を主張するためか、あるいは、アントニヌスの名が、弟殺しのバッシアヌス［カラカラ］ですらその名のゆえに愛されていたほど、人々に好まれていることを知っていたからである。

この者は最初ウァリウスと呼ばれていたが、後に、ヘリオガバルス神の神官であったことからヘリオガバルスと呼ばれた。ヘリオガバルスは、シリアから自分が連れてきた(3)この神のために、ローマ市のオルクスの神殿が以前あった場所に神殿を建てた。(4)帝権を取った後には、アントニヌスと呼ばれた。そして、ヘリオガバルス自身がローマ帝国における最後のアントニヌスとなったのである。

二　しかし、この男は、母親のシュミアミラ(5)にまったく依存しており、彼女の意思なしでは国家において何もなすことができないほどであった。(6)ところが、そのシュミアミラ自身、娼婦のような生活をし、宮殿であらゆる恥ずべきことを行なっていた。(7)また、

---

(1)いわゆるカラカラ帝（在位二一一－二一七年）のこと。以下、本伝記でカラカラは、バッシアヌス、アントニヌス、アントニヌス・カラカルス・カ

ラカルス、アントニヌス・バッシアヌスの名で呼ばれる。カラカラの名についての詳細は、『アントニヌス・カラカルスの生涯』第一章、本分冊一九三頁註（４）参照。

（２）ヘリオガバルス神は、シリアの都市エメサの守護神。ヘリオガバルスは、ギリシア語の「ヘリオス（太陽神）」とアラム語の「ガバルス（山）」の合成語で、ラテン語史料だけに現われる誤った呼び名。正しくはエラガバルス。アラム語で「山の神」を意味する。御神体は卵形の黒石で、天から落ちてきたと伝えられていた。太陽神であるとも考えられており、ローマに持ち込まれた後には公的にはデウス・ソル・エラガバルス（太陽神エラガバルス）あるいは、インウィクトゥス・ソル・エラガバルス（不敗の太陽神エラガバルス）と呼ばれた。

（３）ヘリオガバルスは、御神体の黒石を馬車に乗せて、エメサから小アジアを横切り、バルカン半島を通ってイタリアに入った。

（４）パラティヌス丘のエラガバリウム（ヘリオガバルス神殿）のこと。現在のサン・セバスティアーノ教会に当たる場所にあった。オルクス（冥界の神プルトンのこと）の神殿は確認されていない。なお、ローマ市の東部には、セッソリウム（Sessorium）あるいはセッソリウム宮殿（Palatium Sessorianum）と呼ばれた離宮があり、ヘリオガバルスは、ここにもヘリオガバルス神の神殿を建てた。この離宮の近くには、スペス・ウェトゥス神殿の庭園があったため、この離宮は本伝記では「スペス・ウェトゥス庭園」と呼ばれている。

（５）彼女の正確な名はユリア・ソアエミアス・バッシアナ。シュミアミラの表記は、この伝記のみにみられ（エウトロピウス『建国以来の歴史概略』八では、シュミアセラと呼ばれる）、バーリー英語訳の註記によれば、「王女ソアエミアス」を意味するセム語の音の転写で、当時の呼び名。しかし、シャスタニョルは懐疑的である。彼女は、セウェルスの妻ユリア・ドムナの姪に当たる。

（６）実際には祖母のユリア・マエサの影響力が強かった。

（７）カッシウス・ディオ『ローマ史』第七十九巻六-二によれば、シュミアミラは家臣のガニュスと不倫関係にあったとされるが、しかし、この伝記でのシュミアミラの素行はおそらく相当に誇張されている。

［カラカラ］との不倫関係は周知の事実であったので、ウァリウス、あるいはヘリオガバルスと呼ばれたこの男は、カラカルスの庶子であると考えられていた。一部の人の言うところでは、ウァリウスの名すら、この男がさまざまな人の種によって[1]、つまり娼婦に宿ったとみなされていたことから、学友によって与えられた名なのである[2]。

父親と噂されていたアントニヌス［カラカラ］がマクリヌスの陰謀で殺されると[3]、ヘリオガバルスは、放蕩で残酷な息子とともにたいへん苛烈に帝権を振るっていたマクリヌスによって殺されないように[4]、避難所としてヘリオガバルス神の神殿に逃げ込んだと伝えられている[5]。

至聖なるコンスタンティヌスよ[6]、あなたはあのアントニヌスの名をたいへんに敬って、［その名をもった］古人の美徳をあなたの人格に一致させ、そしてあなたが気に入る大切なものとして受け入れつつ、コンスタンティウスや[7]クラウディウスとともに[8]、まるで自分の先祖であるかのように［その名をもった］マルクスと[9]ピウスの[10]黄金像を造っておられるほどです。ところが、その神聖なアントニヌスの名をヘリオガバルスは汚したのです。しかし、とにかく名前についての話はこれでやめておきましょう。

三　さて、話をアントニヌス・ウァリウス［ヘリオガバルス］に戻しましょう。

ヘリオガバルスは、帝権を手に入れると、ローマに使者を送った[11]。アントニヌスの名に、身分のあるすべての人たち、すべての民衆もが歓喜し、アントニヌス［カラカラ］に対する強烈な思慕の念が起こった。というのも、ヘリオガバルスは自らをアントニヌス・バッシアヌス［カラカラ］の息子と書き送っていたので、アントニヌスの名は、称号においてだけ――ディアドゥメヌスがそうであった――でなく、血統においても回復されたように思われたからである。そのうえ、暴

---

(1) 原語は vario semine で、varius（さまざまな）が彼の名 Varius との言葉遊びになっている。

(2) 誤り。ウァリウスの名の由来については、本分冊二八三頁註（2）参照。

(3) カラカラ殺害の事情は、『アントニヌス・カラカルスの生涯』第六章および第七章参照。

(4) マクリヌスがカラカラの一族を迫害した記録はない。ヘロディアヌス『マルクス帝没後のローマ史』第五巻三-二によれば、カラカラの殺害後、マクリヌスはユリア・マエサを故国に帰らせ、以前と変わらぬ生活を送ることを許している。

(5) アウレリウス・ヴィクトル『皇帝たちについて』二三にも、ヘリオガバルスは、危険を避けるために（原文では「避難所として」）ヘリオガバルス神の神官になったとあるが、ヘリオガバルスはそもそも同名の神の世襲の神官であったので、これらの記述は誤っている。

(6) 『アントニヌス・ゲタの生涯』第一章、および本分冊二一九頁註（1）参照。

(7) テトラルキア（四分統治時代）の皇帝の一人（在位二九三―三〇六年）。コンスタンティヌス大帝の父親。

(8) 一般に、クラウディウス二世・ゴティクス（ゴート族に対する勝利者）と呼ばれる軍人皇帝の一人（在位二六八―二七〇年）。三一〇年以後、コンスタンティヌスが彼の子孫であると自称したにすぎず、血縁関係は疑わしい。

(9) 五賢帝の一人、哲学者皇帝として名高いマルクス・アウレリウス・アントニヌス（在位一六一―一八〇年）のこと。

(10) 五賢帝の一人アントニヌス・ピウス（在位一三八―一六一年）のこと。

(11) シリアのアンティオキアから。

君の後に続いた新帝にいつも与えられる良い評判がつけ加わった。もっとも、その評判は、最高の徳に由来するのでなければ維持できず、多くの凡庸な皇帝たちが失うものであった。

こうして、元老院においてヘリオガバルスの書簡が読み上げられると、[1]直ちにアントニヌス［ヘリオガバルス］に対する祝賀と、マクリヌスとその息子に対する呪詛の言葉が発せられた。そして、皆に望まれて、熱狂的に信頼され、アントニヌス［ヘリオガバルス］は皇帝と宣言された。希望していることが真実になるように望んでいるとき、人の希望は軽信になるものである。

ヘリオガバルスは、首都に入るやいなや、[2]属州で起こったことは無視して、[3]パラティヌス丘の皇帝の宮殿に接したところにヘリオガバルス神を勧請《かんじょう》し、その神のための神殿を建てた。[4]そして大地母神[5]の像やウェスタの火、[6]パラディウム、[7]アンキリア、[8]要するにローマ人によって敬われているすべてのものをその神殿に移すよう熱心に主張し、[9]ローマにおいてヘリオガバルス神以外の神が崇拝されないようしむけた。[10]

さらに、ユダヤ人やサマリア人[11]の祭礼の場所、キリスト教徒の礼拝の場がそこに移されるべきであると言っていた。[12]それは、ヘリオガバルス神の神官[13]がすべての宗教の秘儀を司るようにするためであった。

（1）元老院に送られた書簡の一部は、カッシウス・ディオ『ローマ史』第七十九巻一－二－四に引用されている。

（2）ヘリオガバルスは、二一八年の五月にエメサで皇帝になり、その年の冬を小アジアのニコメディアで過ごした後、二一九年八／九月にローマに入った。

（3）バーリー英語訳は、「属州で起こったことは省略して」と訳す。ヘリオガバルスがローマに来るまでの期間に起こったことは書けば長くなるので省略して、との意味にとり、本伝記の著者の判断と解釈するのである。

（4）第一章に言及されているオルクスの神殿のあったところに建てられた神殿のこと。

（5）キュベレ神のこと。具体的には、第二次ポエニ戦争時（前二一八―二〇一年）に、小アジアから勧請された黒石。パラティヌス丘の上にその神殿があった。

（6）ウェスタは、ローマの竈《かまど》の女神。神殿には、永遠の火が巫女によって守られていた。ウェスタの信仰は、カピトリヌス丘に祀られていたユッピテル崇拝とともに、ローマ国家の支柱となっていた信仰。

（7）アエネアスがトロイアから将来したと伝えられる女神アテナ（ミネルウァ）の像のこと。

（8）サリイ神官団が保管していたマルス神の盾のこと。この神官団については、『哲学者マルクス・アントニヌスの生涯』第二十一章、および第1分冊一八三頁註（4）参照。

（9）ヘロディアヌス『マルクス帝没後のローマ史』第五巻六・三では、パラディウムのみが言及されている。ヘリオガバルスは、自分の神の配偶者にすべくパラディウムを移させたという。しかし、やがて、このような好戦的な女神はヘリオガバルス神に相応しくないとして、代わりにカルタゴから女神ウラニア（タニト）の像を持ってこさせた。

（10）ヘリオガバルスは、ヘリオガバルス神一神教を導入しようとしたのではない。あくまでもヘリオガバルス神を頂点にほかの神々を包摂した多神教の確立を目指していた。この記述に典型的に見られるように、本伝記はコンスタンティヌス大帝の言行とヘリオガバルス帝のそれの類似を意図的に暗示させる記述を随所に行なっており（第十五章、第二十三章）、コンスタンティヌスに捧げられた本伝記がこのキリスト教皇帝への批判になっていると解釈する説もある。

（11）サマリア人は、サマリア教を信奉する人々のこと。サマリア教はユダヤ教から派生した宗教で、モーセ五書のみを聖典と認めるなどの特徴がある。なお、サマリア人の宗教を独自のカテゴリーとしてローマ人が認識したのは、四世紀末のことである。

（12）著者の創作であろう。マギーは、後世の挿入とする。

（13）ヘリオガバルス自身がその神官であった。

四　続いて、元老院を初めて開いたとき[1]、ヘリオガバルスは自分の母親を元老院に招くよう命じた。彼女はやって来ると、コンスル用の席に招かれ、[元老院決議の]制定に参与した[2]。すなわち、元老院決議制定の証人となったのである。女が男のように、まるで女元老院議員[3]であるかのように元老院に入ってきたのであるが、このようなことはあらゆる皇帝の中でヘリオガバルスのもとにおいてのみ起こった[4]。

ヘリオガバルスはクイリナリス丘の上にはセナクルム[5]を、すなわち女の元老院をつくった[6]。その場所では、昔、祭日に限って、そうでなければ既婚の婦人が「コンスル格結婚の徽章」——古の皇帝たちは、その勲章を自らの親族に与え、とりわけ、元老院議員の夫をもたなかった女性に、元老院議員身分のままでいられるように与えていた[7]——を与えられた場合に、彼女らの集会[8]が開かれていたのである。

シュミアミラのもとでは、婦人たちの決まり事を定める嗤うべき元老院決議がつくられた。[それは次のようなことを定めていた。]誰がどのような服装で人前に出るのか、誰が誰に優先するのか、誰が誰の口にキスをしに行くのか、誰が馬車で運ばれ、誰が馬に乗り、誰が荷獣に乗り、誰がロバに乗るのか、また、誰が騾馬《ラバ》の引く車で運ばれ、誰が牛車で運ばれ、誰が輿に乗るのか、その輿は、革製か、骨製か、象牙製か、銀製か、誰が履き物に金や宝石をつけるのか[9]。

五 ヘリオガバルスはニコメディアで冬営していた時、[10] あらゆる汚らわしいことをし、男たちに犯されて性的に興奮していたので、すぐに兵士たちは、この男を皇帝にするためにマクリヌスに陰謀を企んだ自らの行為を後悔し、マクリヌスが殺された時に元老院がカエサルと呼んだヘリ

(1) ヘリオガバルスがローマに来た二一九年八／九月のこと。
(2) 本伝記第十二章では、祖母のマエサになっている。
(3) セウェルス朝の時代には、元老院議員の妻子も、元老院議員の称号(clarissimus (a))を帯びるようになっていたことは確かである。
(4) 祖母のマエサと母のソアエミアスが元老院に入ってきたことは、カッシウス・ディオには一度しか記録されていない(『ローマ史』第七十九巻一七-二)。それは、二二一年、アレクサンデルがヘリオガバルスの養子とされた時のことであった。本伝記は、この例外的な出来事をまるで頻繁にあったことのように誇張しているのであろう。
(5) 原語は senaculum。元老院議事堂の待合の場所を意味する言語。
(6) この記述の信憑性は低い。四世紀末の教父ヒエロニムスの書簡(四二-一二)には、ローマ市のアウェンティヌス丘で開かれていた寡婦マルケラを中心にしたキリスト教徒の婦人たちの集まりについての言及があり、この集まりが「婦人たちの元老院(matronarum senatus)」と呼ばれている。本伝記の著者がこの書簡からヒントを得て、女の元老院の話を捏造したのだと推測する説もある。あるいは、コンスタンティヌス帝によるコンスタンティノープルの元老院創設に対する皮肉と解釈することもできる。本分冊二八九頁註(10)参照。
(7) カラカラの時にできた規定。ソアエミアス(シュミアミラ)もその妹ママエア(アレクサンデル帝の母親)も夫は元老院議員ではなかった。
(8) スエトニウス『ローマ皇帝伝』「ガルバ」五には、婦人たちの集会についての言及がある。
(9) 女の元老院の話と同じく、この記述の信憑性も低い。
(10) 二一八年から二一九年の冬。第三章ですでにローマ市入城後の話をしていたが、時間的に逆戻りしている。

オガバルスの従兄弟のアレクサンデル[1]に心を寄せた。実際、誰が肉体のあらゆる穴で情欲を受け取っている皇帝を耐えることができるだろうか。人は獣がこのようであっても我慢することができないというのに。

結局、ローマにおいてヘリオガバルスは次のこと以外何もしなかった。すなわち、密偵を使って、自分のために立派な性器をもった者を探させ、彼らの特性を楽しむことができるようにこれらの者たちを宮殿に連れてこさせていたのである。

さらに、宮殿においてパリスの劇[2]をよく行ない、自分がウェヌスの役を引き受けていた。衣服が突然足までずれ落ちると、裸になったヘリオガバルスが片手を胸に、もう一方の手を陰部に当ててひざまずき、自分のお尻を堕落した男に突き出し、押しつけるのである。そのうえ、描かれているウェヌスと同じように顔をつくり、全身を脱毛していた[3]。そうして、最も多くの人の情欲に相応しく、適しているように見えることが、人生最高の果報であると考えていた。

六　ヘリオガバルスは、官職や地位、権力を自ら売っただけでなく、すべての奴隷や快楽の奉仕者を通して売った。年齢や、財産、生まれの区別を考慮に入れずに、支払った金額で元老院に人を入れた。部隊長職、将校職、軍団司令官職、将軍職[4]が売られ、プロクラトル職[5]や宮廷官吏の職も売られた。

御者のプロトゲネス[6]とコルドゥス[7]は最初は戦車競走の仲間であったが、後にはあらゆる生活と行為に関与させた。その肉体が気に入った多くの者を、ヘリオガバルスは劇場や競走場、闘技場

(1) アレクサンデルは、ユリア・マエサの末の娘ユリア・アウィタ・ママエアとゲッシウス・マルキアヌスの息子。彼は、二二一年六月二十六日にヘリオガバルスの養子とされ、カエサルの称号を受けたので、この記述には誤りがある。同様の誤りは、アウレリウス・ウィクトル『皇帝たちについて』二三にもみられるため、バーリー英語訳註記は、マリウス・マクシムスにこの誤りは遡り、アレクサンデルの治世に意図的に捏造されたと解釈する。なお、アレクサンデルは、ヘリオガバルスの死後、皇帝となる（在位二二二―二三五年）。

(2) いわゆる「パリスの審判」のこと。パリスは、トロイアの王子であったが、ヘラ、アテナ、アプロディテ（ウェヌス）が、最も美しいものに与えられるとされた黄金の林檎をめぐって争った際、いずれが一番美しいかを審判するようゼウスに命じられ、アプロディテに軍配を上げた。

(3) スエトニウス『ローマ皇帝伝』「カリグラ」五二によれば、カリグラも「ときには愛の神ウェヌスの扮装で人の前に現われた」（国原吉之助訳）とある。

(4) これらの職名は原語でそれぞれ praepositus, tribunus, legatus, dux となり、順に率いる軍の規模が大きくなる。

(5) ここでは、騎士身分の者が就く文官職。

(6) 碑文史料（*IG*, XIV, 2409, 2）によってその実在は確認される。

(7) カッシウス・ディオ『ローマ史』第七十九巻一五-一ではゴルディウスと呼ばれている。本章後段に現われるヒエロクレスに御者の技術を教えた。のち夜警長官になったが（本伝記第十二章）、近衛兵の要求で更迭された（本伝記第十五章）。

から宮殿に連れてきた。彼は、ヒエロクレス(1)を非常に愛しており、フロラ祭(2)を祝っていると言いながら、これは口にするのもはばかられるのであるが、ヒエロクレスの性器に接吻していた。ウェスタの巫女を汚した(3)。ローマ人の信仰をその御神体を持ち去って冒瀆した(4)。「永遠の火(5)」を消そうとした。ローマ人の宗教だけでなく、全土であらゆる宗教を消滅させようと望んだ。そして、至るところでヘリオガバルス神が崇拝されるようにすることにだけ熱心に努めた(6)。

あらゆる悪しき習慣で汚れていたヘリオガバルス自身が、汚れた仲間とともに、ウェスタの巫女たちと神官たちのみが近づけた(7)ウェスタの至聖所に乱入して、御神体を運び出すよう強要し、ウェスタの巫女の長が偽って指し示した壺を本物だと思って略奪したが、中には何も見いだせなかったので(8)、地面に投げつけて壊してしまった。だが、実際には、ヘリオガバルスはこの聖所から何も取り去ることはできなかった。というのも、本物の壺を持ち出すことができないようにまがい物の壺がたくさん作られていたといわれているからである。

しかしながら、ヘリオガバルスはパラディウムだと信じていた像を持ち去り、黄金［の鎖］で繫いで、自分の神の神殿に安置した(9)。

七　ヘリオガバルスは、大地母神の秘儀に入信し、タウロボリウム(10)を行なったが、それは奥に隠してある神像(11)とその他の聖物を奪い取るためであった。狂乱した去勢者たちの間で首を振り、

[切り取られた彼らの]性器を自らの体にくくりつけた。そして、大地母神の祭司がよくやるよう

(1) カッシウス・ディオ『ローマ史』第七十九巻一五-一によれば、小アジアのカリア出身の奴隷。コルドゥスのお気に入りで、御者として彼の弟子でもあった。同じくディオ(第七十九巻二一-二)によれば、ヘリオガバルスの死後、殺害された。

(2) 四月二十八日から五月三日まで祝われた。性的な放縦に流れがちな祭りで、キリスト教徒の非難の対象となった。

(3) ヘリオガバルスは、ユリア・アクイリア・セウェラという名のウェスタの巫女と二二一年に結婚した。ウェスタの巫女は純潔を守らねばならなかったので、「汚された」とされるのである。ヘロディアヌス『マルクス帝没後のローマ史』第六巻五-二によれば、ヘリオガバルスは元老院に弁明の書簡を送り、「神官と巫女の結婚は適当で神聖である」と言っていた。また、カッシウス・ディオ『ローマ史』第七十九巻九-三でも、ヘリオガバルスは、二人の最高の神官が結婚すれば、神のような子が生まれると述べたとある。

(4) 本伝記第三章に詳細はすでに書かれている。

(5) 本伝記第三章では「ウェスタの火」と呼ばれていたもの。

(6) 本伝記第三章、および本分冊二八九頁註(10)参照。

(7) ヘリオガバルスは、大神官(pontifex maximus)であったので、至聖所に入ることができたのであるが、本伝記の著者は彼が大神官であったことを忘れているように思われる。そのため、この伝記が、皇帝が大神官の職に就かなくなったグラティアヌス帝時代(在位三六七―三八三年)以後に書かれたと想定する研究者もいる。これに対して、そもそも大神官を含めて男性は一切至聖所には入れなかったとし、本伝記の著者が誤った記述をしていると考える研究者もいる。

(8) プルタルコス『英雄伝』「カミルス」二〇によれば、ウェスタの神殿には、「そう大きくない壺が二つ隠してあるが、一つは口が開いていて空であり、もう一つは中味が入っていて封印がして」(河野与一訳)あった。

(9) このパラディウムの問題については、本伝記第三章、および本分冊二八九頁註(9)参照。

(10) 雄牛の血を浴びる浄化と再生の儀式。

(11) 具体的には、本伝記第三章、本分冊二八九頁註(5)で述べた黒石のこと。

なことをすべて行ない(1)、奪い取った聖物を自らの神の聖所に移した。サランボ神(2)をシリアの宗教［特有］のあらゆる嘆きと狂乱でもって祝った。その時、ヘリオガバルスは、身近に迫った死の前兆を自分に示していた。

実に、あらゆる神々を自らの神の使用人だと言い、ある神々を侍従と呼び、また、ある神々を奴隷と呼び、さらに別の神々をさまざまな事柄の奉仕者と呼んでいた(3)。

神とみなされていた石(4)を本来の神殿から、また、オレステス(5)が安置したディアナ像をラオディキア(6)の至聖所から持ち去ろうとした。オレステスは、一体のディアナ像を一つの場所に安置したのではなく、たくさんの像を多くの場所に安置したといわれている(7)。

ヘリオガバルスは、神託に従って、ヘブルスのトリア川(8)で身を清めた後、オレステス市(9)を創建した。この町は、しばしば人間の血で染められる運命にあった(10)。ハドリアヌス(11)は、狂気で苦しみ始めたとき、オレスタ市を自らの名で呼ぶように命じた。それは、誰か気の狂った人の家、あるいは名前を取り込むようにとハドリアヌスに告げた神託に従ってのことであった。その結果、多くの元老院議員を殺すように命じていたその狂気(12)は和らげられたといわれている。これらの元老院議員を救ったので、アントニヌスは、ピウスの名を得た(13)。すなわち、彼は皆が皇帝の命令で殺されたと思っていた者たちを元老院に戻したのである。

八　ヘリオガバルスは、人身供儀をも行ない、このために全イタリアから高貴で美しく、両親

(1) 大地母神の祭司は、狂乱の中、自らの体を傷つけ、性器を切り取って神に捧げた。作者不詳『皇帝略記』二三によれば、ヘリオガバルスは「性器を切り取って、大地母神に身を捧げた」とされるが、おそらく誇張されている。
(2) フェニキアの豊穣神。
(3) この箇所には、ヘリオガバルスの宗教観がよく現われている。本伝記第三章、および本分冊二八九頁註(10)参照。
(4) 原文では石は複数形。ヘリオガバルス神や大地母神の像と同じく、東方の各地で崇拝されていた黒石のことである。
(5) ギリシア神話上の人物。アガメムノンとクリュタイムネストラの息子。彼は、母を殺害し、気が狂ったとされている。
(6) シリアのフェニキア地方の都市。
(7) パウサニアス『ギリシア案内記』第三巻一六-八によれば、オレステスがタウリケ地方から将来したとされるディアナ像は、たいへんな人気があり、多くの都市が本物のそれをもっていると主張していた。ラオディキアにあったディアナ像はそのうちの一つで、元々アテネに安置されていたが、ペルシア軍に略奪されスサに置かれた後、セレウコス一世がラオディキアにもたらしたものであった。
(8) トラキア地方を流れる川。
(9) 現トルコのエルディネ。一般には、アドリアノープルの名で知られる。
(10) アドリアノープル近郊で行なわれた二度の会戦を暗示している。一つは、コンスタンティヌス大帝とリキニウスとの間で三二四年に起こった戦いで、もう一つは三七四年の有名なウァレンス帝とゴート族との戦い。ウァレンスは戦死し、ローマ軍は三分の二の兵力を失った。
(11) 以下の部分は後世の挿入と考えられている。
(12)『ハドリアヌスの生涯』第二十三章に詳しい。
(13) ピウスの呼び名の由来については、『ハドリアヌスの生涯』第二十四章、および『アントニヌス・ピウスの生涯』第二章参照。

ともに健在な子どもたちを集めた(1)。ヘリオガバルスがそうしたのは、私の思うところでは、両親が健在であれば、悲しみがいっそう大きくなるとの理由からであった(2)。ついには、あらゆるマギ(3)の類いがヘリオガバルスに近づき、彼が奨励する中、毎日供儀を行なった。そして、マギたちに好意を示した神々に感謝していた。一方で、子どもたちの内臓を調べ、自身の生まれ故郷の儀式に従って生贄をいたぶっていた。

コンスルに就任すると(4)、銀貨や金貨、あるいはお菓子や小さな動物ではなく、肥えた牛、ラクダ、ロバ、鹿を民衆が奪い合うように投げ与えた(5)。そして、これが皇帝に相応しいことであると言っていた。

マクリヌスの名声を非常に激しく攻撃したが、ディアドゥメヌスを偽フィリップス(6)のように偽アントニヌスと呼んでその名声をいっそう激しく攻撃した。というのも、ディアドゥメヌスはアントニヌスと呼ばれていたからである。また、ディアドゥメヌスはたいへん放蕩な人から、とても勇敢で立派な、そして威厳を具えた、厳格な人物になったといわれていたからである。そして、ついには、ディアドゥメヌスの贅沢な生活の不道徳な面、というよりむしろ忌まわしい面を研究するよう多くの著述家に強制した。彼の伝記に……ように(7)。

宮殿内に公共浴場を造り、同時にプラウティアヌス浴場(8)を人々に提供した。それは、立派な性器をもった人を集めるためであった。そして、このことはたいへん熱心な監督のもと行なわれ、

「オノベリ」[9]が首都全体の隅々から、そして水兵から探し求められた。大きな性器をもっていそうな人が「オノベリ」と呼ばれたのである。

九　ヘリオガバルスは、マルコマンニ族に戦争——この戦争はアントニヌス[10]が非常に上手にほ

(1) ヘリオガバルスが子どもをヘリオガバルス神の犠牲に捧げた話は、カッシウス・ディオ『ローマ史』第七十九巻一一にもみられる。なお幼児犠牲は、カルタゴの場合によく知られているように、セム族の宗教全般にみられる特徴である。

(2) 本伝記の著者による勝手な理由づけ。おそらく宗教的な理由で両親ともに健在な子が求められた。

(3) マギについては、本分冊八七頁註（1）参照。

(4) 二二〇年のこと。

(5) ヘロディアヌス『マルクス帝没後のローマ史』第五巻六-九には、ヘリオガバルスは、ヘリオガバルス神を安置した塔の上から、民衆に金や銀の杯や、豚を除くあらゆる家畜を投げ与えたとある。民衆は争って取り合い、死傷者が出た。

(6) 偽フィリップスとは、前一四八年にマケドニア王ペルセウスの息子を名のってローマに反乱を起こしたアンドリスコスのこと。

(7) テクストが欠損している。例えば、シャスタニョルは「彼の伝記に（述べられている）ように」と補う。ビュデ版によれば、ここで言及されている伝記は本書所収の伝記とは別で、おそらくマリウス・マクシムスによる伝記。

(8) この浴場の存在は確認されていない。

(9) ギリシア語の「オノス（ロバ）」と「ベロス（槍）」の合成語で、ロバのような大きな性器をもった人の意味。

(10) 哲学者皇帝マルクス・アウレリウス帝のこと。マルコマンニ戦争については、『哲学者マルクス・アントニヌスの生涯』第十二章、および第1分冊一六五頁註（6）参照。このアントニヌスをカラカラと解釈する説もある。その場合、本伝記の著者がマルコマンニ族とアラマンニ族を誤解していたとする。

とんど終結させていた――を仕掛けようと欲した時、ある人たちからアントニヌス・マルクスは、カルダエア人(1)やマギたちの助力で、マルコマンニ族がローマ人に永久に忠誠を誓って友となるようにし、また、それが呪文と儀式で成し遂げられた(2)と聞かされた。ヘリオガバルスは、その儀式がどのようなものであったのか、またどこで行なわれたのか尋ねたが、「その答えは」明かされなかった。というのも、この男が、その儀式の効力をなくして、戦争を引き起こそうとしていたことは誰の目にも明らかであったからである。とりわけマルコマンニ戦争はアントニヌスによって終結させられるであろうという予言があったのを聞いていたことも、この儀式について知ろうとした理由となっていた。もっとも、この男はウァリウスやヘリオガバルス、あるいは「皆の笑い種」と呼ばれており、アントニヌスの名は無理やり手に入れて汚していたにすぎなかった。

さて、ヘリオガバルスをまず最初に見捨てたのは、彼の道楽に奉仕する立派な性器をもった人や巨額の財産をもった人たちと対立して腹を立てていた者たちであった。こうして、ヘリオガバルスの殺害が計画され始めた。以上が宮廷での出来事である。

一〇　兵士たちは、この有害な人間が皇帝の名のもとに隠されていることを我慢することができず、最初はお互いの間で、最後には集団になって意見を言い、当時元老院によってすでにカエサルとされていたアレクサンデルにみな心を傾けていた。アレクサンデルは、このアントニヌスの従兄弟で、したがってヘリオガバルスがウァリウスと呼ばれる由来となったウァリア(3)を共通の祖母としていた。

ヘリオガバルスのもとでは、ゾティクス(4)がたいへんな権勢を振るい、すべての皇帝官房の部局長(5)たちによって、まるで主人の「夫(6)」のようにみなされていた。そのうえ、ゾティクスは、この［皇帝との］親しい関係を濫用して、ヘリオガバルスのあらゆる言辞と行為を空約束で売って、できるかぎり多くの財産を手に入れていた。その際には、ある者を脅し、ある者には約束して、すべての人を騙していた。

ゾティクスはヘリオガバルスのところから出てくると、次のように言いながら一人一人に近づくのである。「私は、あなたについてこんなことを話しましたよ」。「私は、あなたについてこん

(1) 占星術師のこと。第1分冊一七七頁註(2)参照。
(2) マルクスがマルコマンニ戦争に際して、さまざまな場面で呪術に頼ったことは、『哲学者マルクス・アントニヌスの生涯』第十三章と第二十四章に記述されている。
(3) ユリア・マエサのことであるが、この名は本書のみに現われる。
(4) アウレリウス・ゾティクス。この人物については、カッシウス・ディオ『ローマ史』第七十九巻一六に詳しい。ゾティクスはスミュルナ出身の運動競技者で、肉体の美しさに加えて、性器が大きかったため、ヘリオガバルスによってローマに呼び寄せられたが、寵愛を失うことを恐れたヒエロクレスに陥れられ、一晩で追放されたと記述されている。しかし、ディオの記述と本伝記は、ゾティクスが皇帝の寵愛を受けた期間がまったく異なることに注意せねばならない。
(5) 原語は princeps officiorum。
(6) すなわち、ヘリオガバルスの同性愛の相手。

なことを聞きましたよ」。「あなたに関することはこうなるでしょう」。「世の中にはゾティクスのように」皇帝と過度に親しくなることを許されたなら、悪しき皇帝だけでなく良き皇帝の噂も売り、このことを知らない皇帝たちの愚かさや無知にかこつけて、不名誉な噂で肥え太る、そのような類いの人がいるものである。ヘリオガバルスは、ゾティクスと結婚して、いっしょになり、花嫁として付添人すらもち、ゾティクスが病気の時でも「マギルス(1)よ、相手をせよ！」と大声で呼びつけるほどであった。

ヘリオガバルスは、哲学者たちや非常に厳格な人たちに、彼ら自身も今自分がしているようなことを青年期に経験していたかどうか、まったく恥知らずに尋ねた。実際、ヘリオガバルスは汚らわしい言葉を臆面もなく使い、指ではみだらな仕草をしていたのである。集会においても、民衆が聞いているときでも、恥知らずであった。

一一　ヘリオガバルスは、解放奴隷を属州総督や軍団司令官、コンスルや将軍にし、あらゆる官職を身分の低い人の卑しさで汚した(2)。

高貴な友臣(3)たちをブドウの収穫に呼び、「ブドウの入った」編籠のそばに座ると、すべての最も厳格な人たちに、性交できるかどうか尋ね始めた。老人たちが赤くなると、「赤くなったぞ、うまくいった(4)」と叫んだ。沈黙や赤面は同意とみなしていたのである。さらに、ヘリオガバルス自身、まったく恥を隠すことなく、自分がどんなことをしているか、つけ加えて語っていた。

年齢や地位のゆえにそのようなことを拒んで、老人が赤くなって黙っているのを見ると、［今度は］若者たちの方に向かって、あらゆることを根ほり葉ほり聞き始めた。そして、彼らから年齢に相応しいことを聞くと、こうして祝っているブドウの収穫は真に自由に(5)行なわれていると言って、喜び始めた。ブドウの収穫祭の時に、主人に対して、それも主人が聞いている時に、多くの冗談が言われるようになったが、このことはヘリオガバルス自身が初めて考案したものであると多くの人が伝えている。このような冗談をヘリオガバルスは主としてギリシア語で言っていた。それらの多くをマリウス・マクシムス(6)はヘリオガバルス自身の伝記に採録している。

ヘリオガバルスには悪い友人がおり、そのうちの幾人かは老人で、見た目は哲学者のようであ

（1）料理人を意味する。ゾティクスの父親がこの仕事をしていたためについたあだ名。
（2）本伝記第六章、第十二章にも同趣旨の記述がある。ヘロディアヌス『マルクス帝没後のローマ史』第五巻七-七も、ヘリオガバルスが奴隷や解放奴隷をコンスル格属州の総督に任じたと記述している。
（3）amici と呼ばれた皇帝の側近たち。元老院議員と騎士身分の者から構成されていた。
（4）テレンティウス『兄弟』六四三行からの引用。訳文は鈴木一郎氏のものを拝借した。
（5）原語は liber で、大文字の Liber はブドウ酒の神バッカスに当たるローマの神を意味し、「自由に（liber）」発言できるということとバッカス神との言葉遊びになっている。
（6）マリウス・マクシムスは、ネルウァからヘリオガバルスまでの皇帝の伝記を書いた元老院議員。詳細は、第1分冊九頁註（10）参照。

った。彼らは、頭をヘアネットでまとめて、(1)自分たちが汚らわしいことに耽っていると言い、「夫」をもっていることを自慢していた。しかし、一部の人たちに言わせれば、彼らは悪徳を模倣することで皇帝にいっそう気に入られるように偽っていたのである。

一二　ヘリオガバルスは、ローマで演劇をやっていた踊り手を近衛長官に任じた。(2)御者のコルディウスを夜警長官に、理髪師のクラウディウス(3)を食糧供給長官に任じた。他の官職にも性器の大きさのゆえに自分に推薦された者たちを昇進させた。騾馬《ラバ》追いに「二十分の一相続税(4)」を監督するよう命じた。使い走りをしている者や料理人、錠前屋にも同様のことを命じた。

兵舎や元老院議事堂に入る時は、すでに述べたウァリアという名の自分の祖母を連れてきた。(5)そうしたのは、ヘリオガバルスは自分では何もできなかったので、ウァリアの権威によってより自分に敬意を払ってもらえるようにするためであった。すでに述べたように、(6)ヘリオガバルス以前には、女が元老院決議の制定に関わり、意見を述べるために元老院に入ったことはなかった。

ヘリオガバルスは宴席において、大概は、自分のそばに堕落した者を座らせ、彼らをさわったり触れたりすることを何よりも楽しんでおり、彼が飲んでいるときには、彼らのほかには誰も彼に酒をつがなかった。

二三　このようなたいへん恥知らずな悪しき行為をしていた一方、ヘリオガバルスは、養子縁組を後悔していると言って、自分の養子にしていたアレクサンデルを遠ざけるように命じ、元老院に対してはアレクサンデルからカエサルの名を剝奪するように指示した。しかし、元老院においてこのことが知らされると、大きな沈黙が生じた。実際、アレクサンデルは、不道徳でないという理由で「父親」には気に入られていなかったけれども、後に彼の統治のやり方によって証明されるように、最良の若者であったからである。(7) また、一説によれば、アレクサンデルはヘリオガバルスの従兄弟であったし、アレクサンデルは兵士たちにも愛され、(8) 元老院にも騎士身分の者

(1) カッシウス・ディオ『ローマ史』第七十九巻一四-四によれば、ヘリオガバルスもヘアネットで頭をまとめて、女の格好をしていた。

(2) プブリウス・ヴァレリウス・コマゾンのこと。二一八年に近衛長官になり、翌年、元老院身分に編入、二二〇年にヘリオガバルスとともに正規コンスルになった。また、三度にわたって首都長官に就任した。カッシウス・ディオ『ローマ史』第七十九巻四-一-二に詳しい。

(3) 他の史料からは知られていない。シャスタニョルは本書の著者による創作の可能性を指摘する。

(4) アウグストゥスによって定められた相続税。その徴収は、通常は、騎士身分のプロクラトルが行なった。

(5) 第四章では、祖母のマエサではなく、母親のシュミアミラということになっていた。

(6) 第四章冒頭。

(7) アレクサンデル帝は、本書の中で理想的な善帝であったとされる。詳細は、『アレクサンデル・セウェルスの生涯』参照。

(8) ヘロディアヌス『マルクス帝没後のローマ史』第五巻八-三によれば、ヘリオガバルスの叔母のママエアはアレクサンデルに兵士が心を寄せるように密かに金を撒いていた。

にも受け入れられていたからである。

しかし、狂気は、極悪な願望の遂行にまで至った。ヘリオガバルスは、アレクサンデルに刺客を送ったのである。実際、それは次のようにしてなされた。(1) パラティヌス宮殿には自分の母親と祖母、従兄弟を残した上で、ヘリオガバルス自身は無実の若者に対して祈願を行なうという理由でスペス・ウェトゥス庭園(2)に退去し、最良の、そして国家にとって必要な若者を殺すように命じた。兵士たちには書簡を送り、カエサルの名をアレクサンデルから剝奪するよう命じた。また、陣営(3)に置かれているアレクサンデルの像の銘文を漆喰で覆うための人を遣った。それは、暴君に対してしばしばなされることであった。

アレクサンデルの世話係の者たちにも書簡を送り、浴場ででも毒でも剣でも、望むやり方でアレクサンデルを殺すように、褒賞と官職で釣って、命令した。

一四　しかし、悪しき者たちは、無実な者に対して何もできないものである。実際、どんな力をもってしても、これほどの悪行を人になさしめるには至らなかった。というのも、むしろ逆に、他人のために準備した武器が自分自身に向かい、ヘリオガバルスは他の者に差し向けた武器によって殺されてしまったのである。

さて、「アレクサンデルの」像の銘文が漆喰で塗られるや否や、すぐに兵士たちはみな激怒し始め、ある者はパラティヌス宮殿へ、またある者はウァリウス［ヘリオガバルス］がいた庭園へ向かった。それは、アレクサンデルを守り、最終的には汚らわしく、親族殺しを目論む男を国家から取り除くためであった。

兵士たちはパラティヌス宮殿にやって来ると、アレクサンデルを母親と祖母とともに保護下に置き、続いて細心の注意を払って陣営に連れていった。一方、ヘリオガバルスの母親であるシュミアミラは、息子を心配しながら徒歩で彼らについていった。

兵士たちは庭園に入った時、戦車競走の準備をしながら、従兄弟の殺害がいつ自分に知らされるのかたいへん熱心に待ち望んでいるウァリウス［ヘリオガバルス］を見つけた。ウァリウスは、突然の兵士の喧噪に驚かされ、建物の隅に逃げ込み、寝室の入り口にあったカーテンの後ろに身を隠した。そして、兵士たちを抑えるために一人の近衛長官を陣営に、もう一人の近衛長官をすでに庭園に入って来ていた兵士たちをなだめるために送り出した。

そこで、近衛長官の一人であったアンティオキアヌス(4)は、庭園にやって来ていた兵士たちに

(1) 以下に続くヘリオガバルスの最後の記録は、ディオやヘロディアヌスなどの史料よりも、詳細で史料的価値が高いとされている。

(2) この場所については、本分冊二八五頁註(4)参照。

(3) ローマ市北西角にあった近衛兵の陣営のこと。

(4) この人物は他の史料からは知られていない。

「忠誠の誓い」を思い起こさせて、ヘリオガバルスを殺さないように説得した。というのも、多くの兵士が来ていたのではなかったし、他のほとんどの兵士が将校のアリストマコス(1)が維持していた軍旗のもとに留まっていたからである。以上が庭園での出来事であった。

一五　しかし、陣営では、兵士たちが、懇願する近衛長官に対して、もしヘリオガバルスが汚らわしい奴らや御者たちや役者たちを遠ざけ、まともな生活に戻るなら、とりわけ、彼のもとでたいへんな権勢を振るい、皆を嘆かせ、彼のすべてを本当に、あるいは空約束で売っていた者たちを排除するならば、その命を助けるだろうと言った。結果的に、ヒエロクレスとコルディウスとミュリスムス(2)、それと二人の汚れた友人がヘリオガバルスのもとから追い払われた。彼らは、愚かなヘリオガバルスをいっそう愚か者にしていたのである。

さらに、兵士たちは、近衛長官に、ヘリオガバルスがこれ以上このような生活をすることを許さないように、また、アレクサンデルを保護するように要請した。それは、アレクサンデルに如何なる暴力も加えられないように、そして同時に、カエサル［アレクサンデル］がアウグストゥス［ヘリオガバルス］の友人を目にして、愚かな行為をまねすることがないようにするためであった。

しかし、ヘリオガバルスはたいへんな懇願で、最も汚らわしい人であったヒエロクレスを元に戻すよう要求し、日々カエサル［アレクサンデル］に対して陰謀を図り続けていた(3)。

一月一日に、彼らはコンスルに同時に指名されたが[4]、ヘリオガバルスは人々の前に従兄弟とともに姿を現わすことを拒んだ。結局、祖母と母親が、従兄弟同士の協調を示さねば兵士たちが殺そうとするだろうと彼に言ったので、ヘリオガバルスは幅広の縞模様のトガを身につけ、六時に元老院に姿を現わし、祖母を元老院に呼んで、議席に導いた。

しかし、ヘリオガバルスは、誓願を行ない、儀式を行なうためにカピトリヌス丘へ向かうこと[5]を拒んだので[6]、まるでその場にコンスルがいないかのように、首都プラエトル[7]を通してすべての儀式が行なわれた。

一六　ヘリオガバルスは従兄弟の殺害を延期することはなかったものの、もし従兄弟を殺した

(1) この人物は他の史料からは知られていない。
(2) この人物は他の史料からは知られていない。
(3) ヘロディアヌス『マルクス帝没後のローマ史』第五巻八-三によれば、ヘリオガバルスの陰謀は祖母のマエサがすべて未然に防いでいた。
(4) 二二二年のこと。
(5) この儀式は、三世紀には一月三日に行なわれていた。
(6) ゾシモス『新ローマ史』第二巻二九-五は、コンスタンティヌス大帝もカピトリヌス丘に登ることを拒んだと記述しており、ヘリオガバルスを思い起こさせる。コンスタンティヌスへの批判ととれる記事である。本分冊二八九頁註(10)参照。
(7) テクストに異同があり、首都長官の誤りである可能性が高い。

ならば、元老院がほかの誰かに心を寄せるのではないかと恐れて、直ちに元老院に首都から退去するように命じた。そして、乗り物や奴隷をもっていなかった者まで、すべての者たちがすぐに出発するように命じられた。ある者は、荷担ぎ屋によって、またある者は、たまたまそばにいたか金で雇った荷獣で運ばれていったのである。ヘリオガバルスは、ウルピアヌス(1)が書物を献呈したコンスル格の元老院議員であったサビヌス(2)を、首都に留まっているという理由で、百人隊長を呼んで、非常に小さな声で殺すように命じた。だが、耳の悪かった百人隊長は首都からサビヌスを追い払うように命じられているのだと思い、そのようにしたので百人隊長の障害がサビヌスにとっては救いとなった。

法学者であったウルピアヌスを立派な人であるという理由で遠ざけ、またカエサル［アレクサンデル］の教師をしていた弁論家のシルウィヌス(3)も遠ざけた。シルウィヌスは殺されたが、ウルピアヌスは命を助けられた。

さて、兵士たち、とりわけ近衛兵たちは、ヘリオガバルスがアレクサンデルに悪しきことを企てているのを知ったのか、あるいは、アレクサンデルに愛情をもっている自分たちに憎しみを向けるのではないかと考えると、お互いに集まって国家を解放するために陰謀を企んだ。そして、まず、ヘリオガバルスの欲望に関与している者たちが(4)、さまざまな死刑のやり方で殺された(5)。ある者は、性器を切り取られて殺され、ある者は肛門を突き刺されたのである。こうして、彼らの死はその生き方に相応しいものとなった。

一七　この後、ヘリオガバルスに対する襲撃がなされ、彼は逃げ込んでいた便所で殺された(6)。次いで、［遺体は］路上で引き回された。兵士たちは、遺体を下水に投げ込んで、侮辱を加えた。だが、たまたまその下水は［遺体が入るだけの］容量がなかったので、遺体は流されないよう錘を

(1) ドミティウス・ウルピアヌス。著名な法学者。アレクサンデル・セウェルス帝の時に近衛長官になり、影響力を振るったが、近衛兵の暴動で殺害された。

(2) この記述は誤り。ウルピアヌスは一世紀の有名な法学者セクストゥス・マスリウス・サビヌスの書物について註釈を書いたのであって、サビヌスに献呈したのではない。なお、コンスル格元老院議員のサビヌスとは、後に、アレクサンデル帝の顧問会のメンバーとして『アレクサンデル・セウェルスの生涯』第六十八章にその名のあがるフラウィウス・ナビヌスのことであろう。

(3) この人物は、他の史料からは知られていない。

(4) 第十五章に名前のあがっているヒエロクレスやコルディウスなどであろう。

(5) カッシウス・ディオ『ローマ史』第七十九巻二一-一-二によれば、ほかにも、二人の近衛長官（名前はあがっていない）、皇帝金庫を管理していたアウレリウス・エウブルス、首都長官のフルウィウスが殺害された。

(6) 二二二年三月十二日のこと。カッシウス・ディオ『ローマ史』第七十九巻一七-一、ヘロディアヌス『マルクス帝没後のローマ史』第五巻八-六-八によれば、ヘリオガバルスは近衛兵の兵舎で殺害された。

付けてアエミリウス橋[1]からティベル川へ投げ込まれた[2]。そうすることで、絶対に埋葬できないようにされたのである[3]。彼の遺体は、ティベル川に投げ込まれる前に、競走場の走路でも引き回された。

彼の名前、すなわちアントニヌスの名は元老院の命令で削り取られ、ウァリウス・ヘリオガバルス[4]の名が残った。というのも、彼は、アントニヌス［カラカラ］の息子とみなされることを望んで、その名を不当に保持していたからである。

彼は、死後、ティベリヌス[5]、トラクタティキウス[6]、インプルス[7]などと多くの名で呼ばれた。それは、いつか将来、彼の治世になされたと思われることを指し示さねばならない場合のためであった。すべての皇帝の中で彼だけが引き回され、下水に投げこまれ、ティベル川に放り込まれた。万人に共通の憎しみがそうさせたのであり、皇帝たちはこうならないようにとくに用心せねばならない。実際、元老院と民衆と兵士たちの愛情に値しない者は埋葬に値しないのであるから。

彼自身の［建てた］公共建築物は、次のものを除いて何も残っていない。すなわち、太陽神とかユッピテル神とか呼ばれたヘリオガバルス神の祭壇[8]、火災の後で復興された闘技場[9]、そしてセウェルスの息子アントニヌス［カラカラ］が着手したスルピキウス地区の浴場[10]。なるほど確かに、この浴場はアントニヌス・カラカルス［カラカラ］が奉献し、自ら入浴し、また人々に開放したのであるが、しかし柱廊を欠いており、柱廊は後にこの偽のアントニヌス［ヘリオガバルス］によって

建設され、アレクサンデルによって完成させられたのである。(11)

一八　この者が最後のアントニヌスであった〈もっとも、多くの者は後のゴルディアヌスたちの添え名がアントニヌスであったと考えているが、彼らはアントニウスと呼ばれたのであって、

(1)現在のエミリオ橋がほぼそれに当たる。
(2)ヘロディアヌス『マルクス帝没後のローマ史』第五巻八-九によれば、ヘリオガバルスの遺体は、ティベル川に流れ込む下水に投げ込まれた。
(3)作者不詳『皇帝略記』二三にも、ヘリオガバルスの遺体に加えられたまったく同様の処置が記録されている。
(4)ヘリオガバルスの名前については、本分冊一八三頁註(2)参照。
(5)ティベル川に投げ込まれた者の意味。カッシウス・ディオも彼のことを『ローマ史』第七十九巻一-三ほかで、ティベリヌスと呼んでいる。
(6)引きずり回された者の意味。tracto という単語には、触る、愛撫するという意味もあることから、ビュデ版は、トラクタティキウスは汚れた愛撫を好んだ者という意味も含んでいたと考えている。なお、ティベリヌスとトラクタティキウスの名は、作者不詳『皇帝略記』二三にも記録されている。
(7)汚れた者の意味。
(8)パラティヌス丘のエラガバリウムのこと。本伝記第一章、および本分冊二八五頁註(4)参照。なお、ヘリオガバルスの死後、同名の神はローマから追放され、その神殿はユッピテル・ウルトル(復讐神ユッピテル)神に捧げられた。
(9)いわゆるコロッセウムのこと。カッシウス・ディオ『ローマ史』第七十八巻二五-二によれば、コロッセウムは、マクリヌス帝の時代の二一七年八月二三日に落雷で火災になり、廃墟と化していた。
(10)いわゆるカラカラ浴場のこと。
(11)『アレクサンデル・セウェルスの生涯』第二十五章にも同様の記述がある。

アントニヌスと呼ばれたのではなかった〉(1)。彼は、その生き方や性格、そしてその放蕩さのゆえにたいへん憎まれて、元老院はその名すらも削り取ったほどであった。私は、身元を同定する上で必要でなかったならば、この者をアントニヌスとは呼ばなかっただろう。だが、身元同定のためには、多くの場合、抹消された名前で呼ばざるをえないのである。

彼とともに、母親のシュミアミラもまた殺された。非常に不道徳な女で、息子にお似合いであった。アントニヌス・ヘリオガバルスの死後、何よりもまず先に、女が元老院に決して入ることがないように、またそれをさせた者の命は、冥界の神々に捧げられ、呪われるように定められた。

さて、彼の生涯については、多くの汚らわしいことが伝えられていますが、記憶に値しません。ですが、放蕩に関する事柄は報告せねばならないと私は判断します。それらの事柄のいくつかは彼が皇帝になる前に、いくつかはすでに皇帝になってからなされたと伝えられています(2)。彼は、自分が皇帝になる前はアピキウス(3)を、皇帝となってからはネロやオトやウィテリウス(4)を模倣していると言っておりました。

一九　ヘリオガバルスは、あらゆる私人の中で最初に黄金のカバーでベッドを覆った。当時、そのことは、すべての帝室財産を公売に付した(5)アントニヌス・マルクスの認可で許されていたからである。

また、夏の宴席をさまざまな色で〔演出して〕提供した。(6) 今日は緑色、別の日は青緑色で、また別の日は青色で、といった風に。こうして、夏のすべての日をさまざまな色で〔演出して〕提供した。

彼は、銀の炉のついた器、(7) また銀の鍋、そして一〇〇リブラ(8)の重さの銀の壺を持った初めての人でもある。これらの壺は、彫刻を施され、多くはたいへん卑わいな図柄で汚されていた。(9)

さらに、彼は、乳香(10)の香りのついたブドウ酒やハッカの香りのついたブドウ酒など、現在でも

---

(1) たしかにゴルディアヌスたちはアントニヌスとは呼ばれていない。ゴルディアヌス一世(在位二三八年)の名は、マルクス・アントニウス・ゴルディアヌス・センプロニウス・ロマヌスであった。本分冊二三七頁註(5)も参照。

(2) 以下の記述の多くは、本伝記の著者の創作と考えられている。ビュデ版によれば、スエトニウスの『ローマ皇帝伝』の記述にその創作のヒントを得たものが多いという。

(3) 現存する『料理書』の著者として著名な人物。詳細は、『アエリウスの生涯』第五章、および第1分冊九七頁註(1)参照。

(4) いずれも放蕩贅沢で知られたローマ皇帝。「悪帝」の代表でもある。

(5)『哲学者マルクス・アントニヌスの生涯』第十七章、および第二十一章参照。マルクス帝は、マルコマンニ戦争の戦費調達のために、帝室財産の公売をトラヤヌス広場で行なった。

(6) 何をさまざまな色で演出したのかはわからない。テーブルクロスやナプキンか、あるいは皿か料理のソースか。「さまざまな」の原語は varie で、おそらく彼の名 Varius との言葉遊びになっている。

(7)「炉のついた器」の原語は authepsa。

(8) ローマの重量の単位。一リブラは三二四グラム。

(9) 単に卑猥な絵ではなく、帝政期の銀器によく描かれているバッカス神の秘儀のシーンのようなものかもしれない。

(10) マスチック。ウルシ科の木からとる樹脂。

贅沢品として用いられているあらゆる物を最初に発明した[1]。他の人から受け取ったバラの香りのついたブドウ酒[2]に、すりつぶした松の実を加えていっそう香りを良くした。この種の飲み物は、ヘリオガバルス以前には知られていなかった。

彼にとって新しい快楽を探し求めないような人生は無いに等しかった。魚からソーセージを初めて作り、牡蠣や岩牡蠣、その他この種の海産の貝、そしてイセエビ、ザリガニ、シャコから初めてすり身の団子を作った[3]。

食堂、寝台、柱廊にバラを散らし、その上を歩き回った。そして、このことを、あらゆる種類の花で、つまりユリやスミレ、ヒヤシンスや水仙で行なった。ヘリオガバルスは、プールに上等な香油やサフランが混ぜられていなければ、泳がなかった。

野ウサギの毛やヤマウズラの翼下の柔毛が敷かれていない食事用臥台に、進んで横になることはなかった。そして、頻繁にクッションを変えていた[4]。

二〇　彼は、元老院をトガを着た奴隷と呼んでしばしば軽蔑した。また、ローマ市の人々をたった一つの土地の耕作者とみなし、騎士身分は歯牙にもかけなかった。

夕食のあと、しばしば酒宴に首都長官を呼び、近衛長官も同席させた。出席を拒むようであれば、行政長官たち[5]が彼らに［出席を］強要するほどであった。首都の街区ごとに首都長官を置こうとした。その場合、首都に一四人の首都長官が必要になる。(6) もし彼が生きていたならば、このことを実行していたであろう。実際、彼はたいへん汚らわしい者たちや卑賤な職業に従事する者たちすべてを昇進させようとしていたのであるから。

---

(1) 乳香の香りのついたブドウ酒は、アピキウス『料理書』一―一にすでに言及があるので、ヘリオガバルスが発明したのではないと思われる。しかし、本伝記の著者が、現在われわれが目にする形のアピキウスの『料理書』を知っていなかった可能性を排除できないので、断定はできない。

(2) バラ酒のレシピは、アピキウス『料理書』一―三に記述されている。

(3) イセエビのすり身の団子は、すでにアピキウス『料理書』二―一に言及がある。

(4) 古代ローマ人は臥台に横になり、左ひじをクッションにのせて食事をとっていた。

(5) 原語 magistri officiorum は、「行政長官」と一般に訳される、コンスタンティヌス大帝時代に創設された役職であるが、原語が複数形であるのは奇妙。ビュデ版は本伝記第十章に現われる principes officiorum（皇帝官房の長）と同じではないかと推測している。

(6) ローマ市はアウグストゥス帝によって一四の街区（regio）に分けられた。それぞれの街区は、プラエトルかアエディリス、あるいは護民官によって監督されていたが、おそらくハドリアヌス帝の時から各街区に一人、ないし二人の解放奴隷の監督官（curator）が置かれていた。『アレクサンデル・セウェルスの生涯』第三十三章によれば、アレクサンデルはコンスル格の元老院議員の監督官を各街区に置き、首都長官の補佐をさせた。なお、ヨハンネス・リドゥス『政務官の権力について』二―一九によれば、ドミティアヌス帝（在位　八一―九六年）は各街区に首都長官を置く意図をもっていたという。

この者は、純銀でできた食事や就寝のための臥台をもっていた。[1] しばしば、アピキウスをまねして、ラクダのかかとや生きている鶏から切り取った鶏冠《とさか》、孔雀[2]やナイチンゲールの舌を食べていた。[3] というのも、これらを食べた者は、疫病から免れるといわれていたからである。

宮廷の者たちには、ヒメジ[4]の内臓やフラミンゴの脳味噌、ヤマウズラの卵、ツグミの脳味噌、オウムや雉、孔雀の頭で巨大な皿を一杯にして出した。[5] ヒメジの髭をたくさん出すように命じ、クレソン、ヤマハッカ、インゲン豆、コロハ[6]の代わりに、ソラ豆調理用の鍋と皿をヒメジの髭で一杯にして提供したが、このことはとりわけ驚くべき事であった。

二一　ヘリオガバルスは、ガチョウの肝を犬の餌にしていた。牙を抜いたライオンやヒョウを楽しみで飼っており、飼育係に飼い慣らさせて、二品目、三品目の料理の時に、[7] 突然、臥台に上げるように命じていた。そしてそれらが牙を抜かれているのを知らずに、皆がパニックを起こすのを喜んでいた。

また、アパメア産のブドウ[8]をも自分の馬のために飼葉桶に入れさせた。オウムや雉をライオンやそのほかの動物の餌にしていた。一〇日間、毎日、三〇頭分の猪の乳房をその子宮といっしょに食事に出した。また、エンドウ豆と金、レンズ豆とケラウニア、[9] ソラ豆と琥珀、米と真珠をいっしょに食事に出した。さらに、コショウの代わりに真珠を、魚やトリュフに振りかけた。

開閉式の屋根をもった食堂[10]で寄食者[11]たちをスミレやそのほかの花々で埋もれさせたので、幾人

(1) 銀で装飾された食事用臥台は、プリニウス『博物誌』三三-一四四やスエトニウス『ローマ皇帝伝』「カリグラ」三二などにみられるように古くから用いられていたが、純銀のそれをもったとされるのはヘリオガバルスだけであろう。

(2) 孔雀そのものは、プリニウス『博物誌』一〇-四五によれば、前四世紀に初めてローマ人の食卓に供された。

(3) アピキウスの『料理書』にはこのようなメニューは出てこない。ただし、プリニウス『博物誌』一〇-一三三によれば、アピキウスはフラミンゴの舌を美味であるとして褒めている。

(4) スズキ目ヒメジ科の魚。ローマ時代には食材として人気があった。

(5) スエトニウス『ローマ皇帝伝』「ウィテリウス」一三によれば、ウィテリウス帝の大皿には「べらの肝臓、雉《きじ》と孔雀《くじゃく》の脳みそ、フラミンゴの舌、やつめうなぎの白子《しらこ》が、混ぜ合わされていた」（国原吉之助訳）。

(6) コロハはマメ科の植物で、その種子には芳香がある。

(7) フルコースの宴会では、少なくとも七品の料理が出された。すなわち、前菜一品、アントレ三品、焼物二品、そしてデザートである。

(8) このアパメアがシリアのオロンテス河畔のアパメアか、あるいは小アジアのメナンドロス河畔のアパメアかは、判断がつかない。

(9) 原語は ceraunia。どの種の宝石か正確にはわからない。隕石、縞瑪瑙、キャッツアイなどに同定される。プリニウス『博物誌』三七-一三四にも言及されている。

(10) スエトニウス『ローマ皇帝伝』「ネロ」三一には、同様な仕掛けをもった食堂の記述がみられる。「食堂は天井に象牙の鏡版板がはめこまれ、開閉式の鏡板からは花が、水管のついた鏡板からは香水が、客の上に撒《ま》き散らされるように工夫されていた」（国原吉之助訳）とある。ペトロニウス『サテュリコン』六〇にも仕掛けのついた天井の記述があり、「天井の鏡版が二つに裂けたとたん、でっかい箍《たが》が、あきらかに大きな樽から叩きはずしたと思われるものが、落ちてきた。その輪全体にずらりと黄金の冠と雪花石膏の香料瓶がぶら下がっていた」（国原吉之助訳）。

(11) 原語は parasitus で、単なる招待客ではなく、おべっか使いの食客のような者たちを指しているのであろう。

かの者は、上まで這い出すことができずに絶命した。

プールや風呂に香りのついたブドウ酒、つまりバラの香りやニガヨモギの香りのついたブドウ酒を混ぜた。(1) 民衆を宴会に招待し、自身も民衆とともにおおいに飲んだので、彼が一人で飲んだ量をみて、人々は彼がプールから酒を飲んでいると思ったほどであった。

土産物として、宦官や四頭立ての戦車や鞍のついた馬、騾馬《ラバ》や女性用の輿、四輪馬車、それに一〇〇〇枚の金貨、一〇〇ポンドゥス(2)の銀を与えた。

二二 彼は匙に文字を彫って宴会用の籤として用いた。(3) ある人は「ラクダ一〇頭」の籤を引き、またある人は「ハエ一〇匹」の籤を、別の人は「金一〇リブラ」の籤を、また別の人は「鉛一〇リブラ」の籤を引き、「駝鳥一〇羽」の籤や「雌鳥の卵一〇個」の籤を引いた人もいた。それは正真正銘の籤引きであり、運が試されたのである。

実際、このことを見世物の時にも行ない、一〇頭の熊や一〇匹のヤマネ、一〇個のレタス、一〇リブラの金を籤の当たりにしていた。われわれが今日みるこの種の籤引きを最初に行なったのはヘリオガバルスであった。(4) ところで、彼は、籤引きに役者たちを呼んだ。その際には犬の死骸や一リブラの牛肉、また金貨一〇〇枚や銀貨(5)一〇〇〇枚、銅貨(6)一〇〇枚といったさまざまなものが籤の当たりにされた。このことを民衆はたいへん喜んで受け入れ、この後、彼が皇帝であることを祝賀するほどであった。

二三　ブドウ酒で満たされた水路(7)で艦船を競争させ、パリウム(8)を野ブドウの搾り汁に浸し、四頭の象が引く戦車(9)をウァティカヌス丘で駆って邪魔になる墓は破壊し(10)、また、競走場で私的に開

---

(1) ニガヨモギの香りのついたブドウ酒については、アピキウス『料理書』一‐二にそのレシピが出ている。バラの香りのついたブドウ酒については、本伝記第十九章、および本分冊三二七頁註(2)参照。

(2) 一ポンドゥスは三二六グラム。

(3) スエトニウス『ローマ皇帝伝』「アウグストゥス」七五には、アウグストゥスは「いつも会食者に、価格にたいへんな開きのある種々雑多な品物の抽籤券を売り、……気紛れな運から買う人の期待を裏切ったり満足させたりした」(国原吉之助訳)とある。宴会での籤引きについては、ペトロニウス『サテュリコン』五六にも具体的な記述がある。

(4) 祭りの際には、一世紀以後、しばしば福引券のようなものが群集に投げ与えられた。例えば、スエトニウス『ローマ皇帝伝』「ネロ」一一によれば、「この最大祭の期間に、毎日ネロは、ありとあらゆる種類の土産《みやげ》券を国民にばらまいた」(国原吉之助訳)。したがって、ヘリオガバルスが初めて行なったことではないだろう。

(5) 原語は argenteus であるが、この貨幣は、ディオクレティアヌス帝の時に造られた貨幣で、時代錯誤な表現である。

(6) 原語 follies aeris。前註 argenteus と同様、ディオクレティアヌス帝期に鋳造された貨幣で、時代錯誤な表現。

(7) 大競走場(キルクス・マクシムス)の周りに掘られた外濠のことであろう。

(8) マントの一種。詳しくは、第1分冊六九頁註(10)参照。

(9) 象が引く戦車は、インドまで遠征したディオニュソス神が凱旋の際に乗ったとされ、この神の象徴であった。

(10) コンスタンティヌス大帝がサンピエトロ寺院を立てる際に、ウァティカヌス丘の墓場を破壊したことが反映しているとされている。本分冊二八九頁註(10)も参照。

いた見世物では、四頭のラクダを戦車に結びつけた[1]といわれている。

マルシ族の神官[2]を使って蛇を集めさせ、人々がいつものように見世物に大勢集まってくる朝早くに[3]その蛇を突然放ったので、多くの人が噛みつかれたり、逃げる際の怪我で傷ついたと伝えられている。

ヘリオガバルスは、すべて金でできたトゥニカ[4]や紫色のトゥニカ、あるいは宝石がちりばめられたペルシア風のトゥニカを着ては、快楽の重みに苦しめられているのだと言っていた。靴にも宝石を、それも彫刻の施されたものをつけていた[5]。まるで足につけられた宝石に優れた工芸家の彫刻が見られるかのように、人々はみなこの行為を嘲笑した。彼は、いっそう美しく、また見た目に女性らしくなるように、宝石のついた王冠を身につけることを望んだ。王冠は、宮殿の中でも身につけていた[6]。

ヘリオガバルスは、皇帝に相応しく宴会の出席者を引き取らせるために、[土産として]彼らにフェニクス[7]を約束したとも、あるいはその代わりに一〇〇〇リブラの金を約束したといわれている。

海から相当に離れたところで海水プールを提供して、泳ぎに来た友人に開放し、次の機会には魚で一杯にした。屋敷の庭に夏に雪を運ばせて雪山を作った。海のそばでは魚を決して食べず、海から最も離れた場所で、あらゆる海の幸をいつも供した。ウツボとスズキの白子を内陸の農夫たちの食事に出していた。

二四　ヘリオガバルスは、魚をまるでその本来の色をもって海の中にいるかのように青色のソースで常に調理させ、食した。バラの香りをつけたブドウ酒やバラの花を満たした俄仕立てのプ

---

(1) ネロも同じ事を行なったとされている。スエトニウス『ローマ皇帝伝』「ネロ」一一。

(2) 中央イタリア、フキヌス湖の周辺に住んだ部族。蛇使いとして有名で、ウェルギリウス『アエネーイス』第七歌七五〇―七六〇行やプリニウス『博物誌』七‐一五などに言及されている。

(3) より良い席を取るために早くから集まるのである。カリグラは、「人々が只《ただ》の席を真夜中から占領して騒いでいたため、……全員を棍棒で追い払った」(国原吉之助訳)とある。スエトニウス『ローマ皇帝伝』「カリグラ」二六。

(4) アウレリウス・ウィクトル『皇帝たちについて』三九によれば、金の衣服を着ることを求めた最初の皇帝はディオクレティアヌス帝であった。一方、作者不詳『皇帝略記』三五によれば、それはアウレリアヌス帝（在位二七〇―二七五年）であった。

(5) アウレリウス・ウィクトル『皇帝たちについて』三九、エウトロピウス『建国以来の歴史概略』九によれば、皇帝が靴や衣服に宝石の装飾をつけことはディオクレティアヌス帝に始まる。なお、アレクサンデル帝は、靴や衣服からすべての宝石を取り去ったとされる。『アレクサンデル・セウェルスの生涯』第四章参照。

(6) 作者不詳『皇帝略記』四一によれば、冠を常につけるようになったのはコンスタンティヌス大帝である。本伝記のこの箇所の記述もコンスタンティヌスへの当てつけであろう。

(7) 五〇〇年ごとに生まれ変わるとされる伝説の不死鳥。

ールを提供し、すべての仲間とともに入り、温浴室にはナルド[1]の香油を使った。ヘリオガバルスはランプにバルサム[2]をくべた。

妻を除いて同じ女と二度と寝なかった。[3]宮殿に友人や庇護民、そして奴隷のために売春宿を提供した。

食事には一〇万セステルティウス以上、つまり銀三〇リブラは必ず使った。[4]支出の全額を計算すると、時には三〇〇万セスティルティウスが食事に使われた。ヘリオガバルスは、ウィテリウスやアピキウスの宴会[5]を凌いだ。

魚を自分の養魚池から牛を使って引き揚げさせた。市場[6]を通っているとき、人々がみな貧困であることに涙を流した。寄食者たちを水車に結びつけ、それを回転させて彼らを水中に入れ、再び回転させて水面に戻していた。そして彼らをイクシオン[7]の友と呼んでいた。

ヘリオガバルスは、ラケダイモン産石と斑岩で、パラティヌス宮殿の「アントニヌスの中庭」と彼が呼んだ中庭を覆った。[8]その舗装は、われわれの時代まで残っていたが、最近剝がされて、壊された。また、ヘリオガバルスは、内階段で登ることのできる巨大な一本の柱を設置し、頂上にはヘリオガバルス神を安置しようと企てたが、それほどの巨大な石を見つけることができなかった。もっとも、ヘリオガバルスは、それをテーベ[9]から運ぼうと考えていた。[10]

二五　酔っぱらった友達をしばしば〔寝室に〕閉じこめ、夜に突然、牙を抜いたライオンやヒョウ、熊を放ち、この寝室で目を覚ました者は、ライオンや熊やヒョウを夜明けとともに、ひどいときには闇の中で見つけて、多くの者が死んでしまった。

取るに足らない多くの友人たちのために、食事用臥台の代わりに空気で膨らました革袋を設え、

---

(1)甘松のこと。プリニウス『博物誌』一二-四二-四六に言及がある。

(2)プリニウス『博物誌』一二-一一一によれば、バルサムはローマ人に最も好まれた香料で、ユダヤで採れた。また、同書一三-九二によれば、その油は最も高価であった。

(3)ヘリオガバルスは三度結婚している。相手は、アンニア・ファウスティナ、ユリア・パウラ、アクイリア・セウェラであった。

(4)この換算は、ヘリオガバルス時代のものではないことは確かであるが、いつの時代の換算が反映されているのかは不明。

(5)ウィテリウスの宴会については、スエトニウス『ローマ皇帝伝』「ウィテリウス」一三参照。

(6)アウグストゥス以後、ローマ市内には一四の各街区ごとに市場が設けられていた。ここで言及されている市場がどの市場であるかは不明。

(7)神話上の人物。テッサリアのラピテス族の王で、ある事情からゼウスに天上に迎えられたが、その妻ヘラを犯そうとしたため、ゼウスの怒りを買い、永遠に回転する火の車に結びつけられたといわれている。

(8)「ラケダイモン産石」とは、ギリシアの南ラコニアで採れる緑色の斑岩で、「斑岩」は、エジプトのモンス・クラウディウス産の赤紫の斑岩のこと。この二種類の石を使う技術は、『アレクサンデル・セウェルスの生涯』第二十五章では「アレクサンドリアの工法（opus Alexandrium）」と呼ばれ、アレクサンデル帝が初めて用いたとされており、この箇所の記述と矛盾している。

(9)上エジプトの都市。

(10)コンスタンティウス二世（在位三三七－三六一年）が、テーベからローマ市の大競走場に運ばせたオベリスク（太陽神に捧げられたと考えられていた）を思い起こさせる。

彼らが食事をしている時に、その空気を抜いたので、食事をしていた者たちはしばしば気がつけば突然テーブルの下になっていた。ヘリオガバルスは、半円形臥台用の革クッションを、臥台の上にではなく、地面に設えることを初めて発案した。そうすることで、少年たちが足で空気を出してその革のクッションをしぼませることができるようにしたのである。

姦通のシーンが黙劇で行なわれた時、まねで行なわれていることを実際にするように命じた。売春婦をすべての仲介業者からしばしば身請けし、解放した。

私的な会話で、ローマ市にどれくらい脱腸を患っている人がいるのかという話題があがった時、ヘリオガバルスはすべての者を登録させ、彼らを自分の浴場に呼び出すように命じ、いっしょに入浴した。幾人かの者は身分のある人たちであった。

宴会を始める前に、剣闘士やボクサーの戦いをしばしば行なわせた。円形闘技場(1)の最も高いところに食堂を設けさせ、昼食の間に犯罪者の処刑や野獣狩りをさせた。

デザートの時に、ヘリオガバルスは寄食者たちに、しばしば蠟製や木製、象牙製、時には土製、また時々は大理石製や石製の料理を出し、自身が食べていたあらゆる物をさまざまな材料で［作っては］出して、見せていた(2)。彼らは、一皿ごとに［酒を］飲むだけであったが、まるで実際に食べたかのように手を洗っていた(3)。

二六　絹の混紡(4)の衣服はすでに用いられていたけれども、ヘリオガバルスはローマ人の中で最初に正絹の衣服を用いたといわれている。洗い晒しの麻の衣服には決して触れず、洗い晒しの麻の衣服を用いるのは乞食であると言っていた(5)。夕食の後、しばしばダルマティカ(6)を着て公衆の前に現われるのが見られた。そして、自らをグルゲス・ファビウスやスキピオと呼んでいた。というのも、ヘリオガバルスは、青年であったファビウスやコルネリウス［・スキピオ］が、素行を正すために両親によって公衆の面前に連れてこられた時に着ていたのと同じ衣装を身につけていたからである(7)。

（1）ローマ市東部のウェトゥス・スペス庭園のそばにあった円形闘技場（Amphiteatrum Castrense）とビュデ版は同定している。この庭園については、本分冊二八五頁註（4）参照。

（2）なお、スエトニウス『ローマ皇帝伝』「カリグラ」三七によれば、カリグラは「会食者の前に黄金製のパンと御菜《おかず》を供した」（国原吉之助訳）。

（3）古代ローマ人は手づかみで食事をしていたのである。

（4）絹とリネン、あるいは木綿との混紡があった。

（5）ヘロディアヌス『マルクス帝没後のローマ史』第五巻五-四によれば、ヘリオガバルスはウールでできた普通の衣服は、安物であるとして身に着けず、絹の衣服のみを纏っていた。

（6）トゥニカの一種で、膝までの長い裾をもった貫頭衣。ダルマティカには、女々しいというイメージがあり、公衆の面前で皇帝がこれをまとうことはスキャンダラスであった。次註も参照。

（7）グルゲスは、前三世紀の前半に三度コンスルになったクイントゥス・ファビウス・マクシムス・グルゲスであると考えられているが、スキピオは誰であったのか同定できない。そもそも、この話自体が他の史料からは知られておらず、ビュデ版は本伝記の著者の創作であると考えている。また、ダルマティカという衣装は、二世紀頃にローマに持ち込まれたもので、共和政期に着られてはいなかった。

競走場や劇場、競技場、そして浴場を含むあらゆる場所(1)からすべての娼婦を公共の建物に集めて、彼女らを同僚兵士諸君と呼んで、まるで兵士たちに対するかのように演説をした。そして、体位と快楽の種類について話した。後には、この種の集会に売春の仲介者たちや、至るところから集められた放蕩者や非常に堕落した少年や若者を招いた。娼婦たちに対しては、乳首を出して、女の衣装で姿を現わし、放蕩者の前には売春させられている少年の格好で現われ、演説の後で兵士たちに対するかのように、彼らに三アウレウスの施金を与えることを宣言した。そして、彼らに推薦できる他の仲間をもつことができるよう彼らが神々に祈ることを求めた。

奴隷に報奨金を与えて、冗談で一〇〇〇ポンドゥスの蜘蛛の巣を持ってくるように命じたところ、一万ポンドゥスの蜘蛛の巣が集められたといわれている。そして、ヘリオガバルスはローマがいかに広大であるか、ここから知るべきであると言っていた。寄食者たちにはその年の扶持《ふち》として蛙やサソリや蛇、そのほかのこういった類いの気味の悪い生き物の入った壺を贈った。また、この種の壺に無数のハエを入れて、それらを飼い慣らされたハチと呼んでいた。

二七　ヘリオガバルスは、昼食や夕食の時、競走用の四頭立て戦車を食堂や柱廊にいつも出してきて、年寄りの招待客――少なからざる者が公職に就いたことがあった――に駆るよう強要していた。

皇帝になってからも、一万匹のネズミ、一〇〇〇匹のイタチ、一〇〇〇匹のハツカネズミを持ってくるように命じていた。

ヘリオガバルスは、非常に有能な菓子職人や乳製品専門の職人を抱えており、彼らは、肉専門の料理人や果物専門の料理人などが出したさまざまな料理を、お菓子や乳製品で作って出していた。寄食者たちにガラスでできた食事を出し、時々、自分に出されるのと同量の料理を描いたナプキンをテーブルに置き、そうして刺繡されたり織り上げられて描かれた料理だけが出された。時には、彼らに料理の絵が描かれた板が出され、こうして、まるですべての料理が出されたようにされたが、実際には寄食者たちは空腹に苦しめられた。

宝石を果物や花と混ぜ合わせた。窓から、友人に出すのと同量の食べ物を投げ出した。ローマ市の人々の一年分の食糧を市壁内の娼婦やその仲介業者、放蕩者に与えるように命じ[2]、市壁外の者には別に約束した。その当時は、セウェルスやバッシアヌス［カラカラ］の配慮により、七年分の穀物の備蓄がローマにはあったのである[3]。

(1) ローマ時代には、こういった場所には娼婦が立ち、売春宿が設けられていた。
(2) これらの人々は元来食糧の配給を受けられなかったが、ヘリオガバルスは彼らにもその恩恵に与らせるようにしたと解釈する説もある。
(3) 『セウェルスの生涯』第八章参照。『アレクサンデル・セウェルスの生涯』第二十一章では、ヘリオガバルスは穀物供給を危機的な状況にさせたとして非難されている。

二八　四匹の巨大な犬を戦車に結びつけ、宮殿の中で乗っていた。皇帝になる前には、自分の所領でも同じことをしていた。四匹の大きな鹿を〔戦車に〕結びつけて、人々の前を行進した。ライオンも〔戦車に〕結びつけ、マグナ・マテル(1)と自称していた。虎をも〔戦車に〕結びつけ、リベル(2)と自称し、描かれている神々を模倣して同じ格好をした。

エジプト人がアガトダエモンと呼ぶエジプト産の小さな蛇(3)を、ローマで飼っていた。カバやワニ、サイ、そして自然が提供しうるあらゆるエジプト産の動物を飼っていた。時々、駝鳥を夕食に出し、ユダヤ人はこれを食べるように教えていると言っていた(4)。

ヘリオガバルスによってなされたと伝えられている次のことは実に驚くことに思われる。すなわち、彼は、貴族たちを昼食に招いた時、サフランの花を半円形臥台の上に撒き、彼らの威信に相応しいように自分は干草を敷いているのだと言っていた。

昼間にすることを夜に行ない、夜にすることを昼間に行なって、このことを贅沢の証しの一つと考えていた。そして、遅くに起きて、朝の挨拶を受け始め、朝早くに寝始めていた。

友人たちに毎日贈り物をし、贈り物を与えることなしに過ごすことは少なかった。ただし、彼が倹約家だと知った人は除いて。というのも、こういった類いの人は、彼にとっては不道徳な人であったから。

二九　宝石や金で飾りつけられた乗り物をもっており、銀や象牙や青銅で飾りつけられた乗り物を軽蔑していた。二人、三人、四人あるいはそれ以上の非常に美しい女性を小型の車に結びつけ、引かせた。たいていヘリオガバルスは裸で、そして裸の女が彼を運んでいた。

ヘリオガバルスは、八人の禿頭の者を夕食に招くことをよく行なっていた。同様のことを、八人の独眼の者、八人の痛風の者、八人の耳の不自由な者、八人の黒人、八人の背の高い者、八人の肥えた者についても行ない、肥えた者たちが一つの半円形臥台に座りきれない時には、(5)［彼らをねたにして］周りの人すべてを笑わせていた。

招待客に宴会で使ったすべての銀製品を与え、またすべての酒器を与えたが、こうしたことを頻繁に行なっていた。

ローマ皇帝の中で初めて水で割ったガルム(6)を［ローマ市の］人々に出した。もっとも、以前にも

(1) 大地母神キュベレのこと。
(2) リベルとはバッカス（ディオニュソス）神のこと。モザイクなどには、しばしばこの神の従者として虎やヒョウが描かれる。
(3) ライオンの頭をしたクヌピス神の聖なる蛇。なお、アガトダエモンとはギリシア語で「善霊」の意味。
(4) 逆に、駝鳥は、ユダヤ人には不浄な生き物で、食べることは禁じられていた。
(5) 通常は、九人が席につけた。
(6) ガルムは魚醤のこと。なお、水割りのガルムは、アピキウス『料理書』一―二などに言及がある。

兵士の食事には［水割りのガルムが］出されていた。後に、アレクサンデルが［皇帝になると］すぐに［元のように兵士の食事に］戻した。

さらにヘリオガバルスは、料理に風味をつけるための新しいソースを考案することをテーマとして招待客に与え、その発案が気に入れば、発案者に最高の報償を与えた。例えば、絹の衣服が与えられたが、それは当時まれで、栄誉あるものとみなされていた。一方、気に入らなかった場合は、より良いものを案出するまで、料理を食べ続けるように命じていた。

常に、高価な花や香料の間に座った。料理のために調達された材料の値段がより高く誇張されて報告されるのを好んだ。そして、そのことが宴会の招待客の食欲をそそるのだと主張していた。

三〇　ヘリオガバルスは自ら菓子職人や香水屋、居酒屋、料理屋、売春仲介業者に扮し、さらに、これらすべての商売を宮殿で実際にいつも行なってさえもいた。

六〇〇匹の駝鳥の頭を一度の食事に多くの皿にのせて出し、その脳味噌を食べた。

ある時には、次のような宴会を開いた。二二の大きな皿に料理を出し、ヘリオガバルス自身と友人たちは快楽を行なうと誓って、一皿［食べる］ごとに入浴し、女と関係をもった。また、次のような宴会をも催した。それぞれの友人の家で、一皿ずつ料理が提供されたが、ある者はカピトリヌス丘に、また別の者はパラティヌス丘に[1]、ある者は堡塁[2]のところに、またある者はカエリウス丘に、ある者はティベル川の向こうに住んでいたので、それぞれの住んでいるところを順番に回って、彼らの家で一皿ずつ食し、すべての家が巡られた(3)。そのため、一回の宴会が丸一日かけてもほとんど終わらなかった。そのうえ、彼らは一皿ごとに入浴し、女と交わっていたのでなおさらであった。

オリーヴ油とガルムからできたシュバリス風(4)の料理を常に出していた——シュバリス人はこの料理を考案した年に滅んだ(5)——。

多くの場所に浴場を作り、一度入浴するとすぐに取り壊してしまったと伝えられている。こう

(1)誤り。パラティヌス丘は、一世紀以後、帝室のものであり、個人住宅はなかった。

(2)セルウィウスの城壁のうち、エスクイリヌス丘からコリナ門までの部分(ローマ市の東部)。この部分は、「タルクイニウス・スペルブス王の堡塁(agger Tarquinii Superbi)」あるいは、単に「堡塁(agger)」と呼ばれていた。この名は、ローマの王スペルブスがセルウィウスの城壁のこの部分を強化したことに由来する。

(3)スエトニウス『ローマ皇帝伝』「ウィテリウス」一三によれば、ウィテリウス帝は逆に「同じ日に、違った人からそれぞれ別の食事に、自分を招待させていた」(国原吉之助訳)。

(4)シュバリスは、イタリア半島南部ルカニア地方にあったギリシア人の植民都市。贅沢な暮らしぶりで名高かった。

(5)シュバリスの滅亡は前五一〇年。

して浴場が二度と使われないようにしたのである。(1) 同じことを、宮殿についても、陣営の司令部についても、夏の離宮についても行なったといわれている。

しかし、あれやこれやの多くの信じられないようなことは、アレクサンデルのためにヘリオガバルスを貶《おとし》めようとする人々によって捏造されたと私は信じている。

三一　非常に有名で美しい娼婦を、ヘリオガバルスは一〇万セステルティウスで身請けし、まるで処女であるかのように彼女に触れないまま崇拝したといわれている。

皇帝になる前のヘリオガバルスに、ある人が「あなたは貧乏になることが怖くはありませんか」と尋ねると、「私自身が自分と自分の妻の相続人になるよりもより良いことはないのではないでしょうか」答えたといわれている。そのうえ、ヘリオガバルスは、多くの人が彼の父親に遺贈した財産も保有していた。また堅実な子孫が後を継ぐことがないように、息子をもつことは望まないとも言っていた。

寝室を暖めるために、木炭なしで、インド産香料だけを燃やすように命じていた。祖母のウァリアはすべての財産を失ってしまうだろうと言って大きな声で反対していたが、(2) 皇帝になる前のヘリオガバルスは六〇台以上の車で旅をした。皇帝になってからは、実に六〇〇台以上の車を引かせたと伝えられている。(3) そして、ペルシア人の王は一万頭のラクダとともに旅をし、ネロは五〇〇台の車[4]で旅行に行ったと主張していた。［多くの］乗り物の［必要であった］理由は、数多くの売春仲介者や売春宿の女将、娼婦、放蕩者、大きな性器をもった堕落漢たちのためであった。

浴場では常に女といっしょで、ヘリオガバルス自身が女たちの毛を除毛剤で処理しており、自身もまた除毛剤で髭を入念に処理していた。[5] 口にするのも汚らわしいことであるが、このことは、女たちが毛を処理される際に用いられる同じ除毛剤でもって、同じ時に行なわれたのである。自分の手でかみそりを当てながら仲間の堕落した男の陰毛を剃り、後で同じかみそりで髭を剃った。

金粉や銀粉を柱廊に撒き、琥珀の粉を撒くことができないと嘆いていた。そして、このことを、

---

(1)『アレクサンデル・セウェルスの生涯』第四十二章によれば、アレクサンデル帝は、自分が造らせた浴場（第三十九章にはローマ市の各街区に浴場を備えさせたとある）も、古くからあるものも、民衆とともに利用したとあり、自分のために一度しか使わなかったヘリオガバルスのわがままとの対比がなされている。

(2) ヘリオガバルスの奇矯な行動を祖母のマエサ（ヴァリア）がさまざまな場面で諫めていたことは、ヘロディアヌス『マルクス帝没後のローマ史』第五巻五-五などにみられる。

(3) エメサからローマへの旅行の際であろう。

(4) スエトニウス『ローマ皇帝伝』「ネロ」三〇によれば、ネロは一〇〇〇台を超える車で旅をした。

(5) スエトニウス『ローマ皇帝伝』「ドミティアヌス」二二によれば、ヘリオガバルスと同様に、ドミティアヌスは「自分の手で内妾《ないしょう》の毛を抜いたり、最も卑しい街娼《がいしょう》といっしょに浴場で泳いだと噂された」（国原吉之助訳）。これに対して、アレクサンデル帝は、公共浴場での混浴を禁じたとされ、ヘリオガバルスと対照されている。『アレクサンデル・セウェルスの生涯』第二十四章参照。

馬や馬車のところまで歩いて移動する時には、どこでもしばしば行なった。今日は、砂金で同じことが行なわれている。

三二　同じ靴を二度決して履かなかったし、同じ指輪を二度つけることもしないといわれていた。(1) 高価な衣装をしばしば引き裂いた。

鯨を捕らえて測り、その重量に応じた魚を友人に与えた。荷を積んだ船を港に沈めて、これが度量の大きいということであると言っていた。大便を金の器にし、小便を蛍石や縞瑪瑙《めのう》の器にした。

ヘリオガバルスは、「もし、自分が相続人をもっていたならば、自身がなし、そしてなすであろうことを相続人がするように強要する後見人を与えるであろう」と言ったと伝えられている。

次のような夕食を自分に出させる習慣ももっていた。一日は雉(2)だけを食べ、すべての皿に雉の肉だけを盛りつけ、同じことを別の日に鶏肉や、さまざまな魚、豚、駝鳥、野菜、果物、お菓子、乳製品で行なっていた。

しばしば、非常に美しい女性を用意したと自分の友人たちに言って、彼らをエティオピア人の老女といっしょに寝室に閉じこめ、朝まで引き留めておいた。同じことを少年でも行なった。当時、つまりフィリップス(3)以前はそれが許されていたのである。

時々、ヘリオガバルスは大声で笑い、劇場では人々に彼の声だけが聞こえたほどであった。ヘリオガバルス自身、歌い、踊り、笛に合わせて朗唱し、ラッパを鳴らし、パンドゥラを奏で、オルガンを弾いていた。(4) (5)

ある日には、競技場や劇場、円形闘技場や首都のあらゆる場所のすべての売春婦のところに、気づかれないように女の格好で身を隠して行き、性行為をすることなく、すべての娼婦に金貨を与え、「アントニヌスがこれを与えているとは誰も知るまい」と言っていた。

三三　ある種の新しい快楽を考案し、古の皇帝たちの同性愛の趣向を凌いだ。実際、ヘリオガ

(1) スエトニウス『ローマ皇帝伝』「ネロ」三〇には、「ネロはどんな衣装も二度と着なかった」(国原吉之助訳)とある。

(2) ヘロディアヌス『マルクス帝没後のローマ史』第五巻六-九によれば、ヘリオガバルスは、「フェニキアの法に従って豚には触れなかった」。

(3) フィリップス・アラブス帝(在位二四四-二四九年)のこと。アウレリウス・ウィクトル『皇帝たちについて』二八によれば、この皇帝は男娼を禁じたとされる。『アレクサンデル・セウェルスの生涯』第二十四章にも、アレクサンデル帝が男娼を禁じようとしたとある。なお、フィリップスに好意的なキリスト教史料にはこのことについての記録は見られない。

(4) カッシウス・ディオ『ローマ史』第七十九巻一四-三によれば、ヘリオガバルスは、さまざまな場面で、例えば、歩いたり演説をしたりする時にも踊っていた。

(5) シリア起源の三弦のリュートのような楽器。

バルスはティベリウスやカリグラやネロの使ったあらゆる仕掛け[1]を知っていた。

さて、彼は、暴力による死を迎えるであろうと、シリアの神官によって予言された。そのため、濃い赤紫色の糸と絹糸、そして真紅の糸で縒《よ》られたロープを、必要なときにそれで首吊り自殺ができるように準備していた。また、何らかの暴力が迫ってきた時に、自殺できるように黄金の剣も準備していた。何か深刻な事態が迫ってきた場合に自殺できるように、ケラウニアやサファイア、エメラルドの容器の中に毒を準備していた。非常に高い塔も造り、塔の下に黄金と宝石の板を置いて、塔から飛び降りられるようにしていた[2]。そして、自分の死は、誰もこのようにして死んだ者がいないといわれるような、高価で、豪華なものでなければならないと言っていた。

しかし、こういったものは何の役にも立たなかった。すでに述べたように[3]、彼は、近衛兵によって殺され、街路中を引きずられ、たいへん惨めにも下水道に入れられて、ティベル川に投げ込まれたからである。

こうして、彼が、国家においてアントニヌスの名を保持した最後の者となった。このアントニヌスが、その生き方においても名においても同様に不実のものであったことは皆が知っている通りである。

三四　畏れ多きコンスタンティヌスよ、私が語った災いの元凶が、皇帝の地位に、それもほぼ三年間もあったということはおそらく驚くべきことでしょう。かつては、ネロやウィテリウスやカリグラ、その他こういった類いの暴君を取り除いた者がいなかったわけではありませんが、当時、国家において、この者を偉大なるローマの統治から取り除く者は誰もいなかったのです。[4]

しかし、何にもまして私は、私自身がさまざまな書物の中に見いだしたことを文章に残したことについて、ご寛恕を願いたいと思います。とはいえ、多くの汚らわしいこと、そして最大の羞恥心なく語ることができないようなことは黙して語りませんでした。実際、私が語ったことは、できるだけ言葉を曖昧にして隠してあります。

（1）例えば、ティベリウスのそれについては、スエトニウス『ローマ皇帝伝』「ティベリウス」四三に「房事用椅子のある密室を考案した」（国原吉之助訳）とある。

（2）ヘロディアヌス『マルクス帝没後のローマ史』第五巻六-九には、ヘリオガバルスがヘリオガバルス神のために建てた塔の記述がみられるが、それがここに記述されている塔と同じものではないかと考えられる。ヘリオガバルスは、最後に、ここから飛び降りて死ぬことで自らを神に捧げる宗教儀式を行なおうとしていたのではないかと推測する説もある。

（3）本伝記第十七章参照。

（4）正確には、ヘリオガバルスは、二一八年五月から二二二年三月まで帝位にあったので、在位は四年弱である。カッシウス・ディオ『ローマ史』第七十九巻三-三は、三年九ヵ月と四日と記録している。これに対して、エウトロピウス『建国以来の歴史概略』八および作者不詳『皇帝略記』二三はその治世を二年と八ヵ月とし、アウレリウス・ウィクトル『皇帝たちについて』二三は三〇ヵ月としており、本伝記とほぼ同じ数字を挙げているが、これはヘリオガバルスがローマに入城した時（二一九年七月）から数えた年月である。

私は、慈悲深いあなた様が常々口にしておられる、帝位は運にかかっているという言葉を思い起こすべきであると考えております。というのも、あまり良くない王も、非常に悪しき王もいるからなのです。しかしながら、統治の必要のために運命の力に導かれた者が皇帝に相応しいと、いつも敬虔なるあなた様が言っておられることが実現しなければならないと信じております。

さて、これが最後のアントニヌスであり、以後この名が国家において皇帝に頻繁に用いられることはなくなったのですが、アントニヌスの一族にちなんで自らが呼ばれることを望んだ父親と息子の二人のゴルディアヌス(1)を語り始めるときに、誤りが生ずることがないように、次のことをつけ加えねばなりません。すなわち、かの者たちにおいては、まず、アントニヌスは名ではなく、個人名であったのであり、第二に、多くの本の中に私が見いだしたように、彼らは、アントニヌスではなく、アントニウスと呼ばれていたのです(2)。

三五　以上が、ヘリオガバルスの生涯でした。彼の生涯を、あなた様は、不本意で、拒絶している私に、ギリシア語とラテン語の書物から［材料を］集めて記述し、献呈するようお望みになりました(3)。というのも、私はすでに以前にほかの皇帝たちについての伝記を公にしてきたからです(4)。

さて、［ヘリオガバルスの］後に続いた皇帝たちの伝記を書き始めましょう(5)。その中で、アレクサンデルは、最良の皇帝であり、また一三年にわたって皇帝であったので、充分な配慮をもって語られるべきです。(6) ほかの者［の治世］は半年やせいぜい一、二年だったのですから。アウレリアヌスは卓越していました。(7)

これらすべての者たちを凌ぐ栄光をもっているのは、あなたの一族の始祖であるクラウディウスです。(8) クラウディウスについては、私は、慈悲深いあなた様のために書きながら、お追従者と思われるのではないかと、真実を語ることを恐れています。しかし、悪しき者たちの嫉妬からは

(1) バーリー英語訳の註によれば、この箇所で本伝記の著者は、アウレリウス・ウィクトルやエウトロピウスと同じく、ゴルディアヌスが二人であったとの誤った認識を示しているが、後に本書の著者はヘロディアヌスを研究した結果、ゴルディアヌスが三人であったと気づくことになる。

(2) この点については本伝記第十八章、および本分冊三一五頁註（1）参照。

(3) このようなスキャンダラスな皇帝の伝記をコンスタンティヌスが書かせたことになり、ある意味で、この文章はコンスタンティヌスに対する批判ともとれる。

(4) 本伝記の著者ランプリディウスがこの伝記の前に書いた作品は『アントニヌス・コンモドゥスの生涯』と『ディアドゥメヌス・アントニヌスの生涯』であるが、前者はディオクレティアヌスに捧げられている。後者には献呈の辞はない。

(5) 本伝記の著者アエリウス・ランプリディウスは以下に続く皇帝たちの伝記を書くことを宣言しているが、実際は、本伝記以後で彼の著作とされるのは『アレクサンデル・セウェルスの生涯』のみである。

(6) アレクサンデル帝の在位は二二二－二三五年。

(7) ローマ皇帝（在位二七〇－二七五年）。アウレリアヌスは、軍人皇帝時代に分裂していたローマ帝国の再統一を成し遂げた。

(8) ローマ皇帝（在位二六八－二七〇年）。コンスタンティヌスとクラウディウスの関係については、本伝記第二章、および本分冊二八七頁註（8）参照。

逃れています。というのも、ほかの書物においてもクラウディウスが卓越していることは認識されているのですから。

これらの者たちに、黄金時代の父であるディオクレティアヌス[1]、そして巷で言われておりますように鉄の時代の父であるマクシミアヌス[2]、そして敬虔なるあなた様の時代に至るまでのその他の皇帝がいっしょに加えられねばなりません。

畏れ多き皇帝陛下。あなた様については、より優れた才能をもった者が、多くの紙数を使って、またいっそうの雄弁さでもって記述するでしょう。

さらに、上述の者たちに、リキニウス[3]やセウェルス[4]、アレクサンデル[5]そしてマクセンティウス[6]がつけ加えられねばなりません。これらすべての者は、あなた様の軍門に下りました。しかし、何事も彼らからその美徳を取り去ることはできません。私は、多くの著作家たちがしばしばするように、負けた者たちを貶めるようなことはいたしません。私は、自分の中に美質をもっている人については、すべての真実を語ることが、あなた様の栄光を増すことになるのを知っているからです。

(1) ローマ皇帝(在位二八四―三〇五年)。テトラルキア(四分統治)体制を敷いて、軍人皇帝時代の混乱を収拾した。キリスト教皇帝に捧げたこの伝記に、キリスト教の大迫害者であったディオクレティアヌスを黄金時代の父と呼ぶことは、不自然であり、コンスタンティヌスに対する皮肉と理解することもできるが、一方で、ディオクレティアヌスの治世に対してはキリスト教徒ですら一定の評価を与えていたことも事実である。

(2) ローマ皇帝(在位二八五―三〇五年)。ディオクレティアヌスの同僚帝として即位し、二九三年以後テトラルキア体制の一角を担った。シャスタニョルは、三一二年以後のコンスタンティヌスの治世を黄金時代とみるキリスト教徒の歴史観に対して、本伝記の著者が、皮肉をこめて、黄金時代を築いたディオクレティアヌス退位後(三〇五年以後)の混乱するローマ帝国を鉄の時代と捉えていると指摘する。なお、シャスタニョルは、ここでのマクシミアヌスは、ガレリウスの可能性があることも指摘している。マギーはマクシミアヌスの粗野な兵士としての性格が暗示されていると理解する。

(3) ローマ皇帝(在位三〇八―三二四年)。ディオクレティアヌス帝退位後のテトラルキア体制建て直しのために、カルヌントゥムの会談で選出され、パンノニア地方を担当したが、やがて帝国東部一円を支配下に収めた。コンスタンティヌスに敗れ、三二五年に殺された。

(4) ローマ皇帝(在位三〇五―三〇七年)。第二次テトラルキアの副帝として即位、翌年正帝になるが、反乱を起こしたマクセンティウスに敗れて、処刑された。

(5) このアレクサンデルとは、ルキウス・ドミティウス・アレクサンデルのことで、三〇八年にマクセンティウスに対してアフリカで反乱を起こし、皇帝を称した人物。三一〇年にマクセンティウスの討伐軍に敗れた。

(6) ローマ皇帝(在位三〇六―三一二年)。マクシミアヌス帝の息子。ローマ市で皇帝を称し、イタリア、アフリカを支配したが、有名なミルウィウス橋の戦いでコンスタンティヌスに破れた。

『ローマ皇帝群像2』関連年表

＊以下の年表は、歴史学研究の成果に基づいて史実として確定されたものを紹介しており、『ローマ皇帝群像』の内容（ないし伝記の著者の理解）に合致したものではないので、注意されたい。

一六一年　コンモドゥス生まれる。
一七七年　コンモドゥス、アウグストゥスの称号を受け、父マルクス帝の共治帝となる。
一八〇年　マルクス帝没し、五賢帝時代終わる。コンモドゥス帝、単独統治を始める。コンモドゥス帝、敵対する国境外の諸部族と講和を結んで首都に帰還し、マルコマンニ戦争終結する。
一八一年　陰謀事件に絡んでコンモドゥス帝の姉ルキラがカプリ島に追放され、まもなく処刑される。
一八五年　近衛長官ペレンニスが失脚し、解放奴隷クレアンデルが台頭する。
一八九年　首都ローマで食糧危機が起こり、クレアンデルが失脚する。
一九二年　コンモドゥス帝が暗殺され、ヘルウィウス・ペルティナクスが即位する。
一九三年　（三月）ペルティナクス帝が暗殺され、ディディウス・ユリアヌスが皇帝位を獲得する。（四月）セプティミウス・セウェルスが上部パンノニアで、ペスケンニウス・ニゲルがシリアで軍隊によって皇帝と宣言される。属州ブリタンニア総督クロディウス・アルビヌスがセプティミウス・セウェルスからカエサルの称号を受ける。（六月）ディディウス・ユリアヌス帝が殺害され、セプティミウス・セウェルスがローマに入城する。（七月）セプティミウス・セウェルス帝、ペスケンニウス・ニゲルと戦うため、東方へ出発。

一九四年　セプティミウス・セウェルス帝がペスケンニウス・ニゲルを倒す。

一九五年　セプティミウス・セウェルス帝、シリアからさらに東へ遠征し、パルティアと戦う（第一次パルティア戦争）。アラビクス、アディアベニクス称号を受ける。

一九六年　セプティミウス・セウェルス帝の長男カラカラが、マルクス・アウレリウス・アントニヌスと改名し、カエサルの称号を受ける。クロディウス・アルビヌスが属州ブリタンニアでアウグストゥスの称号を名のる。

一九七年　セプティミウス・セウェルス帝がガリアにてクロディウス・アルビヌスを倒し、単独支配を確立する。その後、再びパルティアへ遠征し、首都クテシフォンを陥落させる（第二次パルティア戦争）。帝の長男カラカラがアウグストゥスの称号を、次男ゲタがカエサルの称号を受ける。

一九八年　セプティミウス・セウェルス帝が、元老院からパルティクスの称号を受ける。

二〇二年　カラカラが近衛長官プラウティアヌスの娘プラウティラと結婚する。

二〇三年　セプティミウス・セウェルス一家、属州アフリカを訪問する。

二〇五年　プラウティアヌスが殺害され、代わって、法律家パピニアヌスが近衛長官となる。

二〇八年　セプティミウス・セウェルス帝が、カラカラ、ゲタとともにブリテン島への遠征に出発する。
二〇九年　ゲタがアウグストゥスの称号を受け、父と兄の共治帝となる。
二一一年　（二月）セプティミウス・セウェルス帝が属州ブリタンニアのエボラクム（ヨーク）にて没し、カラカラとゲタが共同統治を開始する。（十二月）カラカラ帝がゲタ帝を殺害し、単独統治を始める。
二一二年　カラカラ帝が、近衛長官パピニアヌスらゲタ派とみなした者を粛清。アントニヌス勅令の発布。
二一三年　カラカラ帝、ドナウ川上流に遠征し、アラマンニ族と戦う。ゲルマニクス・マクシムス称号を受ける。
二一四年　カラカラ帝、東方へ向けて出発する。
二一六年　カラカラ帝、パルティア遠征を開始する。
二一七年　（四月）遠征中のカラカラ帝をメソポタミアのカラエ近郊でマクリヌスが殺害し、代わって皇帝となる。マクリヌス帝、パルティアと講和を結ぶ。マクリヌス帝の息子ディアドゥメニアヌス（本書ではディアドゥメヌス）、カエサルの称号を受ける。
二一八年　（五月）属州シリアのエメサにてウァリウス・アウィトゥス・バッシアヌス（エラガバルス、本書ではヘリオガバルス）がマクリヌス帝に対して反乱を起こし、皇帝宣言する。ディアドゥメニアヌス、アウグストゥスの称号を受ける。（六月頃）エラガバルスがマクリヌス父子を破り、単独皇帝となる。
二一九年　エラガバルス帝のローマ入城。

二二〇年　エラガバルス帝とユリア・パウラの結婚。

二二一年　エラガバルス帝、ユリア・パウラと離婚し、アクイリア・セウェラと結婚する。（六月）エラガバルス帝、従兄弟のゲッシウス・アレクシアヌス・バッシアヌスと養子縁組し、彼にカエサルの称号を与える。アレクシアヌスはマルクス・アウレリウス・アレクサンデルと改名する。（七月）アクイリア・セウェラと離婚し、マルクス帝の子孫アンニア・ファウスティナと結婚する。その後、アクイリア・セウェラと再婚する。

二二二年　（三月）エラガバルス帝が暗殺され、マルクス・アウレリウス・アレクサンデルが即位する（セウェルス・アレクサンデル帝の誕生）。

1図　ローマ帝国東方属州とパルティア王国

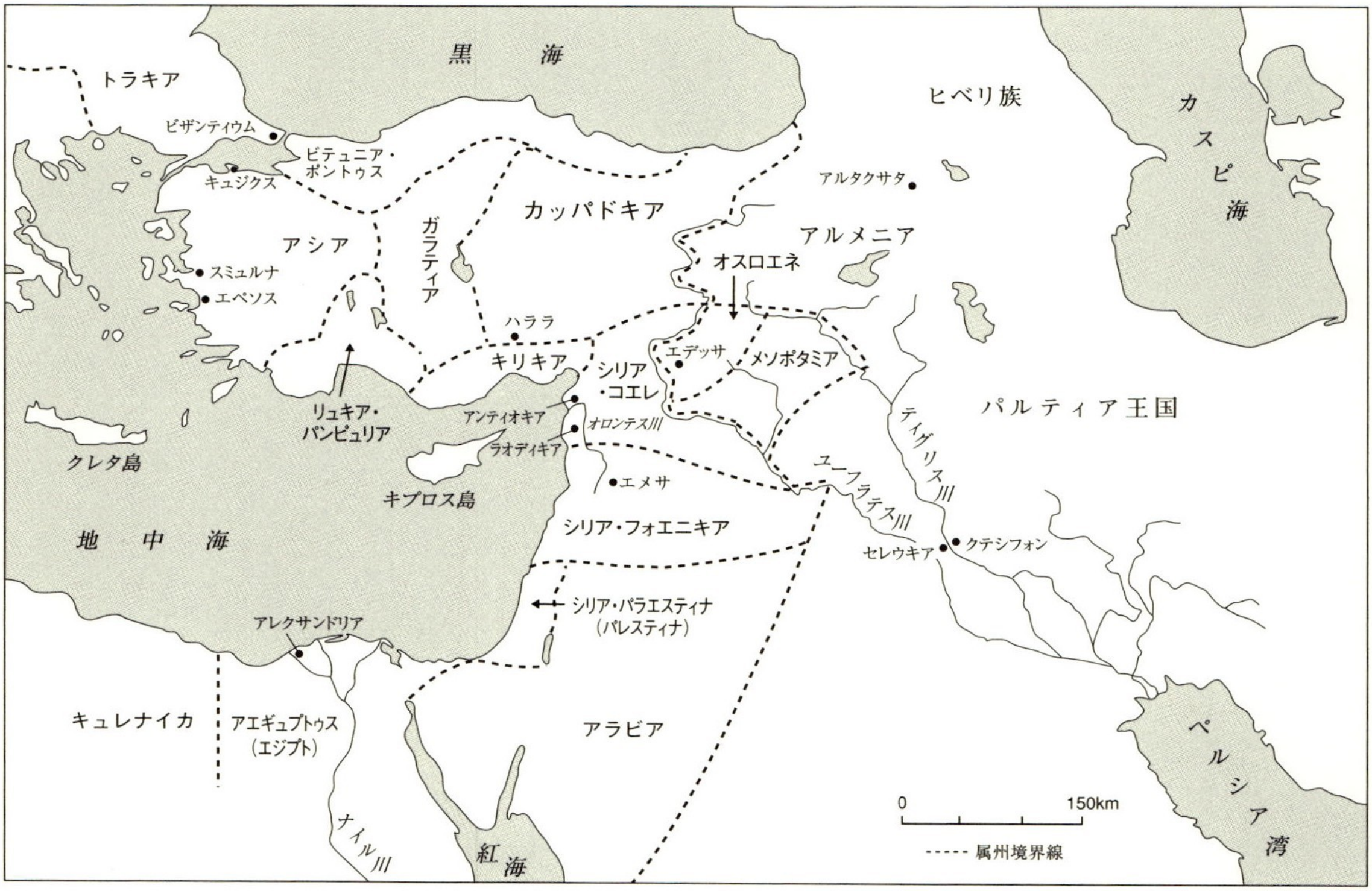

2図　ローマ帝国西方属州

系図1．五賢帝とその家系

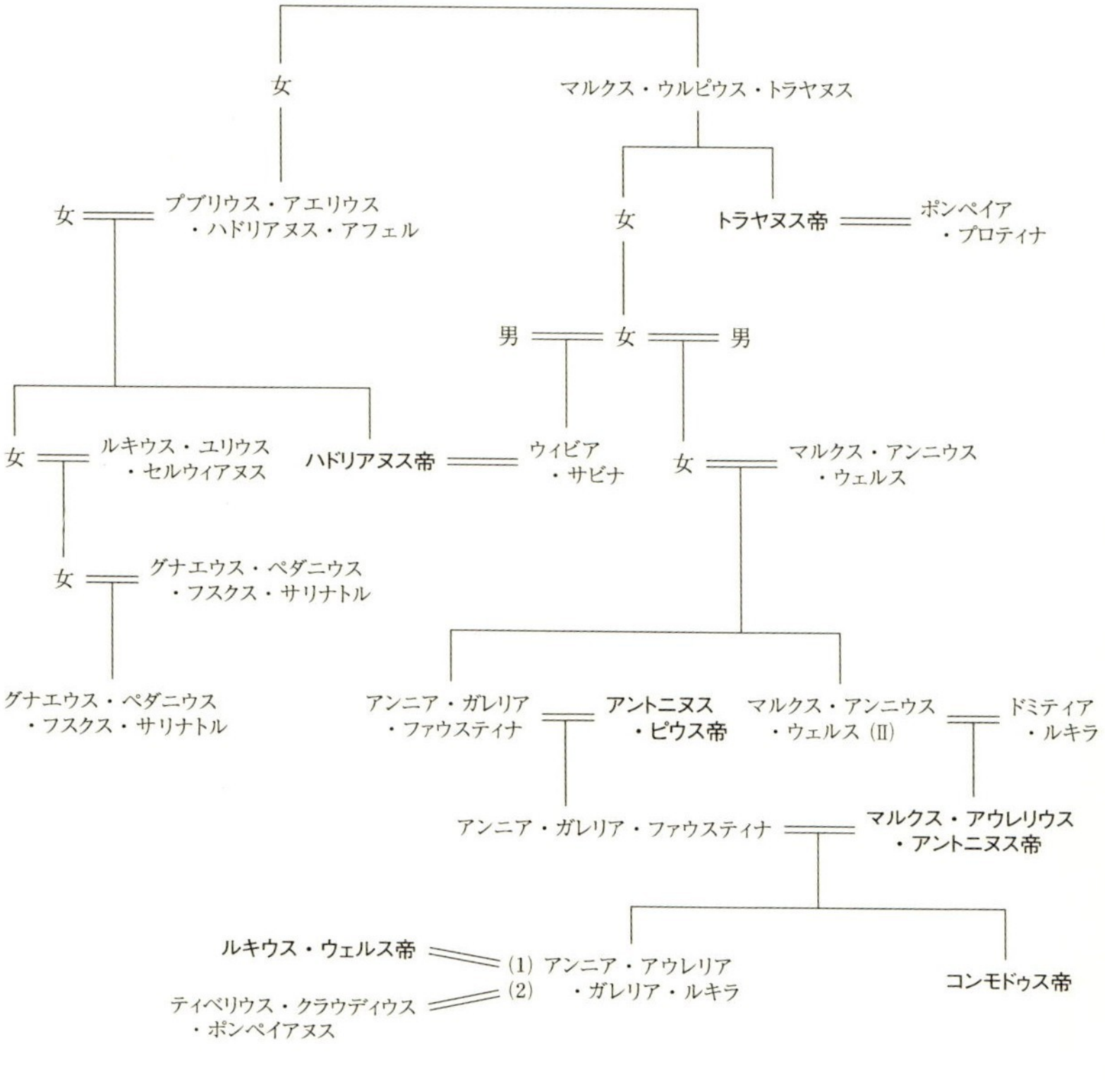

＝ は婚姻関係（数字はその人物にとっての結婚順序）を示す

系図2．セプティミウス・セウェルス帝とその家系

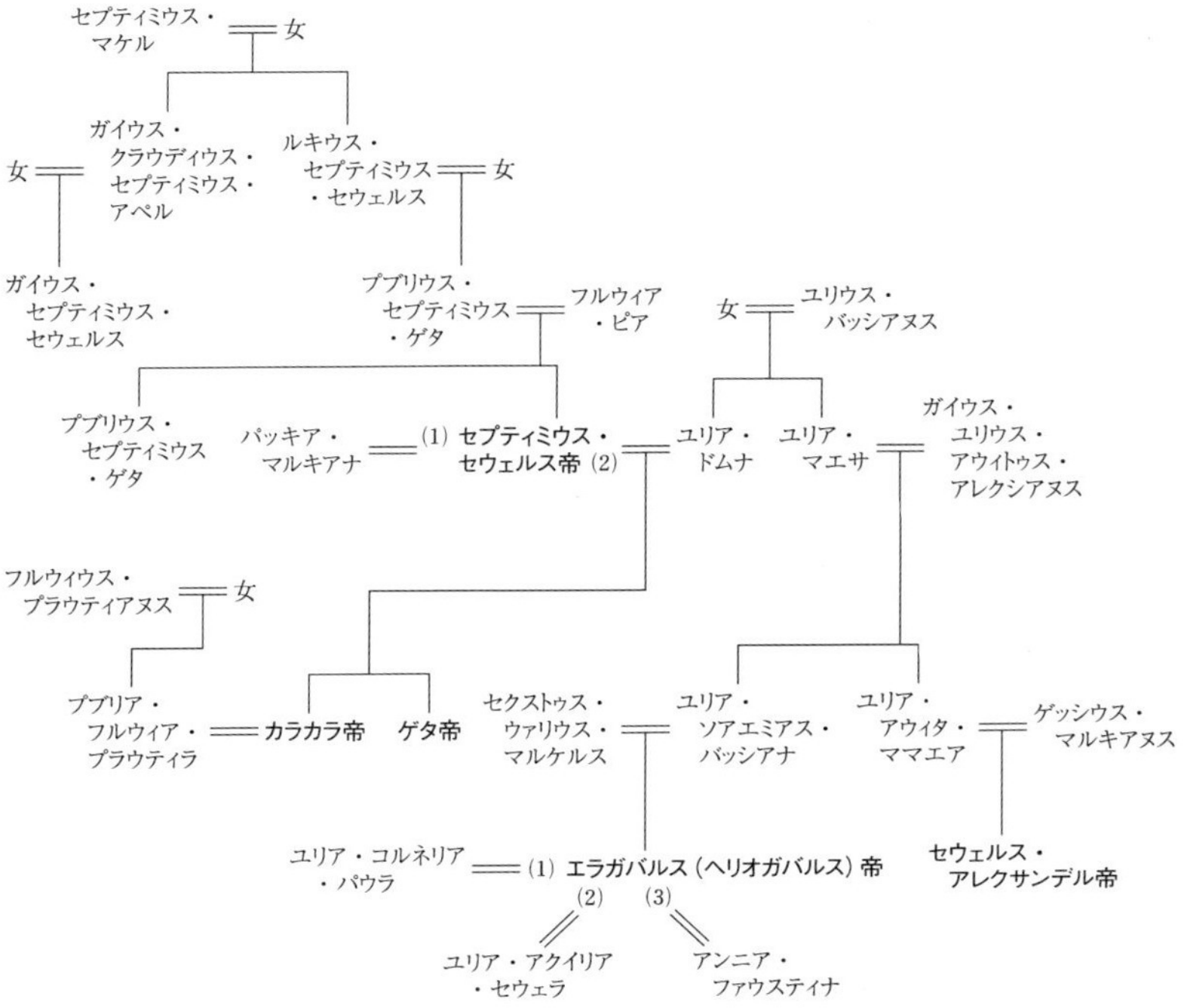

元首政時代の元老院議員の公職階梯

首都長官 (praefectus urbi)

↑

2度目(ないし3度目)のコンスル

↑

コンスル格の公職 ——— 元老院管轄属州(アシア、およびアフリカ)の総督(proconsul)、正規軍団を複数保有する皇帝管轄属州の総督 (legatus Augusti pro praetore)、コンスル格の文官公職

↑

コンスル (consul)……通常40歳くらいで就任。

↑

プラエトル格の公職 ——— 元老院管轄属州の総督、1正規軍団を保有する皇帝管轄属州の総督、正規軍団を保有しない皇帝管轄属州の総督、正規軍団の軍団司令官 (legatus Augusti legionis)、プラエトル格の文官公職

↑

プラエトル (praetor)……通常30歳くらいで就任。

↑

護民官 (tribunus plebis) あるいはアエディリス (aedilis)

↑

クアエストル (quaestor)……通常25歳以上で就任可。この職に就任して初めて正式に元老院議員となる。

↑

見習い軍団将校 (tribunus laticlavius)

↑

二十人委員 (viginti viri)……「造幣三人委員」「道路管理四人委員」「訴訟裁定のための十人委員」「死罪担当三人委員」より成る。

訳者略歴

桑山　由文（くわやま　ただふみ）

京都女子大学文学部助教授
1970年　京都府生まれ
1999年　京都大学大学院文学研究科博士後期課程修了
　　　　京都大学博士（文学）
2006年　兵庫教育大学助手、講師、助教授を経て現職

主要論文
「フラウィウス朝の成立とローマ帝国東部」『史林』84-3、2001年 ほか

井上　文則（いのうえ　ふみのり）

筑波大学大学院人文社会科学研究科講師
1973年　京都府生まれ
2001年　京都大学大学院文学研究科博士後期課程修了
　　　　京都大学博士（文学）
2005年　日本学術振興会特別研究員を経て現職

主要論文
「ガリエヌス帝の『騎兵軍改革』について」『西洋古典学研究』52、2004年 ほか

南川　高志（みなみかわ　たかし）

京都大学大学院文学研究科教授
1955年　三重県生まれ
1984年　京都大学大学院文学研究科博士後期課程研究指導認定退学
　　　　京都大学博士（文学）
1996年　京都大学助手、大阪外国語大学助教授、京都大学文学部助教授、教授を経て現職

主な著訳書
『ローマ皇帝とその時代』創文社、1995年
『ローマ五賢帝』講談社、1998年
『海のかなたのローマ帝国』岩波書店、2003年
アエリウス・スパルティアヌス他『ローマ皇帝群像１』京都大学学術出版会、2004年

ローマ皇帝群像《こうていぐんぞう》 2　西洋古典叢書　第Ⅲ期第16回配本

二〇〇六年六月二十五日　初版第一刷発行

訳　者　桑《くわ》山《やま》由《ただ》文《ふみ》
井《いの》上《うえ》文《ふみ》則《のり》
南《みなみ》川《かわ》高《たか》志《し》

発行者　本　山　美　彦

発行所　京都大学学術出版会
606-8305 京都市左京区吉田河原町一五-九 京大会館内
電　話　〇七五-七六一-六一八二
ＦＡＸ　〇七五-七六一-六一九〇
http://www.kyoto-up.or.jp/

印刷・土山印刷／製本・兼文堂

ISBN4-87698-164-7

西洋古典叢書 ［第Ⅰ期・第Ⅱ期］既刊全46冊 （税込定価）

【ギリシア古典篇】

アテナイオス　食卓の賢人たち 1　柳沼重剛訳　3990円
アテナイオス　食卓の賢人たち 2　柳沼重剛訳　3990円
アテナイオス　食卓の賢人たち 3　柳沼重剛訳　4200円
アテナイオス　食卓の賢人たち 4　柳沼重剛訳　3990円
アリストテレス　天について　池田康男訳　3150円
アリストテレス　魂について　中畑正志訳　3360円
アリストテレス　ニコマコス倫理学　朴 一功訳　4935円
アリストテレス　政治学　牛田徳子訳　4410円
アルクマン他　ギリシア合唱抒情詩集　丹下和彦訳　4725円
アンティポン／アンドキデス　弁論集　高畠純夫訳　3885円
イソクラテス　弁論集 1　小池澄夫訳　3360円
イソクラテス　弁論集 2　小池澄夫訳　3780円

ガレノス　自然の機能について　種山恭子訳　３１５０円
クセノポン　ギリシア史　1　根本英世訳　２９４０円
クセノポン　ギリシア史　2　根本英世訳　３１５０円
クセノポン　小品集　松本仁助訳　３３６０円
セクストス・エンペイリコス　ピュロン主義哲学の概要　金山弥平・金山万里子訳　３９９０円
セクストス・エンペイリコス　学者たちへの論駁　1　金山弥平・金山万里子訳　３７８０円
ゼノン他　初期ストア派断片集　1　中川純男訳　３７８０円
クリュシッポス　初期ストア派断片集　2　水落健治・山口義久訳　５０４０円
クリュシッポス　初期ストア派断片集　3　山口義久訳　４４１０円
デモステネス　弁論集　3　北嶋美雪・杉山晃太郎・木曽明子訳　３７８０円
デモステネス　弁論集　4　木曽明子・杉山晃太郎訳　３７８０円
トゥキュディデス　歴史　1　藤縄謙三訳　４４１０円
トゥキュディデス　歴史　2　城江良和訳　４６２０円
ピロストラトス／エウナピオス　哲学者・ソフィスト列伝　戸塚七郎・金子佳司訳　３８８５円
ピンダロス　祝勝歌集／断片選　内田次信訳　４６２０円

フィロン　フラックスへの反論／ガイウスへの使節　秦　剛平訳　３３６０円
プルタルコス　モラリア　2　瀬口昌久訳　３４６５円
プルタルコス　モラリア　6　戸塚七郎訳　３５７０円
プルタルコス　モラリア　13　戸塚七郎訳　３５７０円
プルタルコス　モラリア　14　戸塚七郎訳　３１５０円
マルクス・アウレリウス　自省録　水地宗明訳　３３６０円
リュシアス　弁論集　細井敦子・桜井万里子・安部素子訳　４４１０円

【ラテン古典篇】

ウェルギリウス　アエネーイス　岡　道男・高橋宏幸訳　５１４５円
オウィディウス　悲しみの歌／黒海からの手紙　木村健治訳　３９９０円
クルティウス・ルフス　アレクサンドロス大王伝　谷栄一郎・上村健二訳　４４１０円
スパルティアヌス他　ローマ皇帝群像　1　南川高志訳　３１５０円
セネカ　悲劇集　1　小川正廣・高橋宏幸・大西英文・小林　標訳　３９９０円
セネカ　悲劇集　2　岩崎　務・大西英文・宮城徳也・竹中康雄・木村健治訳　４２００円
トログス／ユスティヌス抄録　地中海世界史　合阪　學訳　４２００円

プラウトゥス　ローマ喜劇集 1　木村健治・宮城徳也・五之治昌比呂・小川正廣・竹中康雄訳　4725円

プラウトゥス　ローマ喜劇集 2　山下太郎・岩谷　智・小川正廣・五之治昌比呂・岩崎　務訳　4410円

プラウトゥス　ローマ喜劇集 3　木村健治・岩谷　智・竹中康雄・山沢孝至訳　4935円

プラウトゥス　ローマ喜劇集 4　高橋宏幸・小林　標・上村健二・宮城徳也・藤谷道夫訳　4935円

テレンティウス　ローマ喜劇集 5　木村健治・城江良和・谷栄一郎・高橋宏幸・上村健二・山下太郎訳　5145円